本书得到北京市教育委员会共建项目专项资助；第48批博士后科学基金面上资助（"FDI对中国产业安全影响的实证研究"，项目编号为20100480193）；中国博士后科学基金第四批特别资助（"利用外资对我国产业安全的影响研究——基于产业经济学理论框架"，项目编号为201104051）。

北京市哲学社会科学
北京产业安全与发展研究基地
Beijing Center for Industrial Security and Development Research

北京交通大学北京产业安全与发展研究基地系列丛书
主编 / 李文兴

FDI对中国产业安全的影响

The Impact of FDI on China's Industry Security

卜伟　谢臻　等 / 著

社会科学文献出版社
SOCIAL SCIENCES ACADEMIC PRESS(CHINA)

"北京交通大学北京产业安全与发展研究基地系列丛书"编委会

本书其他作者

（按姓氏拼音排序）

陈　灿　贾素红　李　佳　李　蒙
牛立洁　乔文俊　谢敏华　杨胜男

总　序

北京产业安全与发展研究基地（Beijing Center for Industrial Security and Development Research，BCISDR）（以下简称研究基地）于 2010 年 12 月正式成立，是经北京市哲学社会科学规划办公室和北京市教育委员会批准建立的第三批北京市哲学社会科学研究基地之一，依托北京交通大学经济管理学院和中国产业安全研究中心，拥有一支高水平、跨学科的研究团队，具有雄厚的学科基础。北京交通大学产业经济学二级学科是国家重点学科，应用经济学一级学科是北京市重点学科，拥有应用经济学一级学科博士点、应用经济学博士后科研流动站、北京交通大学中国产业安全研究中心博士后科研工作站。

研究基地有两个主要研究领域：一是北京市产业安全研究；二是北京市产业发展研究。北京市产业安全研究领域主要包括产业安全理论研究、产业安全评价研究和产业安全预警研究三个研究方向；北京市产业发展研究领域主要包括产业发展理论研究、产业发展战略研究和产业发展政策研究三个研究方向。研究基地充分利用北京市的研究力量和资源优势，以"北京产业安全与发展"为研究重点，以"产业安全评价与产业发展政策"为研究特色，针对北京产业安全与发展中的重大理论和现实问题，持续开展前沿性、专业性、基础性和交叉性研究，旨在为北京市开展产业安全评价工作、及时准确地进行产业安全预警提供理论依据，为北京市及中央政府制定产业政策、防范和控制相关风险提供决策参考。随着京津冀协同发展上升为国家战略，研究基地将针对北京市的相关研究扩展到京津冀范围。

经过 5 年的发展，研究基地承担了一批包括国家社会科学基金重大项目、国家社会科学基金重点项目等高水平项目,获得教育部、北京市及其他省市人文社会科学多项省部级奖励,研究基地专家撰写的多篇研究报告获得国家及北京市领导批示,出版了系列中国产业安全蓝皮书,为全国以及北京市的产业安全与发展提供了有力的理论支撑。

随着成果的增多,研究基地拟将这些成果整理出来,以开放性的丛书形式,本着质量第一的原则,逐本出版。研究基地的目标是打造产业安全与发展研究创新的重镇,切实提升北京市产业安全与发展领域的整体研究实力。"北京交通大学北京产业安全与发展研究基地系列丛书"是向着这个目标前进的一个尝试,希望能够为关心产业安全与发展的社会各界人士提供一些有益的借鉴与参考。

主编　李文兴

前　言

随着经济全球化的发展和国际分工的日益深化，外商直接投资（Foreign Direct Investment，FDI）在世界范围内得以迅速扩张，在世界经济活动中的作用逐渐凸显。利用FDI能够弥补发展中国家的资金缺口，带来先进的技术和管理，促进发展中国家经济的增长。但同时，也可能对发展中国家产生不利影响，如影响发展中国家的产业安全。

产业安全是一个国家经济安全的核心，除了在学术界已有丰硕的研究成果外，产业安全也已引起国内产业界和政界的高度重视。FDI对产业安全的影响，依据评价指标，可分为对产业生存环境的影响、对产业国际竞争力的影响、对产业外资控制力的影响以及对产业对外依存度的影响；依据产业经济学理论框架，可分为对产业组织安全的影响、对产业结构安全的影响、对产业布局安全的影响以及对产业政策安全的影响。

通过对以往的研究进行分析整理可知，大多研究通常是从产业安全的一个或几个方面对个别产业进行分析，研究范围比较有限。本书从评价指标和产业经济学理论框架两个角度分析了FDI对中国全部产业以及个别产业的影响。此外，本书还综合采用了定性分析、面板数据回归分析、案例分析、比较分析、时间序列分析以及因子分析等多种研究方法。研究范围的扩大和研究方法的丰富，有助于更为深刻地、多角度地、多方位地分析FDI对中国产业安全的影响。

本书主要围绕八个方面进行阐述。第一，确定了衡量劳动要素环境的指标，并通过面板数据回归和比较研究法，分析了FDI对不同类型行业（劳动密集型、资本密集型和技术密集型）要素环境的具体影响。第二，从衡量产业国际竞争力的常用指标着手，以美国、日本和印度三国为例，具体分析 FDI 对中国产业国际竞争力的影响。第三，构建了以外资市场控制率、技术控制率和总资产控制率为一级指标的产业外资控制力评价体系，并以中国高端制造业为例具体分析了 FDI 对产业外资控制力的影响。第四，对产业对外依存度进行了界定，并采用 Jonhamson 协整分析、格兰杰因果检验以及误差修正模型，分析了 FDI 对中国产业对外依存度的具体影响。第五，通过计算不同的指标，从市场结构、市场行为和市场绩效三个角度分析了 FDI 对中国产业组织安全的影响。第六，以中国产业结构的现状以及引进 FDI 的产业结构现状为切入点，通过对时间序列进行 Jonhamson 协整分析，研究了 FDI 对中国产业结构高度化和合理化的影响。第七，在分析中国东、中、西部地区优势资源以及 FDI 区位选择的基础上，通过因子分析来判断目前 FDI 在各省细分行业的分布情况是否达到了各省资源的优势配置。第八，通过定性分析以及引入具体的案例，分析 FDI 对产业政策安全的影响。

目　录

第一章　引言

随着经济全球化的发展和国际分工的日益深化，外商直接投资（Foreign Direct Investment，FDI）在世界范围内得以迅速扩张，在世界经济活动中的作用逐渐凸显。FDI 在促进东道国技术进步、经济发展的同时，也影响着东道国的产业安全。

第一节　研究问题与意义

一　研究问题

改革开放以来，中国经济发展迅猛，吸引了大量的 FDI。中华人民共和国商务部统计数据显示，2015 年全年，全国设立外商投资企业 26575 家，同比增长 11.8%；实际使用外资金额 7813.5 亿元（约合 1262.7 亿美元），同比增长 6.4%。其中，东盟对华投资新设立企业 1154 家，同比增长 5.2%；实际投入外资金额 78.6 亿美元，同比增长 20.6%。欧盟 28 国对华投资新设立企业 1772 家，同比增长 11.9%；实际投入外资金额 71.1 亿美元，同比增长 3.8%。"一带一路"沿线国家对华投资新设立企业 2164 家，同比增长 18.3%；实际投入外资金额 84.6 亿美元，同比增长 23.8%。长江经济带区域新设立外商投资企业 11974 家，同比增长 7.8%；实际使用外资金额 619.9 亿美元，同比下降 4.6%。

2015 年，对华投资前十位国家或地区的实际投入外资总额为 1186.3 亿美元，占中国实际使用外资金额的 94%，同比增长 5.4%。对华投资前十位国家或地区依次为：中国香港（926.7 亿美元）、新加坡（69.7 亿美元）、中国台湾（44.1 亿美元）、韩国（40.4 亿美元）、日本（32.1 亿美元）、美国（25.9 亿美元）、德国（15.6 亿美元）、法国（12.2 亿美元）、英国（10.8 亿美元）和中国澳门（8.9 亿美元），具体情况见图 1-1。

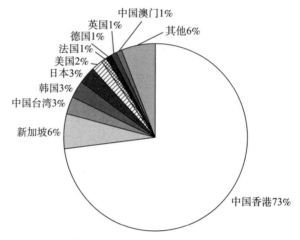

图 1-1 2015 年对华投资情况

注：图中国家或地区对华投资数据包括这些国家或地区通过英属维尔京群岛、开曼群岛以及萨摩亚、毛里求斯和巴巴多斯等自由港对华投资。

资料来源：中华人民共和国商务部《2015 年 1～12 月全国吸收外商直接投资情况》，http://www.mofcom.gov.cn/article/tongjiziliao/v/201601/20160101238883.shtml，最后访问日期，2016 年 7 月 24 日。

利用 FDI 能够弥补发展中国家的资金缺口，为发展中国家带来先进的技术和管理，促进发展中国家经济的增长。但是，随着 FDI 引入金额的逐渐增加，由此带来的产业安全问题也日益凸显。如在品牌、市场、技术等方面 FDI 对中国产业安全的负面影响（祝年贵，2003）；加大了中国调整产业结构的难度，同时对国内企业造成了市场挤占、技术控制等不利影响（黄志勇、王玉宝，2004）；过度的外资涌入在宏观经济安全、产业控制、企业自主创新能力和产业可持续发展四个方面不利于中国的产业安全（袁海霞，2007）。由此可见，FDI 在促进中国经济增长的同时，给中国的产业安全也造成了一定的不利影响。因此，研究 FDI 对中国产业安全的影响显得尤为重要。

二 研究意义

FDI 的大量引入对中国的技术进步和经济增长具有积极的促进作用

（程惠芳，2002），但同时，也可能对中国的产业安全产生不利的影响。本书从两个角度分析了 FDI 对产业安全的影响，依据评价指标体系，可分为对产业生存环境、产业国际竞争力、产业外资控制力以及产业对外依存度的影响；依据产业经济学理论框架，可分为对产业组织安全的影响、对产业结构安全的影响、对产业布局安全的影响和对产业政策安全的影响。此外，本书还综合采用了定性分析、面板数据回归分析、案例分析、比较分析、时间序列分析以及因子分析等多种研究方法。采用多个视角和多种方法进行研究，一方面，有助于对目前中国产业安全的现状进行较为全面且准确的把握，为相关政策的制定提供参考；另一方面，有助于丰富、深化 FDI 对产业安全影响的研究内容。

第二节 国内外研究现状

关于 FDI 与产业安全的研究，按照方法，主要可以分为以下三类：第一类是通过案例分析来研究 FDI 对产业安全的影响；第二类是通过设计产业安全评价指标体系来分析 FDI 对产业安全的影响；第三类是运用计量方法就 FDI 对产业安全的影响进行实证分析。按照视角，大多研究以产业经济学理论框架为基准进行分析。

本书主要从评价指标和产业经济学理论框架两个角度对以往的研究进行了梳理。基于产业安全评价指标，梳理了 FDI 与产业生存环境、产业国际竞争力、产业外资控制力以及产业对外依存度之间的关系；基于产业经济学理论框架，梳理了 FDI 与产业组织安全、产业结构安全、产业布局安全和产业政策安全之间的关系。

一 基于评价指标的 FDI 与产业安全

（一）FDI 与产业生存环境

产业生存环境是产业安全的基础，也是产业安全评价体系的一个重要方面。产业生存环境主要包括金融环境、劳动要素环境、资源与生态环境及政策环境四个方面（李孟刚，2013；何庆凤、刘德弟，2010；徐洁香，2007）。基于本书的主要研究内容，本部分主要分析 FDI 与劳动要素环境之间的关系。劳动要素环境主要包括劳动力素质（劳动生产率）和劳动力成本（工资）两个指标，因此主要从这两个方面进行综述。

在 FDI 对劳动生产率的影响方面，任志成（2007）在研究 FDI 促进劳动力技能升级的作用机制时发现 FDI 促进了中国劳动力技能升级和市场的发育，并且劳动力技能的升级是与 FDI 的知识技术外溢同步进行的。因此 FDI 会带来劳动生产率的提高，有些研究者的研究也确实证明如此。Ramasamy 和 Yeung（2010）运用 1988～2007 年相关省份的面板数据研究 FDI、工资水平和劳动生产率之间的因果关系时发现，中国廉价的劳动力是吸引 FDI 的主要原因，劳动生产率不是吸引 FDI 的主要因素。在沿海省份，FDI 的流入提高了当地的工资水平和劳动生产率。Tanna（2009）运用 2000～2004 年 75 个国家 566 家上市商业银行的数据研究 FDI 对银行业全要素生产率的影响时发现，短期内 FDI 阻碍了银行业全要素生产率的提高，长期来看却有正向的促进作用。张前荣（2009）利用 1999～2007 年地区层面的面板数据，分析 FDI 对中国东部、中部和西部地区内资工业部门工业增加值、劳动生产率和增长方式的影响时，重点探讨了 FDI 所带来的技术溢出效应。实证研究表明，FDI 能与各地区的贸易、科技和经济发展水平相结合，对内资工业部门产生正向溢出效应，促进内资工业部门产出的增加和劳动生产率的提高。辛永容、陈圻和肖俊哲（2009）以 1980～2007 年中国制造业产出、劳动力投入、资本投入和 FDI 等相关数据为基础，对 FDI 与劳动生产率进行单位根检验、Jonhamson 协整分析和因果检验，然后建立了误差修正模型。结果表明 FDI 与劳动生产率存在单向的格兰杰因果关系和协整关系；无论是从长期均衡还是从短期变动来看，FDI 对劳动生产率的促进作用都是正向的，且在长期内，FDI 对保持劳动力成本优势有着较为显著的作用。孟亮和宣国良（2005）采用中国纺织行业最新统计数据，用实证分析的方法研究了 FDI 对中国纺织企业生产效率的影响，研究发现国外资本和中国港澳台资本对中国纺织企业生产效率的提高均有促进作用，且中国港澳台资本对生产效率的促进作用大于国外资本对生产效率的促进作用，并且随着引入资本垄断程度的提高，其对国内生产效率的促进作用越来越不显著。但总体来说，FDI 在很大程度上促进了中国纺织企业生产效率的提高。

但也有研究表明 FDI 可能阻碍了劳动生产率的提高。商建初、范方志和周剑（2005）在研究 FDI 对产业的全员劳动生产率的影响时将数据分为三资工业企业数据和全部国有及非国有规模以上工业企业数据两组，FDI 也分成港澳台资和不包括港澳台资的外资两个部分。所以，共使用了四组数据代入计量方程。四组数据的计量结果中，有三组显示 FDI 对全员劳动生产率的提高有负面作用，唯一有正效应的是外资对"三资"企业①的影响，但数值很小。这表明 FDI 的引入对中国产业技术能力的提高有微弱的阻碍作用。这可能是因为 FDI 的投向很有可能是有产业导向的，并且 FDI 的作用在不同产业中的作用方向不一致，总体考察时会造成互相抵消的结果。

在 FDI 对工资的影响方面，很多研究认为 FDI 的增加会提高整体的工资水平，但 FDI 的流入在不同行业与地区之间有很大的差异，这种差异会进一步加大中国现有工资差距过大的问题。宣烨和赵曙东（2005）以经济发达、FDI 规模较大的江苏省为样本，采用实证方法进行分析，结果显示，FDI 的区域分布不均衡是地区间工资差距扩大的重要原因，FDI 的工资效应主要表现在对熟练劳动力工资的提高上，并且劳动力的跨地区流动扩散了 FDI 的工资效应。毛日昇（2012）利用中国 1999～2007 年 441 个四位码工业行业数据，考察 FDI 对中国内资行业的工资"外溢效应"时，从产业内部和产业之间以及通过影响劳动力市场供给方式对工资的直接影响和通过影响生产率外溢方式对工资的间接影响两个方面来分析。研究结果表明，FDI 在产业内部和产业之间通过两种方式对中国内资行业工资产生了显著的正向"外溢效应"。孙楚仁、文娟

---

① "三资"企业是指在中国境内设立的中外合资经营企业、中外合作经营企业与外商独资经营企业三类外商投资企业。

和朱钟棣（2008）利用 1994～2003 年基于地区层面（中国 28 个省份）的相关数据对外资与中国工资差异的关系进行研究，研究结果表明，外资开放度是不同地区间工资差异的影响因素，并且随着地区外资数量的增加，外资对地区工资差距的影响也逐渐增强。范言慧、郑建明和李哲（2009）利用 2000 年各省份的横截面数据，对各省份固定资产投资中 FDI 所占比重与该省份内外商投资企业工资与国有企业工资差距进行了分析，得到了不同的结论。结果表明，2000 年，FDI 的密集度与各省份的工资差距存在一种倒 U 形关系，即在吸收 FDI 较少与较多的省份内，FDI 企业与国有企业之间的工资差距都比较小；在吸收外资规模居中的省份内，FDI 企业与国有企业之间的工资差距却比较大。由此进一步提出外资企业与当地国内企业之间的技术差距在各地区的差异是导致这种倒 U 形关系出现的重要原因，西部部分地区 FDI 的低效率和东部部分地区 FDI 的技术溢出都使内资与外资企业间的技术差距较小，进而使工资差距缩小，并且技术溢出越显著的地区，内资与外资企业间的工资差距也越小。也有研究认为，外资对工资水平的影响不显著，如许建伟和郭其友（2016）认为，从总体上来看，FDI 在拉动经济增长和缓解就业压力方面的效应显著，但对中国的工资效应不显著。

关于外资与内资对工资的影响程度，不同的研究给出了不同的结论。李雪辉和许罗丹（2002）利用 1984～2001 年中国 FDI 集中地区的宏观数据，在 Feemtra 和 Hanson 的外购理论基础上进行实证研究，研究结果表明，FDI 通过提高中国外资集中地区熟练劳动力的工资水平，提高了整体的工资水平。但是，由于不同的地区有不同的市场条件和劳动力市场结构，FDI 对不同地区工资水平的影响也不相同。总体来说，与 FDI 对工资的影响相比，国内资本对工资的影响相差不大，甚至已经超过 FDI 对工资的贡献。黄旭平和张明之（2007）运用非平稳面板数据研究 FDI 对国内工资的影响时，发现 FDI、在岗职工数、国内固定资产投资和工资水平存在面板协整关系；运用完全修正普通最小二乘法的结果表明 FDI 只在很小的程度上对工资产生影响，不同省份的 FDI 对工资的影响方向也不同；在岗职工人数和国内固定资产投资对工资的影响比较显著，且国内固定投资与工资呈显著的正相关关系，是提升国内工资水平的主要因素。吉缅周（2007）利用广东、广西两省份 2001～2004 年制造业 27 个子行业的数据对 FDI 进入与当地工资水平之间的关系进行经验研究，发现外资公司就业在总就业中的比重上升不但会提高该行业的平均工资水平，而且影响程度与当地的技术吸收、转化能力呈正相关关系。研究还发现资本数量对工资的影响是不确定的，取决于资本数量增加所带来的"收入效应"和资本对劳动的"替代效应"的相对大小。此外，研究并没有发现外国资本数量和本国资本数量对平均工资水平的影响有显著的差异。

但是，依照同样的研究方法，产业的选取不同，得出的结论也会不同。王燕飞和曾国平（2006）运用 Jonhamson 协整分析的方法研究 FDI 与就业结构变动的关系时发现，FDI 对不同产业的影响是不同的，FDI 促进了第二产业就业，促进了就业人口非农化，推动了中国产业结构的升级，但 FDI 对第三产业的影响非常有限，不利于中国农村剩余劳动力的转移及产业结构的进一步优化和升级。李夏玲（2013）通过将中国国民经济行业分类中划分的 15 个服务行业进行归类，用灰色关联方法分析三类服务行业利用 FDI 与江苏省服务业增加值之间的关系时发现，技术密集型服务业利用 FDI 与江苏省服务业发展的关联度较大，资本密集型服务业利用 FDI 与江苏省服务业发展的关联度不大，劳动密集型服务业利用 FDI 与江苏省服务业发展有一定程度的关联。龚晓莺和甘梅霞（2007）运用投入产出法就 FDI 对中国十类工业行业就业的诱发效应进行实证研究时发现，引进资金密集型产业的 FDI 会扩大就业，但引进劳动密集型产业的 FDI 并不一定是扩大就业的最优决策，相反可能会使外资企业资本、技术优势的外溢效应得不到充分利用，不能对中国产业结构升级起到促进作用。蔡宏波、刘杜若和张明志（2015）发现外资显著提高了技能劳动力的工资，对非技能劳动力的影响不显著；外资显著提升了资本密集型服务业的工资水平，对技术密集型和劳动密集型服务业影响不显著。

（二） FDI 与产业国际竞争力

国外关于 FDI 与产业国际竞争力的研究始于 20 世纪 70 年代末，世界经济论坛（WEF）和瑞士洛桑国际管理发展学院（IMD）合作出版的《国际竞争力报告》在国际社会产生了广泛影响，其设计的国际竞争力评价的原则、方法以及指标体系得到了国际学术界的肯定。Rugman 和 Waverman（1991）通过选取加拿大 1974～1990 年的国际直接投资（包括绿地投资与跨国并购），建立了一个由国家优势和企业特别优势组成的模型，经过实证分析得出了加拿大制造业竞争优势的形成主要得益于美国、西欧以及日本的跨国公司直接投资的结论，在理论层面把波特的国家"钻石模型"上升到了国际层面。

国内关于国际竞争力的研究始于 1989 年原国家体改委与世界经济论坛和瑞士洛桑国际管理发展学院开展的合作研究，于 1996 年出版了《中国国际竞争力发展报告》。最早从产业层次上研究国际竞争力的是金培（1997），其提出国际竞争力的实现指标及因素指标对产业国际竞争力评价体系的建立具有重要的借鉴意义。此后裴长洪（1998）对产业竞争力来源、分析方法进行了探讨，从分工体系、产业成长、国际市场机会的获得等方面，考察了 FDI 与中国产业国际竞争力的关系。杨丹辉（2004）对跨国公司的竞争优势及其竞争策略和市场行为的新趋向进行了全面系统的研究，并就 FDI 对中国产业竞争力的影响进行更为具体的定量和定性分析。

FDI 对东道国产业竞争力的影响一直是个有争议的问题。吕政（2005）认为，总体而言，跨国公司对东道国产业国际竞争力的影响是一个相当复杂、不断深化的过程。部分研究持积极态度，如杨亚琴（2001）从利用外资推动上海传统工业改造、利用外资加速上海高科技产业发展、利用外资促进上海工业企业制度变革三个层面实证分析了利用外资对上海工业竞争力提升的积极效应；江小涓（2002）首次对 FDI 与中国产品出口竞争力的关系进行了定量研究，认为 FDI 有利于优化中国出口商品的结构，提高出口商品的竞争力；叶耀明和戚列静（2002）

认为 FDI 增强了中国出口产品的竞争能力，改善了中国出口产品的结构；张慧（2014）认为包括服务业 FDI 在内的诸多因素对中国服务贸易的国际竞争力有着十分显著的影响。部分研究持比较消极的态度，如蒋瑛和谭新生（2004）研究发现，虽然 FDI 对发展中国家的外贸竞争力具有正面效应，但是中国吸引的 FDI 并未使中国的外贸竞争力得以真正提高，建议中国利用 FDI 和外贸发展应以竞争优势为导向；王洪庆（2005）利用 2001 年、2002 年、2003 年中国工业行业的数据，采用加权回归的方法，检验了 FDI 影响中国外贸竞争力的机制，结果表明，这一机制源自外商投资企业的出口活动、研发活动和与内资企业的竞争；张娟和刘钻石（2009）基于 2005 年 7 月至 2008 年 6 月中国外贸竞争力、实际利用外国直接投资与实际汇率的月度数据，实证研究了人民币汇率形成机制改革以来中国外贸竞争力、FDI 与实际汇率之间的关系，发现三者之间存在一个协整关系，但是，中国的引资政策和汇率形成机制未能有效提高外贸竞争力，中国外贸竞争力并不影响实际利用外资的水平；曾琳琳（2011）通过研究中国 FDI 的流向，认为中国 FDI 主要流向劳动密集型出口部门，这不仅没有改善其贸易条件，而且通过各种途径使这些部门的贸易条件恶化；张倩、竺杏月和张华（2015）认为 FDI 的相对规模和中国服务贸易的国际竞争力之间具有较为显著且长期的均衡关系，吸收外资必须在一个合理的范围内才能产生正面影响，否则就会带来负面影响。

（三）FDI 与产业外资控制力

产业外资控制力是指外资对东道国产业的控制能力及对东道国产业控制力的削弱能力和由此影响产业安全的程度，其实质是外资产业控制力和东道国产业控制力两种力量的对决能力（李孟刚，2006）。这主要表现在 FDI 对东道国产业的市场控制、股权控制、技术控制、品牌控制、经营决策权控制等方面。景玉琴（2006）从直接投资领域和进口领域分析了 FDI 对中国产业安全的影响。在直接投资领域，外商通过技术控制、品牌控制、股权控制甚至并购等手段影响中国产业安全，使民族产业很难获得发展的空间；在进口领域，外商主要通过培育战略产业、扩大成熟产业的市场占有率以及打击新型的产业等方式影响中国产业安全。曹秋菊（2010）在阐述 FDI 影响中国产业安全的理论依据的基础上从 FDI 对行业和市场的控制、FDI 对品牌的控制、FDI 对技术的控制及外商投向导致产业结构失衡问题加剧几个方面论述 FDI 对中国产业安全的负面影响并给出了增强产业安全的相应对策。卜伟（2011）使用了定性分析、定量分析及案例分析相结合的方法阐述了中国产业外资控制现状及中国产业外资控制的内部影响因素并在此基础上提出了维护中国产业安全的对策。

大量研究针对的是一些具体产业的外资控制力。卜伟（2011）利用 1998～2008 年的相关统计数据，选取外资市场控制率、外资股权控制率、外资技术控制率和主要企业受外资控制率 4 个指标，从产业控制力角度考察中国装备制造业的产业安全问题。刘兵权和王耀中（2010）发现了现代生产性服务业与高端制造业的互动关系，他们通过构造一个高端制造业发展的数理模型，发现现代生产性服务业吸引 FDI 与高端制造业发展是正相关的，现代生产性服务业吸引 FDI 能够促进高端制造业发展，所以，他们基于这种发现建议中国进一步放开服务业，加强对现代生产性服务业的支持，促进高端制造业发展。刘兵权、王耀中和文凤华（2011）又以现代生产性服务业吸引 FDI 与高端制造业发展两个变量运用分位数回归方法进行实证分析，得出在完全市场化的条件下，中国现代生产性服务业吸引 FDI 可以促进高端制造业发展。但是，现代生产性服务业吸引 FDI 并不是一直保持这种与高端制造业的正相关，达到一定数量后，其对高端制造业发展的促进作用就不那么明显了。同时，他们的分析指出中国目前在利用外资方面的产业安全意识不强，政府相关部门要提高产业安全意识，正确处理开放、发展与产业安全之间的关系。尹华和刘琴琴（2011）探讨了 FDI 的进入对中国电子信息产品制造业的国际竞争力产生的影响。通过对比 1998 年至 2008 年各年统计数据，利用 FDI 对中国电子信息产品制造业的生产要素、需求状况、相关产业状况和竞争状况产生影响的理论进行分析，发现内资研发投入、内资的产业集中度、外资资本投入、国内对电子信息产品制造业需求量、中国半导体硅单晶生产额和外资企业销售量占产业销售总量这六个因素对中国该行业的国际竞争力有很大影响。赵振全和王天骄（2011）通过分析汽车产业 FDI 与中国自主创新能力的关系研究了外资对中国汽车产业自主创新方面的正负影响。文章分别选取 1992～2007 年中国汽车产业的国内专利授权数量（PT）和汽车产业外资投资额（FDI）作为中国汽车自主创新能力指标和外资投入指标。对中国汽车产业中 FDI 与自主创新能力进行了实证研究，在承认 FDI 对中国汽车产业自主创新能力具有积极作用的基础上提出促进中国汽车产业自主创新能力提高的措施。王清（2011）从新建投资和跨国并购投资领域分析外资对中国汽车行业的影响；李泳（2016）发现，FDI 对中国农业控制力与农业 FDI 企业平均规模、全要素生产率和贸易条件之间存在稳定的因果关系，因此，弱化外资控制力需要着力改善农产品贸易条件，增加外资技术转移的溢出效应，也需要采取更加严格的限制措施，约束外商在农业领域的不正当并购及扩张行为。

（四）FDI 与产业对外依存度

产业对外依存评价指标又包括产业进口对外依存度、产业出口对外依存度、产业资本对外依存度、产业技术对外依存度（何维达、潘玉璋、李冬梅，2007；景玉琴，2006）。

产业进口对外依存度和产业出口对外依存度共同组成了贸易对外依存度，贸易对外依存度是研究相对比较成熟的。有些研究认为中国贸易对外依存度居高不下，一部分因为中国贸易对外依存度计算上存在问题。许统生（2003）根据贸易形式、经济规模和汇率这三者对传统比率法进行系数调整。沈利生（2003）认为经济活动既受内需的影响，又受外需的影响，所以在计算贸易对外依存度时以总活动替代 GDP 来测算。影响产业进出口对外依存度的因素有很多，许统生（2003）认为影响贸易对外依存度的因素主要有三个：贸易形式、经济规模和汇率。郑春燕（2008）通过实证分析，最后得出实际汇率的变动对进、出口贸易依存度的影响方向是一致的。王华和梁峰（2013）通过引入虚拟变量，发现在 2006 年及以前，FDI 的引入能够提高江苏省进出口对外依存度，2006年以后由于受金融危机的影响，FDI 对进出口对外依存度产生了严重的消极影响。

产业资本对外依存度反映了国内产业生存对国外资本的依赖程度，不同文献对产业资本对外依存度的计算方法也不尽相同。何维达和何昌（2002）认为产业资本对外依存度可以用当年年末国内产业国外资本存量与产业总资本存量之比来衡量。何维达、李冬梅和张远德（2007）认为，产业资本对外依存度可以用 FDI 流量占当年固定资本形成的比例和FDI 存量占当年 GDP 的比例来衡量。

技术对外依存度是《国家中长期科学和技术发展规划纲要（2006—2020 年）》提出的五项创新国家指标之一，用来反映一个国家或地区对外来技术的依赖程度。根据测算角度的不同，技术对外依存度的测算主要可分为三种方法。一是从对外技术贸易角度测算，用技术贸易收支比表示或技术贸易专业化系数（TSC）表示，顺差时为正数，逆差时为负数，顺差越大，表明技术竞争力越高。但是由于中国主要是技术引进，很少涉及技术出口，所以这种方法在中国运用并不普遍。二是用一国购买的国外技术交易额占该国 GDP 的比重方面进行测算。三是用技术引进经费占支出的比重来表示技术对外依存度，一般来说，一个国家技术引进经费与 R&D（Research and Development，R&D）经费之比越低，越表明该国的自主技术开发能力和技术竞争力较强；反之，则较弱（马虎兆、唐家龙、李春成，2007）。罗亚非和蔡乾龙（2008）通过加入引进技术转化吸收率来测算有效对外技术依存度。但是在全球化条件下，对外技术依存度的测算仅仅以对外国的贸易为基础已经不符合实际情况，应扩大为以对外资的依存为基础，计算口径既包括中国对外国的技术贸易，也应包括在华外资企业和研究机构的 R&D 经费支出（张赤东、郭铁成，2012）。

二 基于产业经济学理论框架的 FDI 与产业安全

(一) FDI 与产业组织安全

"产业组织安全"由李孟刚(2006)依据产业经济学理论框架提出,即产业组织安全是指某一国家或地区的产业持续增长、产业内企业处于有效竞争的状态,这里的有效竞争是指建立在一定企业数量和企业规模基础上的竞争,可以引致企业获利和规模经济的双重效率(李孟刚,2006)。他认为在开放经济中,产业组织安全也指一国或地区的产业组织有助于优化资源配置、有效抵御外国经济侵袭及提升产业国际竞争力等,影响产业组织安全的因素包括市场集中度、行业规模的经济性、东道国政府的行政壁垒及跨国公司的策略行为四个方面。安全的产业组织会使生产要素不断由附加值低的劳动密集型产业向附加值高的资本、技术密集型产业流动。一方面,新的企业源源不断地进入市场,使企业感到很强的竞争压力,具备降低生产成本和交易费用的能力,不断改进产品和工艺过程、开发新技术、提高产品竞争力的动力;另一方面,企业充分利用规模经济,使一国企业和产业在国际竞争中具有规模竞争优势,在国际分工中处于优势地位。与此相对应的是产业组织的非安全态势。当一国或地区产业内企业之间的市场关系失衡的时候,民族产业缺乏竞争力甚至被外资所控制,此时,可以说产业组织处于非安全的运行态势(李孟刚,2010)。

目前,直接从 FDI 出发研究其对东道国产业组织安全影响的成型理论相对较少,但与产业组织相关的基础研究并不薄弱,只是因为这些研究是从更宽泛的视野研究生产集中给组织内部竞争带来的影响,没有把讨论的出发点局限在 FDI 上。SCP 理论中,市场绩效包括利润、产品质量、技术进步等多方面,市场结构和市场行为都会对市场绩效产生影响,因此,很多学者将对绩效的研究融入市场结构和市场行为中。

基于市场结构的层面,李太勇(1999)从短期和长期两个角度分别论述了 FDI 对中国市场集中度的影响,他认为短期 FDI 加强了竞争,降低了市场集中度。跨国公司进入之后，在较长时间内对中国市场集中度的影响，具体结果还取决于一系列因素。一是，跨国公司在当地的规模、持续增长的能力以及在东道国市场其他竞争者的数量和规模。二是，东道国本地的厂商对跨国公司进入的反应。三是，跨国公司进入时所带来的新产品在初期会形成垄断，但是长期的结果取决于是否有更多的跨国公司或贸易品的进入以及当地厂商的技术开发能力和模仿学习的能力。四是，取决于跨国公司相对本地厂商的市场绩效以及对当地厂商长期的生存竞争能力的影响。江小涓（2002）曾以汽车、无线通信设备和洗涤用品三个制造类产业为例对大量外资投资是否会导致垄断的问题进行了较为深入的研究。江小涓认为外资公司进入中国之初确有市场垄断的愿望和行为，但随着进口，多家外资公司进入和国内企业的成长等竞争性市场结构的形成，外商投资企业的行为逐渐发生了变化，如产品价格下调和先进技术转移的加快等，因此只要坚持对外开放政策和国内改革，被少数外资公司垄断的可能性就很小。吴定玉（2004）通过实证研究，认为 FDI 在一定程度上提高了中国汽车产业市场集中度和进入壁垒，但不会导致垄断。曾慧（2008）认为 FDI 对市场集中度的影响因进入阶段而异，FDI 进入初期导致市场集中度降低，进入一个阶段后导致市场集中度提高。曾光、王选华和廖上胜（2014）考察了 FDI 技术外溢对中国制造业市场结构产生的影响，并建议政府在做引资决策时，对集中度较高的行业应重点考虑引进技术基础好、创新能力强的大型跨国公司。

基于市场行为的层面，大多研究是从跨国公司的技术引进研发及跨国公司的投资行为这两个方向研究的。在技术引进方面，江小涓（2002）通过对 127 家外资公司在华投资企业的调研发现，绝大多数外商投资企业提供了母公司先进的或比较先进的技术，这些技术多数填补了国内空白。从 20 世纪 90 年代末期开始，外资公司加大了在中国的研发投资力度，这些研发以适应性为主，主要是出于开拓中国市场与制造基地配套，同时可以充分利用中国的科研能力和人才等方面的因素考虑（江小涓，2004）。对改革开放以来的技术外溢的研究也有完全不同的结论，如赵国庆和张中元（2008）对高科技产业的 5 个行业 28 个子行业研究后得出国有企业的技术进步主要来自人力资本积累而非科技创新投入，FDI技术"外溢效应"对技术进步也产生不利影响，三资企业中的技术进步基本上来自FDI技术"外溢效应"而不是来自科技创新投入和人力资源的积累。在外资投资行为方面，王允贵（1998）和张纪康（1999）等学者认为，跨国公司进入中国后，为了保证自身利润最大化，必然会利用其优势控制中国国内产业，形成市场垄断；王洛林和江小涓（2000）及赵楠（2004）等则认为，随着东道国国内同类竞争者的形成以及多家跨国公司的进入，跨国公司在东道国市场上不仅难以形成垄断，而且会加强东道国市场上的竞争。雷辉和徐长生（2006）以汽车产业为例，认为随着跨国公司的进入和中国汽车产业的发展，汽车产业进入了市场竞争阶段，由于跨国公司产品产量的大幅提高并且凭借其产品质量和品牌优势，大量挤占了原本由中小企业占有的市场，随着劣势的国内企业被淘汰，中国汽车产业在规模优势竞争的基础上，市场集中度提高，具有达到有效竞争的趋势。冼国明和欧志斌（2009）认为跨国并购可能损害中国的自主创新能力，同时可能垄断中国稀缺资源，危害国家产业安全和经济安全。赵晓峰、郭飞和卢进勇（2016）发现，外资通过技术示范效应显著地促进了内资企业的研发支出，同时，外资通过产品市场竞争效应和要素市场竞争效应削弱了民企的研发投资意愿和研发投资能力，使其减少研发支出，但外资对国企研发支出的影响并不显著。

基于市场绩效的层面，由于市场结构、市场行为和市场绩效之间的关系，很多关于市场绩效的研究都是基于对市场结构、市场行为或两者结合分析的基础上的。张海洋（2005）从R&D的创新能力和吸收能力入手，提出在控制自主R&D的情况下，外资活动对内资工业部门生产率的提高没有显著影响，主要原因是内资部门较低的R&D吸收能力抑制了生产率的增长。蒋殿春和张宇（2006）考察了高新技术产业中FDI的技术"外溢效应"和技术创新活动，发现一个行业的内、外资部门技术水平差异与FDI的技术外溢效应的发挥存在负相关关系，技术差异的扩大会给国内企业的学习模仿行为带来更多的困难，会对FDI的技术"外溢效应"产生一定的阻碍。范承泽、胡一帆和郑红亮（2008）通过模型，从理论上分析了 FDI 对一个发展中国家自主研发投入的补充和替代作用，并依据世界银行对中国公司的调查数据进行了实证检验，发现企业在研发方面的投入随其引进的外商投资数量的增多而减少，但行业层面的FDI 对该行业中外商投资较多的企业的研发投入起到了更大的积极作用。综合这两方面的结果，提出 FDI 对中国国内研发投入的净作用是负的。赵国庆和张中元（2008）以高技术产业为例，提出 FDI 对中国技术进步有重要的影响，但是其影响范围还仅局限在外资企业，国有企业中 FDI的技术"外溢效应"与科技进步是负相关的。宋娟（2011）通过对汽车产业市场结构的分析，认为外资的进入从一定程度上提高了中国汽车产业的市场集中度，对汽车产业的市场结构有一定的改善作用，提高了汽车产业的资源配置率，使利润率有所提高。但是，外资在汽车产业中的技术溢出效应较弱，自主研发能力仍然没有得到提高。

（二）FDI 与产业结构安全

FDI 对产业结构影响的研究大多属于实证研究类型，如黄庆波和范厚明（2010），方燕和高静（2010），姜茜和李荣林（2010），俞树毅和房裕（2015），陈明和魏作磊（2016）。另有少数研究是通过对以往的研究进行归纳、总结和综述来进行的，如阚大学（2010）和石卫星（2015）。

方燕和高静（2010）利用因果关系检验、协整关系检验、建立向量误差修正模型（VEC 模型）等计量经济学的方法，对 FDI 结构与中国经济结构之间的关系进行实证研究，得出 FDI 在产业结构中的合理配置对中国经济可持续发展具有一定的积极影响作用，但现阶段 FDI 在中国产业结构中的配置不尽合理。除利用纵向分析外，黄庆波和范厚明（2010）采用了国际比较和实证研究的方法，在分析中国、印度、中国香港、中国台湾、韩国、新加坡外贸依存度演化的基础上，实证检验对外贸易对经济增长和产业结构优化的作用，并对中国如何发挥对外贸易的作用提出政策建议。除就 FDI 对产业结构的单向影响来进行研究外，另有学者对 FDI 与产业结构的相互关系来进行测度，如姜茜和李荣林（2010）。姜茜和李荣林（2010）将短期流量指标和长期存量指标引入计量分析模型，并利用 Eviews 软件分析了 FDI 对经济增长的拉动效应以及对产业结构的影响，发现外商投资对经济增长的拉动效应显著，且 FDI 存量促进了第二产业和第三产业比重的提升。石卫星（2015）以江苏省为例，从理论上分析了 FDI 对产业结构的影响，最后得出江苏省 FDI 的来源结构和产业结构不平衡的结论，认为政府应着力优化投资环境、加强 FDI 的产业导向、提高农业利用 FDI 的数量和质量、鼓励外资进入第三产业等。俞树毅和房裕（2015）借助面板数据变截距模型考察了 FDI 与中国产业结构升级的关联，发现 FDI 对中国产业结构升级存在积极效应，但也拉大了产业结构偏差。陈明和魏作磊（2016）构建计量模型验证了中国 2005～2012 年服务业开放对产业结构升级的影响，结果表明，服务业开放与产业结构升级之间的关系具有较强的稳定性。

（三）FDI 与产业布局安全

有关产业布局优化的研究主要可以分为两个方面：一是基于产业布局存在的问题，提出产业布局优化的对策建议；二是基于产业集聚效应视角的产业布局优化研究。基于产业布局存在问题的研究，曹颖（2005）认为产业布局优化不仅要注重经济资源，而且应从环境、经济、社会协调发展的角度合理进行产业布局；梁隆斌和伏润民（2008）认为，东、中、西部地区应以资源禀赋为基础，优化各个地区的产业布局；冯艳芳（2009）以辽宁经济带为例，认为各沿海城市存在产业结构趋同、受利益驱动过度竞争、区域经济一体化流于形式以及招商引资以牺牲环境为代价等问题，提出要完善管理体制和协调机制，发展重点产业，合理引导外资，构建生态产业带和循环经济带等优化产业布局的对策建议；李寒（2011）以贵阳市为例，认为其产业布局规划缺乏宏观性和系统性，且政府主导现象严重，因此，贵阳市要统筹规划、以实际需要进行产业布局，实现产业的合理布局。基于产业集聚效应的研究，刘斯康和王水嫩（2003）认为要以产业集聚的要求来规划产业布局，使企业之间以及企业与外部环境之间协调发展。王向阳（2009）对布局优化、集中度提高与产业竞争力提升三者的关系进行了阐述，得出在产业布局优化过程中，应将产业集中度提高和竞争力提升作为布局优化的重要内容。张小平、邓晓卫和焦军彩（2011）认为产业集聚能够整合区域产业资源、提升产业竞争力、促进新兴产业发展，使产业布局得以优化。

关于 FDI 区位选择的影响因素的研究，一部分是基于传统影响因素的分析；另一部分是基于产业聚集理论的分析。基于传统影响因素分析的文献（卜伟、孙通通，2007；孙江永，2008；徐康宁、陈健，2008；张云飞，2015；谢黎、宋一弘，2015），通过计量经济学模型对 FDI 区位选择的影响因素及其影响程度进行了实证分析，普遍认为，GDP、人均 GDP、劳动力成本、第三产业产值、累计 FDI、运输能力、科技水平、资源禀赋、地方政府行为等是影响 FDI 区位选择的主要因素。基于产业聚集理论分析的文献中，很多研究以产业聚集理论为基础，对某一区域或某一具体产业 FDI 的区位选择影响因素进行了分析。Wheeler & Mody（1992）将聚集经济定义为基础设施质量、工业化水平和利用外资水平等的函数，得出聚集经济和市场规模决定了美国公司在发展中国家的区位选择；朱英明（2002）通过对长三角地区 15 个地级市的不同产业部门进行因子分析，得出外资产业部门聚集最多的地区，通过分析 FDI 在长三角地区的分布情况，解释了地区间经济和收入的差异；何兴强和王利霞（2008）基于"第三国效应"理论，通过回归模型分析了东、中、西部地区以及长三角和珠三角地区 FDI 区位分布的空间效应，得出周边城市的 FDI 增量可以增加某城市的 FDI 流入量，对产业布局产生影响。谢孟军和陈室谷（2015）发现台企集聚和亚企集聚对台湾投资者在中国大陆投资的区位选择有重要影响，外企集聚的影响不显著，台企的投资行为遵循序列选择原则，即投资者首先对区域进行选择，然后再对选择区域的省份进行选择。

FDI 除了进行区位选择之外，还会进行产业选择，FDI 的产业选择主要受到东道国产业政策及外资产业选择趋势的影响。王艳辉和毕莹（2006）针对沈阳市吸引外资的现状和问题，确定了鼓励 FDI 重点投资的产业；赵楠（2007）通过分析 FDI 转向服务业的内在动因，认为 FDI 产业选择的必然趋势是转向服务业；秦小玲和董有德（2007）认为，随着全球经济结构的转型，FDI 越来越多地向资金和技术密集型产业转移。总之，FDI 的产业选择受东道国产业政策和 FDI 产业选择趋势的双重影响，FDI 产业选择趋势在一定程度上反映了外资企业对外直接投资过程中实际需求的变化。

关于 FDI 对产业布局影响的研究，冼国明和文东伟（2016）认为，随着中国对外开放程度的加深，FDI 和对外贸易对中国产业布局的影响和产业集聚的推动作用变得更加强大和显著；赵燕（2010）运用定性分析方法认为，中国东、中、西部地区外资在数量和产业上分布的差异性造成了各个地区人均资本存量和制度软环境的差异。同时，该文以重合产业转移理论为基础，分析了西部地区合理承接东部地区转出产业的可行性和适用性，认为西部地区合理承接东部地区转出产业可以削弱外资分布的不均衡性带来的地区差异。

（四）FDI 与产业政策安全

专门研究利用 FDI 对产业政策影响的文献较少，针对性较强的有刘重力和李慰（2011）的研究，他们从一个扩展的第三国模型出发分析了"国民待遇原则"和"非国民待遇原则"两种情况下外资接受国产业政策的制定，研究发现：如果给予外资国民待遇，政府应该对企业征税以降低企业间竞争强度，同时获得一定税收收入；如果不给予外资国民待遇，政府应该对企业进行补贴，使企业获得更高的利润。较为多数的文献研究了经济全球化背景下产业政策的制定和实施。李永和刘鹃（2004）通过动态一般均衡模型（CGE 模型）实证研究了中国加入 WTO 后产业政策的有效性，结果表明贸易自由化对中国福利水平的提高有促进作用，同时存在中国比较优势产业的生产强化趋势，需要进行产业政策干预以保证产业结构的升级；董华（2008）认为产业政策理论依据的现实选择是国家竞争优势理论，产业政策的目标是提高产业竞争力；赵晓明和韩小威（2008）分析了经济全球化对发展中国家产业政策空间的影响，认为国际产业在转移过程中的资源配置可能会使特定国家原有产业政策失效；产业政策要与战略性贸易政策融合，构成政策整体；合理有效的产业政策要以竞争政策为基础并做到二者的互相协调。

从产业政策实施结果的角度看，产业政策安全在一定程度上可以从产业政策有效性的角度来分析。这方面的研究，不同学者有不同的研究角度。有些学者将博弈论的方法运用于对产业政策效果的分析中：比如吴昌南（2003）、张许颖（2004）和史铭鑫（2005）等运用静态博弈和动态博弈等方法，通过支付矩阵的方式确定产业政策执行过程中中央政府与地方政府之间、地方政府与地方政府之间的产业政策调整博弈模型，得出各方行动结果，确定产业政策有效性受到的影响，政策失效的原因主要表现为各个行为主体利益差异，而且没有健全的产业政策实施机制。还有学者利用产业政策评价方面的知识对产业政策实施效果做了研究：江小涓（1996）在分析美日等发达国家产业政策实施效果的基础上全面评价了产业政策实施的实际效果；卢凤君等（1999）的研究超出了定性描述，借鉴管理学的过程控制思想，在构建产业政策评估机理的基础上探索了改善产业政策实施效果的途径；朱少洪和全毅（2002）从理论和实践两个方面出发，总结了产业政策成功实施的一般条件；韩小威（2006）从产业政策的指导和执行两个环节构建了有效产业政策的框架，分析了制约产业政策有效性的主要因素。

总而言之，现有关于 FDI 与产业安全的研究大都是针对某一个产业或产业安全的某一个层面来进行的，研究的范围比较有限。本书同时从评价指标和产业经济学理论框架两个角度出发，以理论分析为基础，搜集大量现实数据，采用多种实证研究方法，深刻地、多角度地、全方位地分析 FDI 对中国产业安全的影响。

第三节　研究方法

本书采用定性分析、面板数据回归分析、案例分析、比较分析、时间序列分析以及因子分析等研究方法。

在 FDI 对中国劳动要素环境的影响分析部分，首先，运用面板数据模型从整体和行业两个角度量化且直观地分析 FDI 对行业整体、资本密集型行业、劳动密集型行业和技术密集型行业劳动生产率和工资的影响，并找出 FDI 对劳动生产率和工资的影响途径。其次，通过对资本密集型行业、劳动密集型行业和技术密集型行业这三种不同要素密集度行业进行对比，具体分析 FDI 对劳动要素环境的影响。

在 FDI 对产业国际竞争力的影响分析部分，通过查阅国内外相关文献资料（主要是通过书籍以及从 CNKI、维普、相关网站等获得的电子资料等）。首先，定性分析 FDI、产业安全以及产业国际竞争力三者之间的相互关系；其次，借鉴现有的产业国际竞争力的评价指标体系，选取合适的指标进行定量分析；最后，以美国、日本和印度三个国家为例，得出对中国的启示。

在 FDI 对产业控制力的影响分析部分，首先，使用定性分析的方法分析了中国高端制造业的发展现状、中国高端制造业利用 FDI 的现状等。其次，计算了中国高端制造业的外资市场控制率、外资技术控制率和外资总资产控制率，并使用熵权法和加乘混合法建立了综合评价模型对产业外资控制力进行了综合评价。最后，对计算出的指标在时间维度上进行了纵向比较和行业维度的横向比较。

在 FDI 对产业对外依存度的影响分析部分，首先，采用 Jonhamson 协整分析方法，分别建立以出口对外依存度、FDI、实际有效汇率指数以及进口对外依存度、FDI、实际有效汇率指数为内生变量的回归模型。其次，通过格兰杰因果关系检验，分析了 FDI 与产业对外依存度的因果关系。最后，通过建立误差修正模型（VEC）来研究长期及短期 FDI 带来的影响。

在 FDI 对产业组织安全的影响分析部分，首先，市场集中度系数、FDI 在研发费用方面的投入、利润率等方面的定量计算来分析 FDI 对中国产业组织安全的影响。其次，在市场结构、市场行为和市场绩效三方面的理论分析基础上，加入典型案例进行分析。

在 FDI 对产业结构安全的影响分析部分，首先，通过定量分析 FDI 在中国第一、二、三产业以及重要产业（如装备制造业、高技术产业）的投资比重，并与中国在第一、二、三产业以及相应重要产业投资比重的时间序列进行比较，来判断外资对中国产业结构安全的影响。其次，通过对时间序列进行 Jonhamson 协整分析，来研究 FDI 对三次产业结构的具体影响。

在 FDI 对产业布局安全的影响分析部分，首先，用 FDI 在东、中、西部地区分布的时间序列进行定量分析。其次，定性分析 FDI 对中国产业布局区位化的影响，同时嵌以案例分析。最后，通过因子分析来判断目前 FDI 在各省细分行业的分布情况是否达到了各省资源的优势配置。

在 FDI 对产业政策安全的影响分析部分，首先，定性分析了外资对中国产业决策权完整性、产业决策的及时性和产业决策的正确性的影响，这里主要用了国内的纵向比较和与外国的横向比较的研究方法。其次，选取一个特殊事件——FDI 对大豆产业政策安全的影响进行系统性分析，并加入一个简短的对比案例——巴西转基因大豆产业政策的失败，得出一般化的结论。

以上分析所需数据主要来自《中国工业企业数据库》（1998~2008），历年《中国统计年鉴》《中国科技统计年鉴》《中国高技术产业统计年鉴》《中国工业经济统计年鉴》等，相关产业协会及其网站，以及商务部网站、中国投资指南网站、国家统计局网站等。其中，《中国工业企业数据库》（1998~2008）（及以后更新的数据库）主要用于分析中国产业外资重要企业控制情况。

第四节 创新点

本书的主要创新之处在于视角创新。通过对以往的研究进行分析整理可知，大多研究通常是从产业安全的一个或其中几个方面对个别产业进行分析，研究范围比较有限。本书则是从评价指标和产业经济学理论框架两个角度分析了 FDI 对中国全部产业以及个别产业的影响。基于产业安全评价指标，分析了 FDI 对中国产业生存环境、国际竞争力、外资控制力以及对外依存度的影响；基于产业经济学理论框架，分析了 FDI 对中国产业组织安全、产业结构安全、产业布局安全和产业政策安全的影响。通过扩大研究视角，可以更为深刻地、多角度地、全方位地分析

FDI 对中国产业安全的影响。

第五节　本书结构安排与主要内容

本书共分九章，其余部分的结构安排与主要内容如下。

第二章，FDI 对中国劳动要素环境的影响。首先，确定了衡量劳动要素环境的指标，即劳动生产率和工资水平；其次，分别分析了 FDI 对其二者的影响机理；最后，通过面板数据回归，分析了 FDI 对不同类型行业（劳动密集型、资本密集型和技术密集型）的具体影响方向和程度，并进行了比较。

第三章，FDI 对中国产业国际竞争力的影响。首先，分析了能够衡量产业国际竞争力的指标，并选择其中较为常用的两个指标（国际市场占有率和贸易竞争力指数）代入中国的数据进行了计算；其次，以美国、日本和印度三国为例进行分析，得到了利用外资与维护产业竞争力的国际经验。

第四章，FDI 对中国产业控制力的影响。本章主要以中国高端制造业为例来分析中国的产业控制力。首先，分析了中国高端制造业的发展历程和利用 FDI 的现状；其次，构建了一级指标为外资市场控制率、技术控制率和总资产控制率的产业外资控制力评价体系；最后，基于该评价体系分析了中国高端制造业总体以及具体产业的产业外资控制力。

第五章，FDI 对中国产业对外依存度的影响。首先，对产业对外依存度进行了界定，即产业对外依存度主要包括进出口、资本以及技术对外依存度；其次，依次采用 Jonhamson 协整分析、格兰杰因果检验以及误差修正模型分析了 FDI 对中国产业进出口对外依存度的具体影响；最后，分析了 FDI 对中国产业资本以及技术对外依存度的影响。

第六章，FDI 对中国产业组织安全的影响。首先，分析了产业组织与产业组织安全的具体含义；其次，通过计算不同的指标，分别从市场结构、市场行为和市场绩效的角度分析了 FDI 对中国产业组织安全的影响。

第七章，FDI 对中国产业结构安全的影响。首先，分析了中国产业结构的现状以及引进 FDI 的产业结构现状；其次，分析了在引进 FDI 背景下产业结构存在的问题；最后，通过对时间序列进行 Jonhamson 协整分析，研究了 FDI 对中国产业结构高度化和合理化的影响。

第八章，FDI 对中国产业布局安全的影响。首先，分析了中国产业布局的发展历程与现状；其次，阐述了影响 FDI 区位分布的因素（制度因素和非制度因素）以及 FDI 在中国区位分布的特征；再次，分别分析了中国东、中、西部地区的优势资源；最后，通过因子分析来判断目前 FDI 在各省细分行业的分布情况是否达到了各省资源的优势配置。

第九章，FDI 对中国产业政策安全的影响。首先，分析了产业政策安全的影响因素以及目前存在的问题；其次，通过定性分析，从五个方面研究了 FDI 对中国产业政策安全的影响；再次，以经济学模型为切入点，对 FDI 与产业政策安全之间的关系进行了具体的分析；最后，选取一个特殊事件——FDI 对大豆产业政策安全的影响进行系统性分析，并加入一个简短的对比案例——巴西转基因大豆产业政策的失败，得出一般化的结论。

其中，第二章至第五章的内容基于产业安全的评价指标，第六章至第九章的内容基于产业经济学的理论框架。本书总体结构见图 1 - 2。

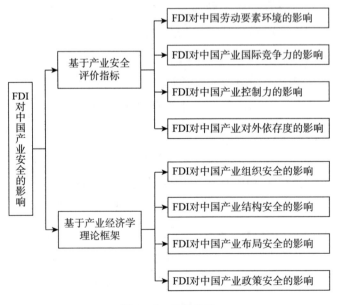

图 1 - 2 总体结构

第一篇　基于评价指标的分析

截至目前，不同的研究建立了不同的产业安全评价指标体系：如何维达（2001）提出了由产业国际竞争力评价指标、产业对外依存评价指标和产业控制力评价指标组成的产业安全评价指标体系；何维达和何昌（2002）建立了包括产业国际竞争力、产业对外依存度和产业控制力评价指标的产业安全评价指标体系；何维达、李冬梅和张远德（2007）从 FDI 角度出发，提出了一个包括外资市场占有率、外资股权控制率、外资技术控制率、资本对外依存度、技术对外依存度、生产对外依存度，进出口对外依存度和外资国别集中度的指标体系；李红（2009）根据产业安全的特点构建了产业安全评价指标体系，该指标体系包括四个子指标体系，即产业发展力、产业国际竞争力、产业对外依存度和产业控制力，并进一步对这四个子指标体系内的各个指标进行了分析；邵念荣和付春光（2011）在对国内外学者关于产业安全指标评价体系的研究进行述评后，认为产业安全指标评价体系由产业协调力、产业控制力、产业竞争力及产业发展力构成，即"四力模型"；此外，还有研究认为产业安全评价主要包括产业生存环境、产业国际竞争力、产业对外依存度、产业控制力、产业发展能力五个方面（李孟刚，2013；孙瑞华、刘广生，2006）。

综合上述研究，本书认为产业安全评价指标体系中应包括产业生存环境、产业国际竞争力、产业控制力以及产业对外依存度。其中，产业生存环境主要包括金融环境、劳动要素环境、资源与生态环境及政策环境四个方面（李孟刚，2013；何庆凤、刘德弟，2010；徐洁香，2007），由于劳动要素环境不仅直接关系到产出的增加、经济的增长、还关系到人们的生活、社会的稳定，是产业生存环境中一个极为重要的方面，再考虑到数据的可得性，因此本书主要以劳动要素环境为例来分析 FDI 对产业生存环境的影响。

第二章　FDI 对中国劳动要素
环境的影响

　　产业生存环境是产业安全的基础，也是产业安全评价体系的一个重要方面。产业生存环境主要包括金融环境、劳动要素环境、资源与生态环境及政策环境四个方面（李孟刚，2013；何庆凤、刘德弟，2010；徐洁香，2007）。其中，劳动要素环境不仅直接关系到产出的增加、经济的增长，而且关系到人们的生活、社会的稳定，是产业生存环境中一个极为重要的方面，再考虑到数据的可得性，因此本章主要分析 FDI 对中国劳动要素环境的影响。

　　那么，应该如何衡量中国的劳动要素环境呢？王永保、张远德、张建云（2007）在对煤炭产业进行安全评估中发现虽然整个产业是基本安全的状态，但劳动力素质处于不安全的状态，劳动生产率更是处于危机状态；何庆凤、刘德弟（2010）在研究江山市木材工业产业安全时也选取了劳动力成本、劳动力素质来反映产业生存环境；宋永辉、孙丹、高超（2012）在研究辽宁省装备制造业安全评价时选取了劳动力素质来反映国内产业环境。通过上述研究可以发现，劳动要素环境主要包括劳动力素质和劳动力成本两个指标，其中，劳动力素质通常用劳动生产率来衡量，劳动力成本通常用工资来衡量。因此，FDI 对劳动要素环境的影响主要包括 FDI 对劳动生产率的影响和 FDI 对工资水平的影响两个方面。

第一节　FDI 对劳动要素环境的影响机理

一　FDI 对劳动生产率的影响机理

FDI 对中国劳动力素质的影响主要来自资本引入（即要素投入）和技术溢出这两个方面。从要素投入的角度来看，FDI 的流入实现了资本要素的引进，弥补了中国部分资金的不足，提高了国内可供投资的资本，有利于固定资本的形成。此外，还通过产业的连锁牵动与示范效应带动了国内企业的投资，对国内资本产生"挤入效应"（湛柏明，2004）。对于发展中国家来说，如果 FDI 是通过从东道国国内资本市场上筹资的方式进入东道国，会加剧东道国国内企业投资的资金约束，就是说，也有可能对东道国国内投资产生"挤出效应"（林广志、孙辉煌，2013；杨新房、任丽君、李红芹，2006）。因此，FDI 对东道国国内投资总量的影响是不确定的，投资总量的变动必然会引起劳均资本的变化，影响劳动生产率。从技术溢出的角度来看，FDI 对劳动生产率的影响大致可以分为三个方面（商建初、范方志、周剑，2005；辛永容、陈圻、肖俊哲，2009；邱斌、杨帅、辛培江，2008；Özyurt，Guironnet，2011）。①"示范效应"。外资企业在某些领域的经营活动可以给本土企业做出"示范"，本土企业可以通过模仿和学习外资企业的新技术、新工艺和新产品来提高自身的技术水平和生产率。②"竞争效应"。外资企业的出现会加剧该领域的竞争，改变市场结构，这种变化会对本土企业产生一种外在压力，迫使本土企业加强技术改造和创新，提高生产率，这种效应称作正的竞争效应。但如果外资企业抢占了较大的市场份额，使本土企业市场份额急剧缩小，引起生产成本加大，利润空间变小，降低企业技术能力和劳动生产率，这种效应称作负的竞争效应。③"联系效应"。外资企业与国内企业之间有着各种各样的联系，如公司职员间的流动、中间产品的供应、技术或销售方面的合作等，这些都会使 FDI 的技术溢出效应发生变化，影响劳动生产率。综上所述，FDI 对中国劳动生产率的影响机理见图 2 - 1。

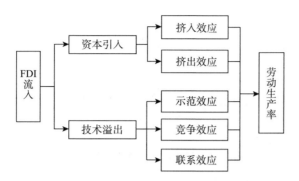

图 2 - 1　FDI 对中国劳动生产率的影响机理

二　FDI 对工资水平的影响机理

在劳动供给一定的条件下，外资企业通过影响对劳动的需求影响其所在行业的工资水平。与劳动生产率的影响相似，FDI 对中国工资水平的影响也主要来自资本引入（即要素投入）和技术溢出这两个方面。从资本引入的角度来看，除了 FDI 对国内资本的"挤入效应"和"挤出效应"，还存在资本对劳动的"收入效应"和"替代效应"。一方面，资本数量的增加会提高劳动的边际产出，当要素之间存在互补关系时，资本数量的增加也会增加对劳动的需求，提高行业的工资水平，这就是资本对劳动的"收入效应"；另一方面，如果要素之间是相互替代的，资本的增加就会减少对劳动的需求，降低工资水平，这就是资本对劳动的"替代效应"。因此，资本对工资水平的影响取决于以上两种效应的大小（吉缅周，2007；文东伟、冼国明，2009）。从技术溢出的角度看，外资企业相对于东道国企业来说具有技术上的优势，外资企业行业渗透率的增加促进技术的扩散，改变东道国企业劳动的边际产品，对工资水平产生影响。东道国企业的特征以及其与外资企业之间的系统差异决定了 FDI 技术外溢效应的大小（毛日昇，2012）。FDI 对工资水平的影响机理（见图 2 - 2）。

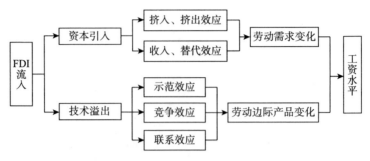

图 2-2　FDI 对工资水平的影响机理

三　基于生产要素密集度的中国行业分类

基于上述两部分对影响机理的分析，可以明确地知道 FDI 对劳动要素环境的影响程度和方向会随着产业的不同而不同，大量研究也支持了这一观点。王燕飞和曾国平（2006）运用 Jonhamson 协整分析的方法研究 FDI 与就业结构变动的关系时，发现 FDI 对不同产业的影响是不同的，FDI 促进了第二产业就业，促进了就业人口非农化，推动了中国产业结构的升级；但 FDI 对第三产业的影响非常有限，不利于中国农村剩余劳动力的转移及产业结构的进一步优化和升级。龚晓莺、甘梅霞（2007）在运用投入产出法就 FDI 对中国十类工业行业就业的诱发效应进行实证研究时发现，引进资金密集型产业的 FDI 会扩大就业，但引进劳动密集型产业的 FDI 并不一定是扩大就业的最优决策，相反可能会使外资企业资本、技术优势的外溢效应得不到充分利用，不能为中国产业结构升级起到促进作用。进一步地，李夏玲（2013）通过将中国国民经济行业分类中划分的 15 个服务行业进行归类，用灰色关联方法分析三类服务行业利用 FDI 与江苏省服务业增加值之间的关系时发现技术密集型服务业利用 FDI 与江苏省服务业发展关联度较大，资本密集型服务业利用 FDI 与江苏省服务业发展关联度不大，劳动密集型服务业利用 FDI 与江苏省服务业发展有一定程度的关联。

因此，本章根据劳动力、资本和技术三种生产要素在生产活动中的相对密集度，把行业划分三种类型：劳动密集型行业、资本密集型行业和技术密集型行业（或知识密集型行业）。劳动密集型行业指进行生产主要依靠大量使用劳动力，对技术和设备的依赖程度低的行业；资本密集型行业指在单位产品成本中，资本成本与劳动成本相比所占比重较大，每个劳动者所占用的固定资本和流动资本金额较高的行业；技术密集型行业指在生产过程中，对技术和知识要素的依赖大大超过对其他生产要素的依赖的行业，其特点是科技人员在职工中所占比重较大，劳动生产率高，产品技术性能复杂，更新换代迅速。本章对行业的划分依据及结果如下所示。

（1）平均每人固定资产占用额是划分劳动密集型行业和资本密集型行业的主要标准（杨先明、袁帆，2005；张理，2007），占用额高的为资本密集型行业，占用额低的为劳动密集型行业。高于平均水平 50% 的直接划入资本密集型行业。

根据计算得出，行业平均每人固定资产占用额的平均水平为 13 万元/人。其中，电力、燃气及水的生产和供应业、交通运输、仓储和邮政业、房地产业和水利、环境和公共设施管理业高于平均水平 50%，因此它们属于资本密集型行业。

（2）技术人员与职工的比例是划分劳动密集型和技术密集型的主要指标（赵书华、张弓，2009；邹琪、田露月，2010）。以各行业整体的平均水平为界，低于行业整体平均水平的为劳动密集型行业，高于行业整体平均水平两倍的为技术密集型行业。位于两个水平之间的，结合以下两个指标进行划分：①劳动生产率是否高于行业整体平均水平的 50%；②人均固定资产是否超过行业整体平均水平。如果满足其中一个条件就列入技术密集型行业，如果一个都不满足就划入劳动密集型行业。

根据计算得出，行业平均技术人员与职工的比例为 28%。其中，教育行业和卫生、社会保障和社会福利业高于平均水平 50%，因此它们属于技术密集型行业。农林牧渔业、采矿业、制造业、建筑业、批发和零售业、住宿和餐饮业、租赁和商务服务业、居民服务和其他服务业、公共管理和社会组织低于平均水平，因此它们属于劳动密集型行业。再结合上一段中①和②两个标准，可以得知位于中间水平的信息传输、计算机服务和软件业、金融业、科学研究、技术服务和地质勘查业、文化、体育和娱乐业也都属于技术密集型行业。

第二节　FDI 影响劳动要素环境的模型构建

一　劳动生产率的决定方程

本章以柯布－道格拉斯生产函数为切入点，逐步推导出实证检验所需要的模型。柯布－道格拉斯生产函数最初是美国数学家柯布（C. W. Cobb）和经济学家保罗·道格拉斯（Paul. H. Douglas）共同探讨投入和产出的关系时创造的生产函数，是经济学中使用最广泛的一种生产函数形式，基本形式见公式 2.1：

$$Y = A(t)L^\alpha K^\beta \mu \tag{2.1}$$

公式 2.1 中 Y 是工业总产值，$A(t)$ 是综合技术水平，L 是投入的劳动力数（单位是万人或人），K 是投入的资本，一般指固定资产净值（单位是亿元或万元，但必须与劳动力数的单位相对应，如劳动力用万人作单位，固定资产净值就用亿元作单位），α 是劳动力产出的弹性系数，β 是资本产出的弹性系数，μ 表示随机干扰的影响，且 $\mu \leqslant 1$。

对于发展中国家，等量的国外资本代表更高的生产力水平、更高的组织管理技能和生产技术，同一单位的国内资本和国外资本并不是同质的。为了简化分析，假定所有的国内资本是同质的，所有的国外资本也是同质的。将总资本水平定义为国内资本和国外资本的加权平均，总资本、国内资本和国外资本分别用 K、K_d 和 K_f 表示（李雪辉、许罗丹，2002；吉缅周，2007）。γ 表示国内资本在总资本构成中的比重，总资本可以表示为公式 2.2：

$$K = K_d^\gamma K_f^{1-\gamma} \tag{2.2}$$

将公式 2.2 代入公式 2.1 可得公式 2.3：

$$Y = A(t)L^\alpha K_d^{\beta\gamma} K_f^{\beta(1-\gamma)} \mu \tag{2.3}$$

如果用 FDI 占总固定资产投资的比重（用 FK 表示）来衡量外资公司的进入程度，它会影响该行业的综合技术水平 A，那么公式 2.3 就会变为公式 2.4：

$$Y = A(KF)L^{\alpha}K_d^{\beta\gamma}K_f^{\beta(1-\gamma)}\mu \qquad (2.4)$$

由于全员劳动生产率 = 工业增加值/全部从业人员人数，在公式 2.4 左右两端同时除以劳动力人数 L，可以得到劳动生产率 P 的表达式，见公式 2.5：

$$P = A(FK)L^{\alpha-1}K_d^{\beta\gamma}K_f^{\beta(1-\gamma)}\mu \qquad (2.5)$$

对公式 2.5 进行对数化处理并通过适当变形，可以得到关于劳动生产率 P 的回归方程，见公式 2.6：

$$\ln P = \beta_1\ln FK + \beta_2\ln L + \beta_3\ln K_d + \beta_4\ln K_f + \varepsilon \qquad (2.6)$$

公式 2.6 中，各变量的选取与处理情况如下：

（1）P，全员劳动生产率，即工业增加值/全部从业人员人数，单位为万元/人；

（2）FK，FDI 占总固定资产投资的比重，单位为%；

（3）L，按行业分城镇单位就业人员数（年底数），单位为万人；

（4）K_d，按行业分城镇固定资产投资资金来源中的内资部分，单位为亿元；同时，为了剔除价格的影响，根据固定资产投资价格指数统一折算成以 2004 年的数据为不变价的固定资产投资金额；

（5）K_f，按行业分实际使用的 FDI 金额，单位为万美元。由于中国自 2005 年 7 月 21 日起开始实行以市场供求为基础、参考一篮子货币进行调节、有管理的浮动汇率制度。汇改以来，人民币不断升值。截至 2011 年 12 月 30 日，人民币累计升值超过 30%（高劲、樊晴晴，2012）。研究时必须剔除汇率的影响，因此必须把每年的 FDI 金额按当年的汇率折合成人民币的金额。

（6）ε，随机误差。

二 工资水平的决定方程

接下来推导和工资水平有关的模型。在产品和要素市场完全竞争的假设条件下，工资水平由劳动的边际产出来决定，见公式 2.7：

$$W = p \cdot MP_L = p \cdot \frac{\partial Y}{\partial L} = \alpha p A(t) L^{\alpha-1} K^{\beta} \mu \qquad (2.7)$$

公式 2.7 中 W 表示内资行业的平均工资水平，p 表示产品市场的价格水平。

FDI 对工资的影响有两个途径：一个是通过影响技术水平影响工资；另一个是通过影响资本影响工资。考虑到这两点，并结合公式 2.2，可以得到含有 FDI 水平 FK 的工资决定方程，见公式 2.8：

$$W = \alpha p A(FK) L^{\alpha-1} K_d^{\beta\gamma} K_f^{\beta(1-\gamma)} \mu \qquad (2.8)$$

对公式 2.8 两边同时取对数并适当变形，可以得到关于工资水平的回归方程，见公式 2.9：

$$\ln W = \beta_1 \ln p + \beta_2 \ln FK + \beta_3 \ln L + \beta_4 K_d + \beta_5 K_f + \varepsilon \qquad (2.9)$$

公式 2.9 中，各变量的选取与处理情况如下：

（1）W，城镇单位就业人员平均工资，单位为元；

（2）p，居民消费价格指数；

（3）FK，FDI 占总固定资产投资的比重，单位为％；

（4）L，按行业分城镇单位就业人员数（年底数），单位为万人；

（5）K_d，按行业分城镇固定资产投资资金来源中的内资部分，单位为亿元；同时，为了剔除价格的影响，根据固定资产投资价格指数统一折算成以 2004 年的数据为不变价的固定资产投资金额；

（6）K_f，按行业分实际使用的 FDI 金额，单位为万美元。为了剔除汇率的影响，必须把每年的 FDI 金额按当年的汇率折合成人民币的金额，折合后的单位也为亿元。

（7）ε，随机误差。

三　模型形式与数据来源

依据方程的形式，本章中使用的模型为面板数据模型，它结合了时间序列和截面数据两种形式，能够同时反映研究对象在时间和截面单元两个方向上的变化规律以及不同时间、不同单元的特性。从统计角度来看，面板数据模型不仅大大增加了观测样本量，提高了样本自由度，而且可以减弱解释变量多重共线性的影响，降低估计误差。

确定面板数据模型的具体形式时，首先可通过 F 检验来判断是否存在组间效应，若不存在，选用混合回归模型；若存在，还要通过 Hausman 检验来确定是采用个体固定效应模型还是随机效应模型。F 统计量计算方法见公式 2.10：

$$F = \frac{(SSE_c - SSE_u)/(n-1)}{SSE_u/(nT - n - k)} \tag{2.10}$$

公式 2.10 中，SSE_c 和 SSE_u 是分别采用混合回归模型和具有组间效应的回归模型计算出来的残差平方和，n 表示截面数据个数，k 表示解释变量个数，T 表示时期数。

考虑到数据的可得性问题，本章研究的行业为农、林、牧、渔业，采矿业，制造业，电力、燃气及水的生产和供应业，建筑业，交通运输、仓储和邮政业，信息传输、计算机服务和软件业，批发和零售业，住宿和餐饮业，金融业，房地产业，租赁和商务服务业，科学研究、技术服务和地质勘查业，水利、环境和公共设施管理业，居民服务和其他服务业，教育，卫生、社会保障和社会福利业，文化、体育和娱乐业以及公共管理、社会保障和社会组织。搜集了 2003 年至 2014 年共 12 年的数据；数据来源为《中国统计年鉴》（2004 ~ 2015）。

第三节　FDI 对劳动生产率的影响

一　FDI 对整体行业劳动生产率的影响

依据公式 2.6，采用 Eviews 7 对所有的面板数据进行回归。由于只研究各自变量对因变量的影响，此处只列举各自变量的系数，不再列举截距项。为了衡量模型的稳定性，本节同时报告固定效应、随机效应以及混合回归模型的估计结果。FDI 对整体行业劳动生产率影响的具体结果如表 2 - 1 所示，从对比结果中可以看出，变量前系数的大小和方向都较为一致，这说明模型有很好的稳定性。

表 2 - 1 　FDI 对整体行业劳动生产率的影响

变量	固定效应模型	随机效应模型	混合回归模型
$\ln FK$	1. 17 ** (2. 29)	1. 284 (1. 58)	4. 265 *** (6. 18)
$\ln L$	- 0. 318 (- 0. 70)	- 0. 098 ** (- 2. 36)	- 0. 112 (- 0. 32)
$\ln K_d$	0. 51 *** (3. 67)	0. 253 * (1. 69)	0. 133 *** (5. 58)
$\ln K_f$	- 0. 027 *** (- 5. 50)	- 0. 235 *** (- 5. 11)	- 0. 127 ** (- 1. 99)
调整后 R^2	0. 82	0. 68	0. 73
F 统计量	7. 24		
Hausman 检验 P 值	0. 0282		

注:"*""**""***"分别代表显著性水平为 10%、5% 和 1%，括号内数值为 t 统计量。

根据 F 统计量和 Hausman 检验 P 值可以得知，应选择固定效应模型。就整个模型而言，调整后 R^2 为 0.82，即这些变量的变动情况可以解释劳动生产率变动的 82%，拟合程度较好。具体来看，就业人数对劳动生产率的提高有阻碍作用，但未通过显著性检验；国内资本对劳动生产率有正向的促进作用，并且在 1% 的显著性水平下通过了 t 检验；FDI 占总固定资产投资的比重与劳动生产率呈正相关关系，并且在 5% 的显著性水平下通过了 t 检验，国外资本与劳动生产率呈负相关关系，并且在 1% 的显著性水平下通过了 t 检验，这就表明 FDI 是通过技术的扩散（前者，即 FDI 占总固定资产投资的比重）和资本的引入（后者，即国外资本）这两个途径来影响劳动生产率。一方面，通过技术的扩散带来了正向的溢出效应，提高了劳动生产率；另一方面，由于国外资本对国内资本的挤出效应，阻碍了劳动生产率的提高。由于 FDI 占总固定资产投资的比重的系数绝对值大于国外资本系数的绝对值，所以从整体上来看，FDI 促进了整体劳动生产率的提高。

二　FDI 对不同要素密集度行业劳动生产率的影响

（一）FDI 对劳动密集型行业劳动生产率的影响

仿照前文的方法和回归模型，对劳动密集型行业的面板数据进行分析，FDI 对劳动密集型行业劳动生产率的影响如表 2 - 2 所示。

表 2 - 2　FDI 对劳动密集型行业劳动生产率的影响

变量	固定效应模型	随机效应模型	混合回归模型
$\ln FK$	4.629 ** (2.14)	5.31 *** (2.82)	8.887 *** (3.44)
$\ln L$	- 0.453 *** (- 4.72)	- 0.088 (- 1.27)	- 0.082 (- 1.15)
$\ln K_d$	0.282 *** (6.45)	0.278 (0.89)	0.140 ** (2.54)
$\ln K_f$	- 0.030 *** (- 2.78)	- 0.263 *** (- 2.77)	- 0.042 *** (- 2.99)
调整后 R^2	0.73	0.32	0.94
F 统计量	6.22		
Hausman 检验 P 值	0.0469		

注："*""**""***"分别代表显著性水平为10%、5%和1%，括号内数值为 t 统计量。

根据 F 统计量和 Hausman 检验 P 值结果可以得知，应选择固定效应模型。就整个模型而言，调整后 R^2 为 0.73，即这些变量的变动情况可以解释劳动生产率变动的73%，拟合程度较好。具体来看，就业人数对劳动生产率的提高有阻碍作用，并且在1%的显著性水平下通过了 t 检验；国内资本对劳动生产率的提高有促进作用，并且在1%的显著性水平下通过了 t 检验。FDI 占总固定资产投资的比重对劳动生产率的提高有显著的促进作用，国外资本对劳动生产率的提高却有显著的抑制作用，但从系数的绝对值来看，FDI 仍主要通过技术扩散途径来提高劳动密集型行业的劳动生产率。

（二）FDI 对资本密集型行业劳动生产率的影响

同理，对资本密集型行业的面板数据进行分析，FDI 对资本密集型行业劳动生产率的影响如表 2-3 所示。

表 2-3　FDI 对资本密集型行业劳动生产率的影响

变量	固定效应模型	随机效应模型	混合回归模型
$\ln FK$	2.819 ** (2.14)	8.192 * (1.88)	8.115 *** (11.16)
$\ln L$	-0.212 (-1.15)	-0.154 (-0.66)	-0.576 (-1.10)
$\ln K_d$	0.516 *** (3.73)	0.642 *** (6.10)	0.553 *** (3.95)
$\ln K_f$	-0.162 (-0.59)	-0.065 (-0.73)	-0.235 *** (-6.07)
调整后 R^2	0.99	0.62	0.96
F 统计量	6.98		
Hausman 检验 P 值	0.0364		

注："*""**""***"分别代表显著性水平为 10%、5% 和 1%，括号内数值为 t 统计量。

根据 F 统计量和 Hausman 检验 P 值可以得知，应选择固定效应模型。就整个模型而言，调整后 R^2 为 0.99，即这些变量的变动情况可以解释劳动生产率变动的 99%，拟合程度非常好。具体来看，国内资本对劳动生产率的提高有促进作用，并且在 1% 的显著性水平下通过了 t 检验；FDI 占总固定资产投资的比重与劳动生产率呈正相关关系，并且在 5% 的显著性水平下通过了 t 检验，国外资本对劳动生产率的作用效果并不显著，这表明 FDI 主要是通过技术溢出的途径来影响资本密集型行业的劳动生产率，并通过技术的扩散带来了正向的溢出效应，提高了资本密集型行业的劳动生产率。

（三）FDI 对技术密集型行业劳动生产率的影响

同理，对技术密集型行业的面板数据进行分析，FDI 对技术密集型行业劳动生产率的影响如表 2 - 4 所示。

表 2 - 4　FDI 对技术密集型行业劳动生产率的影响

变量	固定效应模型	随机效应模型	混合回归模型
$\ln FK$	1.567* (1.69)	0.607 (1.61)	1.385*** (4.71)
$\ln L$	0.484 (1.22)	0.589 (1.50)	-0.567 (-1.64)
$\ln K_d$	0.215** (2.33)	0.272*** (3.21)	0.100*** (2.81)
$\ln K_f$	-0.076*** (-7.79)	-0.083* (-9.20)	-0.141*** (-8.74)
调整后 R^2	0.94	0.73	0.55
F 统计量	7.98		
Hausman 检验 P 值	0.0339		

注:"*""**""***"分别代表显著性水平为 10%、5% 和 1%,括号内数值为 t 统计量。

根据 F 统计量和 Hausman 检验 P 值可以得知,应选择固定效应模型。就整个模型而言,调整后 R^2 为 0.94,即这些变量的变动情况可以解释劳动生产率变动的 94%,拟合程度非常好。具体来看,国内资本与劳动生产率呈正相关关系,并且在 5% 的显著性水平下通过了 t 检验;FDI 占总固定资产投资的比重对劳动生产率的提高有促进作用,并且在 10% 的显著性水平下通过了 t 检验,国外资本对劳动生产率的提高却有显著的抑制作用,但从系数的绝对值来看,前者才是影响技术密集型行业劳动生产率的主要途径,FDI 对技术密集型行业的劳动生产率主要起到促进的作用。

三　FDI 对不同行业劳动生产率影响的比较分析

为了比较 FDI 对行业整体以及不同要素密集度行业的主要影响途径,本章把上述回归结果进行汇总,FDI 对不同行业劳动生产率的影响如表 2 - 5 所示。

表 2 - 5　FDI 对不同行业劳动生产率的影响

变量	行业整体	劳动密集型行业	资本密集型行业	技术密集型行业
$\ln FK$	1.17 ** (2.29)	4.629 ** (2.14)	2.819 ** (2.14)	1.567 * (1.69)
$\ln L$	-0.318 (-0.70)	-0.453 *** (-4.72)	-0.212 (-1.15)	0.484 (1.22)
$\ln K_d$	0.51 *** (3.67)	0.282 *** (6.45)	0.516 *** (3.73)	0.215 ** (2.33)
$\ln K_f$	-0.027 *** (-5.50)	-0.030 *** (-2.78)	-0.162 (-0.59)	-0.076 *** (-7.79)
调整后 R^2	0.82	0.73	0.99	0.94

注："*""**""***"分别代表显著性水平为 10%、5% 和 1%，括号内数值为 t 统计量。

　　从结果的对比可以看出，FDI 主要从技术溢出的途径提高了行业整体、劳动密集型行业、资金密集型行业以及技术密集型行业的劳动生产率，这与从技术溢出的角度研究的文献得出的结论是一致的。FDI 从资本引入的途径降低了行业整体以及各类行业的劳动生产率，这说明过多国外资本的进入并没有带动国内企业的投资，反而对国内资本产生了挤出效应（丁瑾君、2012；薄文广、2006；杜江、李恒、李政，2009；彭红枫、鲁维洁，2011）。此外还可以看出国内资本对行业整体、劳动密集型行业、资金密集型行业以及技术密集型行业的劳动生产率都有明显的促进作用，就业人数却对劳动密集型行业以及资本密集型行业的劳动生产率有阻碍作用，这就说明这两类行业已经拥有了大量的劳动力，如果再继续增加劳动力，产出的增加将小于成本的增加，会降低劳动生产率。

第四节　FDI 对工资水平的影响

一　FDI 对整体行业工资水平的影响

　　依据公式 2.9，采用 Eviews 7 对所有的面板数据进行回归。由于只研究各自变量对因变量的影响，此处只列举各自变量的系数，不再列举截距项。为了衡量模型的稳定性，本节同时报告固定效应、随机效应以及混合回归模型的估计结果。FDI 对整体行业工资水平的影响如表 2 - 6 所示，从对比结果中可以看出，变量前系数的大小和方向都较为一致，这说明模型有很好的稳定性。

表 2 - 6　FDI 对整体行业工资水平的影响

变量	固定效应模型	随机效应模型	混合回归模型
$\ln p$	20.469 *** (3.62)	25.941 *** (4.66)	13.364 *** (15.43)
$\ln FK$	-6.242 * (-1.93)	-3.247 (-1.03)	-11.340 ** (-2.55)
$\ln L$	2.043 *** (3.93)	2.128 *** (3.07)	0.392 (0.36)
$\ln K_d$	0.551 *** (4.06)	0.305 ** (2.24)	0.379 *** (2.76)
$\ln K_f$	-2.063 *** (-3.91)	-3.114 (-0.73)	-7.515 * (-1.97)
调整后 R^2	0.74	0.77	0.47
F 统计量	7.46		
Hausman 检验 P 值	0.0000		

注："*""**""***"分别代表显著性水平为 10%、5% 和 1%，括号内数值为 t 统计量。

根据 F 统计量和 Hausman 检验 P 值结果可以得知，应选择固定效应模型。就整个模型而言，调整后 R^2 为 0.74，即这些变量的变动情况可以解释劳动生产率变动的 74%，拟合程度较好。具体来看，居民消费价格指数、就业人数和国内资本均对工资有显著的正向促进作用；FDI 占总固定资产投资的比重与工资的增长呈负相关关系，并且在 10% 的显著性水平下通过了 t 检验，国外资本却对工资的增长也有显著的阻碍作用。这表明 FDI 是通过技术的扩散（前者，即 FDI 占总固定资产投资的比重）和资本的引入（后者，即国外资本）这两个途径来影响工资水平。对于前者来说，由于国外技术的竞争效应，阻碍了对本土企业的投资，减少了人均资本，阻碍了人均产出的提高，抑制了工资水平的上升；对于后者来说，外国资本对劳动力产生了替代效应，降低了劳动力需求，阻碍了工资水平的提高。

二 FDI 对不同要素密集度行业工资水平的影响

(一) FDI 对劳动密集型行业工资水平的影响

仿照前文的方法和回归模型，对劳动密集型行业的面板数据进行分析，FDI 对劳动密集型行业工资水平影响的具体结果如表 2 - 7 所示。

表 2 - 7　FDI 对劳动密集型行业工资水平的影响

变量	固定效应模型	随机效应模型	混合回归模型
$\ln p$	14. 869 ** (2. 60)	18. 439 *** (3. 26)	33. 791 *** (14. 90)
$\ln FK$	- 23. 178 * (- 1. 94)	- 43. 325 *** (4. 56)	- 36. 100 *** (- 4. 13)
$\ln L$	- 0. 758 *** (- 2. 84)	0. 564 (1. 63)	0. 790 * (1. 80)
$\ln K_d$	0. 244 *** (3. 48)	0. 353 ** (2. 165)	0. 130 (0. 82)
$\ln K_f$	- 27. 976 *** (- 4. 75)	- 16. 548 *** (- 3. 40)	- 12. 17 ** (- 2. 61)
调整后 R^2	0. 71	0. 71	0. 82
F 统计量	6. 92		
Hausman 检验 P 值	0. 0060		

注："*""**""***"分别代表显著性水平为 10% 、5% 和 1% ，括号内数值为 t 统计量。

根据 F 统计量和 Hausman 检验 P 值可以得知，应选择固定效应模型。就整个模型而言，调整后 R^2 为 0. 71，即这些变量的变动情况可以解释劳动生产率变动的 71% ，拟合程度较好。具体来看，国内资本对工资的提高有促进作用，并且在 1% 的显著性水平下通过了 t 检验；居民消费价格指数对工资水平的提高有促进作用，并且在 5% 的显著性水平下通过了 t 检验；就业人数对工资的提高有阻碍作用，并且在 1% 的显著性水平下通过了 t 检验；FDI 占总固定资产投资的比重对劳动密集型行业工资水平有较为显著的抑制作用，国外资本对其有十分显著的抑制作用。这就表明 FDI 主要是通过资本引入的途径来影响劳动需求，影响密集型行业的工资水平。由于 FDI 对于劳动力的替代效应，降低了对劳动力的需求，阻碍了劳动密集型行业工资水平的提高。

（二）FDI 对资本密集型行业工资水平的影响

同理，对资本密集型行业的面板数据进行分析，FDI 对资本密集型行业工资水平的影响如表 2 - 8 所示。

表 2 - 8 FDI 对资本密集型行业工资水平的影响

变量	固定效应模型	随机效应模型	混合回归模型
$\ln p$	9.195 ** (2.22)	8.248 *** (5.07)	9.849 (1.30)
$\ln FK$	- 9.179 *** (- 3.31)	14.78 ** (2.36)	13.56 (1.57)
$\ln L$	- 0.352 *** (- 4.71)	- 0.37 ** (- 2.78)	0.286 ** (2.46)
$\ln K_d$	0.379 * (1.78)	0.79 *** (11.49)	0.915 *** (2.75)
$\ln K_f$	- 14.46 *** (- 3.23)	- 14.68 *** (- 3.05)	- 14.165 ** (- 2.59)
调整后 R^2	0.85	0.78	0.76
F 统计量	8.35		
Hausman 检验 P 值	0.0298		

注："*""**""***"分别代表显著性水平为 10%、5% 和 1%，括号内数值为 t 统计量。

根据 F 统计量和 Hausman 检验 P 值可以得知，应选择固定效应模型。就整个模型而言，调整后 R^2 为 0.85，即这些变量的变动情况可以解释劳动生产率变动的 85%，拟合程度较好。具体来看，居民消费价格指数和国内资本对工资的提高有较为显著的促进作用；就业人数对工资的提高有阻碍作用，并且在 1% 的显著性水平下通过了 t 检验；FDI 占总固定资产投资的比重以及国外资本对资本密集型行业工资水平的提高均有显著的抑制作用，这表明 FDI 通过对劳动力的替代效应和对国内资本的挤出效应，降低了劳动力需求和劳动的边际产品，阻碍了工资水平的提高。

（三）FDI 对技术密集型行业工资水平的影响

同理，对技术密集型行业的面板数据进行分析，FDI 对技术密集型行业工资水平的影响如表 2-9 所示。

表 2-9　FDI 对技术密集型行业工资水平的影响

变量	固定效应模型	随机效应模型	混合回归模型
$\ln p$	3.643*** (4.75)	8.932* (1.92)	5.615*** (7.22)
$\ln FK$	-0.172* (1.77)	0.320 (0.82)	0.561 (1.55)
$\ln L$	1.431*** (8.08)	0.670*** (5.01)	0.216** (2.16)
$\ln K_d$	0.583*** (4.17)	0.569*** (9.57)	0.617*** (3.56)
$\ln K_f$	13.33*** (8.95)	20.25*** (16.25)	23.456*** (11.54)
调整后 R^2	0.93	0.80	0.72
F 统计量	8.34		
Hausman 检验 P 值	0.0000		

注："*""**""***"分别代表显著性水平为 10%、5% 和 1%，括号内数值为 t 统计量。

根据 F 统计量和 Hausman 检验 P 值可以得知，应选择固定效应模型。就整个模型而言，调整后 R^2 为 0.93，即这些变量的变动情况可以解释劳动生产率变动的 93%，拟合程度十分好。具体来看，居民消费价格指数、就业人数以及国内资本均对技术密集型行业工资水平的提高有促进作用，并且都在 1% 的显著性水平下通过了 t 检验；FDI 占总固定资产投资的比重对工资的提高有轻微的抑制作用，国外资本对工资的提高有显著且强烈的促进作用，这就表明 FDI 虽然是通过技术的扩散和资本的引入这两个途径来影响技术密集型行业的工资水平，但后者发挥的作用更为明显，即一方面 FDI 对国内资本有明显的挤入效应，增加了人均资本，促进了工资水平的提高；另一方面，当要素之间存在互补关系时，资本数量的增加也会增加对劳动的需求，提高行业的工资水平，这就是资本对劳动的收入效应。

三　FDI 对不同行业工资水平影响的比较分析

为了比较 FDI 对行业整体以及不同要素密集度行业工资的影响途径，本章把上述回归结果进行汇总，FDI 对不同行业工资水平的影响如表 2 - 10 所示。

表 2 - 10　FDI 对行业整体及不同要素密集度行业工资水平的影响

变量	行业整体	劳动密集型行业	资本密集型行业	技术密集型行业
$\ln p$	20. 469 *** (3. 62)	14. 869 ** (2. 60)	9. 195 ** (2. 22)	3. 643 *** (4. 75)
$\ln FK$	- 6. 242 * (- 1. 93)	- 23. 178 * (- 1. 94)	- 9. 179 *** (- 3. 31)	- 0. 172 * (1. 77)
$\ln L$	2. 043 *** (3. 93)	- 0. 758 *** (- 2. 84)	- 0. 352 *** (- 4. 71)	1. 431 *** (8. 08)
$\ln K_d$	0. 551 *** (4. 06)	0. 244 *** (3. 48)	0. 379 * (1. 78)	0. 583 *** (4. 17)
$\ln K_f$	- 2. 063 *** (- 3. 91)	- 27. 976 *** (- 4. 75)	- 14. 46 *** (- 3. 23)	13. 33 *** (8. 95)
调整后 R^2	0. 74	0. 71	0. 85	0. 93

注："*""**""***"分别代表显著性水平为 10%、5% 和 1%，括号内数值为 t 统计量。

从结果的对比中可知，基于技术溢出的途径，FDI 抑制了行业整体以及各类行业的工资水平，这说明了国外先进技术对本土企业的竞争效应。基于资本进入的途径，FDI 降低了行业整体、劳动密集型行业以及资金密集型行业的工资水平，提高了技术密集型行业的工资水平，这就说明对于劳动密集型行业和资金密集型行业来说，国外资本对国内资本产生的挤出效应大于挤入效应，替代效应大于收入效应，降低劳动的边际产品和劳动力需求，降低工资水平；对于技术密集型行业来说，正好相反。国外资本对国内资本产生了较多的挤入效应和收入效应，国外资本的进入有益于促进国内的投资、提高劳动的边际产出以及增加劳动力需求。

第五节　本章小结

本章从劳动生产率和工资水平两方面着手，分析了 FDI 对整体行业、劳动密集型、资本密集型以及技术密集型行业劳动要素环境的影响，结果发现：①整体来看，FDI 主要从技术溢出的途径提高了整个行业的劳动生产率，从资本引入的途径抑制了工资水平的提高，这说明虽然一方面，FDI 可以促进技术溢出，提升劳动生产率，但另一方面，外国资本对本国资本产生了较大的挤出效应，对劳动产生了较大的替代效应，减少了劳动力需求；②FDI 对劳动密集型和资本密集型行业的劳动生产率有促进作用，对工资水平的提高却有显著的抑制作用，而 FDI 对技术密集型行业的劳动生产率和工资水平的提高均有显著的促进作用，这就说明，FDI 将会拉大中国不同行业间的工资差距。

因此，如何将引导 FDI 与充分利用中国劳动力比较优势联系起来，增加 FDI 的技术溢出效应，降低 FDI 对国内资本的挤出效应，促进整个行业劳动生产率和工资水平的提高，对保持劳动力市场的稳定具有特别重要的现实意义。针对上述内容，提出以下对策建议。

（1）增强内资企业的技术吸收能力，充分发挥 FDI 的技术溢出效应。从实证分析结果可知 FDI 从技术溢出的角度促进了行业整体劳动生产率的提高，因此应该增强内资企业的技术吸收能力，将先进的技术经验与自身结合，提高企业的竞争力，促进企业的可持续发展。由于技术溢出效应通常具有"空间性"和"门槛性"的双重特征，因此，一方面中国本土企业可以采取有效的措施缩短与外资企业的空间距离，增强自身的经济实力，缩小与外资企业经济效益的差距，加强与外资企业的人员交流和生产之间的前、后向联系，为汲取外资企业的技术溢出效应创造更为有利的外部条件；另一方面，FDI 技术效应的发挥很大程度上取决于本土企业和组织的技术吸收能力，因此在继续坚持对外开放和利用外资政策的基础上，要不断加强外资企业与本土企业的交流，通过多样化的学习和技术交流以及加强人力资本培训和 R&D 投入等手段，改善企业进行科学技术研究的硬件和软件设施，增强企业技术创新的水平和能力，提升知识吸收能力。

（2）充分发挥劳动力资源优势，加强专业人员的教育和培养。大量研究表明人力资本和劳动力成本也是吸引 FDI 的影响因素，更是经济增长的主要推动因素（靳涛、沈斌，2008；Adegbite，Ayadi，2011）。企业的竞争，归根到底是企业素质、人才的竞争，企业职工的素质水平，决定企业的生命力和竞争力。中国劳动力资源丰富，成本较低，具有发展劳动力密集型产业的比较优势。然而，中国的劳动力素质整体还明显偏低，劳动力中受过高等教育、拥有高技能的人员较少，人员素质与发达国家相比存在很大的差距。因此，我们需要加大人力资源的开发和培养力度：一方面，企业要从思想上重视对人力资本的培养，定期进行员工培训、组织学习交流，通过员工跨部门跨地区的流动任职，培养员工全面从事技术及管理的能力；另一方面，企业要加大教育训练的资金投入，重视人才培养，也可以在企业内组成跨部门的学习团队，促进知识在企业内的扩散与分享，以增加企业员工知识的存量与广度。

参考文献

［1］薄文广：《FDI 挤入或挤出了中国的国内投资么——基于面板数据的实证分析与检验》，《财经论丛》2006 年第 1 期。

［2］蔡宏波、刘杜若、张明志：《外商直接投资与服务业工资差距——基于中国城镇个人与行业匹配数据的实证分析》，《南开经济研究》2015 年第 4 期。

［3］丁瑾君：《外商直接投资对国内投资挤出效应分析——基于金融市场视角》，《经济研究导刊》2012 年第 4 期。

［4］杜江、李恒、李政：《外商直接投资对国内资本挤入挤出效应研究》，《四川大学学报》（哲学社会科学版）2009 年第 5 期。

［5］范言慧、郑建明、李哲：《FDI 流入对我国工资差距的影响———个倒 U 形关系的形成、弱化及其解释》，《财经科学》2009 第 4 期。

［6］龚晓莺、甘梅霞：《FDI 对中国工业劳动力需要量的诱发效应研究——基于投入产

出法的分析视角》，《上海财经大学学报》（哲学社会科学版）2007 年第 9 卷第 6 期。

[7] 何庆凤、刘德弟：《江山市木材工业产业安全分析》，《中国林业经济》2010 年第 3 期。

[8] 黄静波、向铁梅：《贸易开放度与行业生产率关系研究——基于中国制造业面板数据的分析》，《广东社会科学》2010 年第 2 期。

[9] 黄旭平、张明之：《外商直接投资对工资的影响：基于非平稳面板数据的实证分析》，《湘潭大学学报》（哲学社会科学版）2007 年第 31 卷第 5 期。

[10] 吉缅周：《FDI 与制造业工资关系的经验研究》，《国际经贸探索》2007 年第 10 期。

[11] 靳涛、沈斌：《FDI 与国内资本投资对经济增长影响效率的比较木——基于我国转型期的一个实证研究》，《国际贸易问题》2008 年第 3 期。

[12] 李孟刚：《中国产业安全问题研究》，社会科学文献出版社，2013。

[13] 李夏玲：《江苏省服务业利用 FDI 与服务业发展的灰色关联分析》，《开发研究》2013 年第 1 期。

[14] 李雪辉、许罗丹：《FDI 对外资集中地区工资水平影响的实证研究》，《南开经济研究》2002 年第 2 期。

[15] 林广志、孙辉煌：《FDI 技术溢出空间性与地区生产率增长》，《中南财经政法大学学报》2013 年第 4 期。

[16] 毛日昇：《劳动力供给、生产率与外商直接投资工资外溢效应》，《南方经济》2012 第 7 期。

[17] 彭红枫、鲁维洁：《外商直接投资的动态挤入挤出效应——基于全国及地区差异的分析和检验》，《世界经济研究》2011 第 2 期。

[18] 邱斌、杨帅、辛培江：《FDI 技术溢出渠道与中国制造业生产率增长研究：基于面板数据的分析》，《世界经济》2008 年第 31 卷第 8 期。

[19] 商建初、范方志、周剑：《外商直接投资对中国工业劳动生产率影响的实证研究》，《统计与政策》2005 年第 3 期。

[20] 孙楚仁、文娟、朱钟棣：《外商直接投资与我国地区工资差异的实证研究》，《世界经济研究》2008 年第 2 期。

[21] 王海军：《外商直接投资与中国劳动力转移：实证分析与预测》，《经济与管理》2009 年第 23 卷第 10 期。

[22] 王惠、王树乔：《FDI、技术效率与全要素生产率增长——基于江苏省制造业面板数据经验研究》，《华东经济管理》2016 年第 1 期。

[23] 王燕飞、曾国平：《FDI、就业结构及产业结构变迁》，《世界经济研究》2006 年第

7 期。

[24] 王永保、张远德、张建云：《"十一五"期间中国煤炭产业安全分析与定量估算》，《中国矿业》2007 年第 3 期。

[25] 王梓薇、刘铁忠：《中国汽车整车制造业 FDI 挤入挤出效应研究——基于产业安全视角的实证分析》，《北京理工大学学报》2009 年第 2 期。

[26] 文东伟、冼国明：《垂直 FDI、区位选择与工资差异》，《南开经济研究》2009 年第 6 期。

[27] 辛永容、陈圻、肖俊哲：《FDI 对中国制造业劳动力成本优势的影响研究——基于劳动生产率视角的分析》，《科学学研究》2009 年第 1 期。

[28] 许建伟、郭其友：《外商直接投资的经济增长、就业与工资的交互效应——基于省级面板数据的实证研究》，《经济学家》2016 年第 6 期。

[29] 宣烨、赵曙东：《外商直接投资的工资效应分析——以江苏为对象的实证研究》，《南开经济研究》2005 年第 1 期。

[30] 杨先明、袁帆：《中国与东盟各国制造业竞争力比较及启示》，《云南大学学报》（社会科学版）2005 年第 3 期。

[31] 杨新房、任丽君、李红芹：《外国直接投资对国内资本"挤出"效应的实证研究——从资本形成角度看 FDI 对我国经济增长的影响》，《国际贸易问题》2006 年第 9 期。

[32] 袁海霞：《FDI 与中国产业安全》，《经济与管理》2007 年第 21 卷第 10 期。

[33] 湛柏明：《国外跨国公司在中国投资发展的新趋势、深远影响与对策》，《武汉大学学报》（人文科学版）2004 年第 4 期。

[34] 张理：《应用 SPSS 软件进行要素密集型产业分类研究》，《华东经济管理》2007 年第 8 期。

[35] 张前荣：《FDI 对内资工业企业劳动生产率及技术溢出效应的实证研究》，《大连理工大学学报（社会科学版）》2009 年第 30 卷第 4 期。

[36] 赵书华、张弓：《对服务贸易研究角度的探索——基于生产要素密集度对服务贸易行业的分类》，《财贸经济》2009 年第 3 期。

[37] 周云波、陈岑、田柳：《外商直接投资对东道国企业间工资差距的影响》，《经济研究》2015 年第 12 期。

[38] 朱金生、王鹤、杨丽：《FDI 流动、区域差异与就业结构变迁——基于我国 1995—2010 年面板数据的分析》，《软科学》2013 年第 27 卷第 8 期。

[39] 祝金龙、解志韬、李小星：《FDI 对我国产业安全的影响及对策分析》，《中国科技论坛》2009 年第 3 期。

[40] 邹琪、田露月：《FDI 对中国服务业产业效应的实证分析》，《财经科学》2010 年

第 11 期。

[41] Bala Ramasamy, Matthew Yeung, "A Causality Analysis of the FDI-Wages-Productivity Nexus In China," *Journal of Chinese Economic and Foreign Trade Studies* 3 (2010).

[42] Charles Okeahalam, Mark Dowdeswell, "A Model of Foreign Direct Investment Flows at the Municipal Level in South Africa," *Journal of Modelling in Management* 3 (2008).

[43] Esther O. Adegbite, Folorunso. S. Ayadi, "The Role of Foreign Direct Investment in Economic Development: A Study of Nigeria," *World Journal of Entrepreneurship, Management and Sustainable Development* 6 (2011).

[44] George T. Haley, "Intellectual Property Rights and Foreign Directinvestment in Emerging Markets," *Marketing Intelligence & Planning* 18 (2000).

[45] Huiqun Liu, Jinyong Lu, "The Home-employment Effect of FDI From Developing Countries: in the Case of China," *Journal of Chinese Economic and Foreign Trade Studies* 4 (2011).

[46] Jaan Masso, Tonu Roolaht, Urmas Varblane, "Foreign Direct Investment and Innovation in Estonia," *Baltic Journal of Management* 8 (2013).

[47] Liyan Liu, "FDI and Employment by Industry: A Co-Integration Study," *Modern Economy* 3 (2012).

[48] Ludo Cuyvers, "The Effects of Belgian Outward Direct Investment in European High-wage and Low-wage Countries on Employment in Belgium," *International Journal of Manpower* 32 (2011).

[49] Naveed Iqbal Chaudhry, Asif Mehmood, Mian Saqib Mehmood, "Empirical Relationship between Foreign Direct Investment and Economic Growth," *China Finance Review International* 3 (2013).

[50] Sailesh Tanna, "The Impact of Foreign Direct Investment on Total Factor Productivity Growth," *Managerial Finance* 35 (2009).

[51] Selin Özyurt, Jean-Pascal Guironnet, "Productivity, Scale Effect and Technological Catch up in Chinese Regions," *Journal of Chinese Economic and Foreign Trade Studies* 4 (2011).

[52] Sonal S. Pandya, "Labor Markets and the Demand for Foreign Direct Investment," *International Organization* 64 (2010).

第三章　FDI 对中国产业国际
竞争力的影响

第一节　产业国际竞争力评价体系

产业国际竞争力的分析通常在一般经济分析、产业经济分析、技术经济分析三个不同的层次上展开。一般经济分析是运用通行的经济分析方法如供求关系分析、成本价格分析、资源配置分析方法等，发现和论证决定或影响产业国际竞争力的一般经济要素，这主要是对一国竞争力总体状况做出全局性的描述和解释，不过多涉及各个产业的特点。产业经济分析主要是针对不同产业的产业内结构和产业间结构的特点以及特定产业的国内、国际资源供给和市场需求方面的具体条件，发现和提示决定或影响特定产业国际竞争力的经济因素，比一般经济分析更加深入和细致。技术经济分析针对不同产业的技术特点，利用反映产品质量、性能、加工工艺构成等的技术性指标来揭示决定或影响一国特定产业国际竞争力的技术经济因素，它涉及更多的技术因素，有时超出了经济学分析的范围，更加深入对企业国际竞争力的研究。

分析一国某产业的国际竞争力，一般从国际竞争力来源和其产生的结果来分析。反映竞争力来源的指标也就是反映竞争潜力和实力的指标，即产业国际竞争力的间接因素指标和直接因素指标，它们反映了一国某产业为什么具有或为什么不具有国际竞争力。反映竞争力结果的指标是产业国际竞争力的实现指标，直接表现为一国产品在世界市场上所占的份额，份额越大，获得的利润越多，表明本国该行业的竞争力越强。工业品国际竞争力分析框架如图 3 - 1 所示。

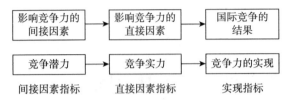

图 3 - 1　工业品国际竞争力分析框架

资料来源：金碚主编《中国工业国际竞争力——理论、方法与实证研究》，经济管理出版社，1997，第 61 页。

影响竞争力的间接因素包括成本、技术、经营管理、企业规模、资本实力等，这些因素决定了影响竞争力的直接因素指标，即产品价格、质量、品牌或商标，产品结构、国际市场营销等。国际竞争的结果一般由市场占有份额和获利水平等实现指标决定，包括显示性比较优势指数、国际市场占有率及贸易竞争力指数等。上述因素中有的可以用同一指标来进行表示，进行归类后，产业国际竞争力评价指标主要分为以下八种。

第一，产业国内市场占有率。它反映了国内产业在国内市场上的生存空间，该指标可以用一国某一产业的国内市场销售额占该国国内市场该产业产品的全部销售额的比重来衡量。

第二，国际市场占有率。该指标指一个国家或地区某产业的出口额占世界该产业出口总额的比重，它衡量的是各国某产业（与他国相比）的比较生产力的绝对竞争优势，是衡量一个国家或地区某一产业的国际地位的一个重要指标，并且概念清楚、计算简单，但是无法客观地比较同一国家或地区不同产业或不同国家相同产业的国际竞争力，具体计算方法见公式 3.1：

$$S_i = \frac{X_{it}}{X_{iw}} \times 100\% \qquad (3.1)$$

公式 3.1 中，S_i 表示某国某产品 i 的国际市场占有率，X_{it} 指该国 i 类产品的出口额，X_{iw} 指世界 i 类产品的出口总额。国际市场占有率指标直接反映某产业或某产品国际竞争力的现实状态，用以比较不同国家或地区同一产业或同类产品在国际市场上的竞争能力。

第三，贸易竞争指数，又称 TC 指数，表明一个国家在 i 类产品的贸易中是净进口国，还是净出口国，以及净进口或净出口的相对规模。该指标是指一国或地区进出口贸易的差额占进出口贸易总额的比重，又称为水平分工度指标，能表明各类产品的国际分工状况和分析行业的竞争优势状况，具体计算方法见公式 3.2：

$$X_i = \frac{E_i - I_i}{E_i + I_i}, \quad (-1 \leqslant X_i \leqslant 1) \tag{3.2}$$

公式 3.2 中，X_i 为贸易竞争指数；E_i 为产品 i 的出口总额；I_i 为产品 i 的进口总额。贸易竞争指数的取值范围为 $[-1, 1]$，其值越接近 0，说明竞争优势越接近平均水平。大于 0 时，说明竞争优势越大，越接近 1，竞争力越强；反之，说明竞争力越小。如果等于 -1，表明该国的 i 类商品只有进口没有出口；如果等于 1，表明该国的 i 类商品只有出口没有进口。

第四，显示性比较优势指数（Revealed Comparative Advantage Index，简称 RCA 指数），又称相对出口绩效指数（Relative Export Performance Index，简称 REP 指数），其基本含义是，某国某产品的出口在全世界该产品出口中的份额，与该国所有产品的出口在世界总出口份额的比率，具体计算方法见公式 3.3：

$$RCA_{ij} = \frac{X_{ij}/X_{it}}{X_{wj}/X_{wt}} \tag{3.3}$$

公式 3.3 中，X_{ij} 表示 i 国当期 j 产品的出口额，X_{it} 表示 i 国在当期的出口总额，X_{wj} 表示当期世界市场 j 产品的出口额，X_{wt} 表示当期世界市场的全部商品的出口额。RCA 指数是反映贸易结构与贸易依存状况的指标。参照日本贸易振兴协会（JETRO）RCA 的设定标准，一般认为若 $RCA > 2.5$，表示该产业具有极强的国际竞争力；若 $1.25 < RCA \leqslant 2.5$，表示该产业具有较强的国际竞争力；若 $0.8 < RCA \leqslant 1.25$，表示该产业具有一般水平的国际竞争力；若 $RCA \leqslant 0.8$，表示该产业的国际竞争力较弱。

第五，价格比。由于关税的存在，同一产品在国内、国外的价格可能不一致，一般说来，产品的价格越低其具有的国际竞争力越强。该指标可以通过将国内市场产品的价格与国际或国外市场同类产品的价格比较来评价。

第六，产业 R&D 费用。由于技术进步和创新在国际竞争中发挥着日益重要的作用，产业 R&D 费用预示着产业未来国际竞争力的强弱，保持合适的科研费用支出规模，有助于大大提高产业的国际竞争力和产业安全度。它可以用产业 R&D 费用的绝对值或国家间的横向比较来衡量。一般认为，产业 R&D 费用越高，该产业的国际竞争力越强。

第七，产业集中度。如果只从竞争角度单独来考虑，市场竞争度越高，越有利于产业的发展，但在垄断竞争条件下，企业规模化生产有利于降低企业的长期成本，充分发挥企业的规模优势。合理的市场结构应该是企业的数量、规模大体和市场需求量一致，该指标可以用产业内几家大企业的销售额占该产业总销售额的比重来衡量。

第八，产业国内竞争度。它是反映产业竞争活力的一项指标，也是反映产业发展市场环境的指标。如果一个市场竞争度高，不易形成垄断，有利于产业的发展，该指标可以用有一定竞争能力的企业数量来衡量。

第二节　基于指标的 FDI 对产业国际竞争力的影响

鉴于数据（尤其是外商投资企业相关数据）可得性，本节只计算外商投资企业和中国全部企业的国际市场占有率及贸易竞争力指数这两个指标，并通过这两个指标分析 FDI 对中国产业国际竞争力的影响。

一　国际市场占有率

根据公式 3.1 以及相关数据，可以计算得到 1993 ~ 2014 年外资企业和中国全部企业的国际市场占有率，结果如表 3 - 1 所示。1992 年，中国 FDI 进入高速增长阶段。1993 年，中国全部企业出口总值占世界出口总值的比重为 2.43%，出口额占全国出口总额比重 27.51% 的外资企业的国际市场占有率只有 0.67%。经过多年的发展，2014 年这一数值上升到 6.77%，在 FDI 的带动下，中国出口总额在世界范围内的占比也上升到 14.76%。从 2001 年起，外资企业出口额占全国出口总额比重连续 11 年超过 50%，由此可见，中国出口贸易整体的国际市场占有率不断升高，FDI 在其中起到了重要的推动作用，使改革开放以来中国出口贸易增长速度大大快于全球贸易，特别是出口贸易的增速。

表 3 - 1　1993～2014 年中国全部企业及外资企业国际市场占有率情况

单位：亿美元，%

项目\年份	世界出口总值	中国全部企业		外资企业		
		出口总值	国际市场占有率	出口总值	国际市场占有率	出口额占全国比重
1993	37820	917.4	2.43	252.4	0.67	27.51
1994	43260	1210.1	2.80	347.1	0.80	28.69
1995	51640	1487.8	2.88	468.8	0.91	31.51
1996	54030	1510.5	2.80	615.1	1.14	40.72
1997	55910	1827.9	3.27	749.0	1.34	40.98
1998	55010	1837.1	3.34	809.6	1.47	44.07
1999	57120	1949.3	3.41	886.3	1.55	45.47
2000	64560	2492.0	3.86	1194.4	1.85	47.93
2001	61910	2661.6	4.30	1332.4	2.15	50.06
2002	64920	3255.7	5.01	1699.4	2.62	52.20
2003	75860	4382.3	5.78	2403.4	3.17	54.84
2004	92180	5933.6	6.44	3386.1	3.67	57.07
2005	104890	7620.0	7.26	4442.1	4.24	58.30
2006	121130	9690.8	8.00	5638.4	4.65	58.18
2007	140000	12180.2	8.70	6955.2	4.97	57.10
2008	161160	14285.5	8.86	7906.2	4.91	55.34
2009	125220	12016.6	9.60	6722.3	5.37	55.94
2010	152380	15779.3	10.36	8623.1	5.66	54.65

续表

年份	世界出口总值	中国全部企业		外资企业		
		出口总值	国际市场占有率	出口总值	国际市场占有率	出口额占全国比重
2011	199333	18983.8	9.52	9952.3	4.99	52.43
2012	196491	20487.1	10.43	10226.2	5.20	49.92
2013	202916	22090.0	10.89	10437.2	5.14	47.25
2014	158642	23422.9	14.76	10746.2	6.77	45.88

注：表 3 - 1 中所有出口总值均指货物出口值。

资料来源：世界出口数据来自世界银行数据库，http://wits.worldbank.org/CountryProfile/en/Country/WLD/Year/2014/SummaryText；中国出口数据来自海关总署，http://www.customs.gov.cn/publish/portal0/tab49667，最后访问日期：2016 年 7 月 24 日。

根据表 3 - 1 可以计算得到中国总体及外资企业国际市场占有率的变化情况，可以更清楚地看到二者的变化趋势。1994 ~ 2014 年中国全部企业及外资企业国际市场占有率增长情况如图 3 - 2 所示。

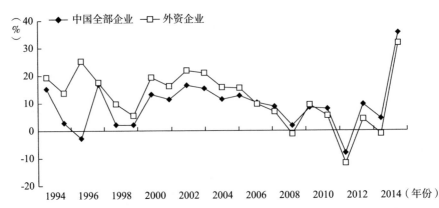

图 3 - 2　1994 ~ 2014 年中国全部企业及外资企业国际市场占有率变化情况

资料来源：世界出口数据来自世界银行数据库，http://wits.worldbank.org/CountryProfile/en/Country/WLD/Year/2014/SummaryText；中国出口数据来自海关总署，http://www.customs.gov.cn/publish/portal0/tab49667，最后访问日期：2016 年 7 月 24 日。

可以看到，中国外资企业出口货物国际市场占有率的年增长率与全国总体国际市场占有率的年增长率变化轨迹几乎相同。从中国外贸增长，特别是出口贸易增长的情况看，一般可以认为中国出口货物的国际竞争力得到加强。可见，从国际市场占有率的角度来说，FDI 对中国产业的国际竞争力产生了积极影响。

二　贸易竞争力指数

根据历年外资企业进、出口额以及中国全部企业进、出口总额和公式 3.2，可以计算得到 1993~2014 年中国全部企业和外资企业的贸易竞争指数，结果分别如表 3-2 和图 3-3 所示。

表 3-2　1993~2014 年中国全部企业和外资企业的贸易竞争指数

单位：亿美元

项目 年份	中国全部企业			外资企业		
	出口总值	进口总值	贸易竞争指数	出口总值	进口总值	贸易竞争指数
1993	917.4	1039.6	-0.2474	252.4	418.3	-0.0624
1994	1210.1	1156.1	-0.2079	347.1	529.3	0.0228
1995	1487.8	1320.8	-0.1463	468.8	629.4	0.0595
1996	1510.5	1388.3	-0.1028	615.1	756.0	0.0422
1997	1827.9	1423.7	-0.0185	749.0	777.2	0.1243
1998	1837.1	1402.4	0.0269	809.6	767.2	0.1342
1999	1949.3	1657.0	0.0157	886.3	858.8	0.0811
2000	2492.0	2250.9	0.0092	1194.4	1172.7	0.0508
2001	2661.6	2436.13	0.0285	1332.4	1258.6	0.0442
2002	3255.7	2952.2	0.0292	1699.4	1602.9	0.0489
2003	4382.3	4127.6	0.0178	2403.4	2319.1	0.0299
2004	5933.6	5613.8	0.0212	3386.1	3245.6	0.0277
2005	7620.0	6601.2	0.0682	4442.1	3875.2	0.0716
2006	9690.8	7916.1	0.0880	5638.4	4726.2	0.1008
2007	12180.2	9558.2	0.1085	6955.2	5594.1	0.1206
2008	14285.5	11330.9	0.1210	7906.2	6199.6	0.1153
2009	12016.6	10056.0	0.1043	6722.3	5452.1	0.0888
2010	15779.3	13948.3	0.0777	8623.1	7380.0	0.0616
2011	18983.8	17434.8	0.0702	9952.3	8646.7	0.0425
2012	20487.1	18184.1	0.0798	10226.2	8715.0	0.0596
2013	22090.0	19499.9	0.0882	10437.2	8745.9	0.0623
2014	23422.9	19592.4	0.0835	10746.2	9089.4	0.0890

注：表 3-2 中所有进出口总值均是指货物进出口值。

资料来源：世界出口数据来自世界银行数据库，http://wits.worldbank.org/CountryProfile/en/Country/WLD/Year/2014/SummaryText；中国出口数据来自海关总署，http://www.customs.gov.cn/publish/portal0/tab49667，最后访问日期：2016 年 7 月 24 日。

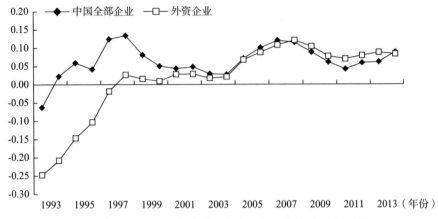

图 3 – 3　1993 ～ 2014 年中国全部和外资企业的贸易竞争指数

资料来源：世界出口数据来自世界银行数据库，http://wits. worldbank. org/CountryProfile/en/Country/WLD/Year/2014/SummaryText；中国出口数据来自海关总署，http://www. customs. gov. cn/publish/portal0/tab49667，最后访问日期：2016 年 7 月 24 日。

1993 ～ 1996 年是中国 FDI 高速增长时期，虽然 1998 年以前，外资企业的贸易竞争力指数一直为负值，但该阶段是 FDI 增速最快的时期。1998 年之后，外资企业贸易竞争指数的变化同中国全部企业贸易竞争指数基本保持一致，二者越来越接近。TC 指数越接近 1，竞争力就越强。从图 3 – 3 可以看出，无论是外资企业的贸易还是中国全部企业的贸易，TC 指数均不高，连年都在 0. 15 之下。受始于 2007 年的发达国家国际金融危机的影响，直到 2011 年中国全部企业和外资企业的贸易竞争指数都存在下降的趋势，其中，外资企业的贸易竞争力指数降低幅度相对较小。由此看来，FDI 对中国贸易竞争力指数影响相对较小，总体上，中国货物贸易相对安全。

第三节　利用外资与维护产业竞争力的国际经验

本节通过对美国、日本和印度三个国家利用外资的现状和政策进行分析，得出对中国的相关启示。之所以选择这三个国家，是因为这三个国家关于外资和 FDI 的政策和态度差距较大，其中，美国对外资完全开放且以 FDI 为主要形式，日本以外债为主且对外资有民族排斥心理，印度则对外资进入有诸多限制。

一　对外资完全开放且以 FDI 为主要形式的国家——美国

（一）美国利用外资概况

其他国家在美国的投资有很长的历史，但是外商在美国进行大规模投资是从 20 世纪 70 年代开始的，在 20 世纪 80 年代，其他国家在美国的直接投资累计达到 3000 亿美元，超过了自美国成立以来到 1980 年的外商投资总和[①]。2014 年，美国对外直接投资达 3370 亿美元，居世界第一，外资流入量为 920 亿美元，居世界第三[②]。外国投资对美国经济发展影响很大，如税收、劳动就业、进出口贸易、技术发展与转移等给美国经济带来很大的实际利益，外资公司也通过价格转移的方法将部分收入输出美国。同时，外资公司的进口大于出口，给美国的对外贸易增加了不平衡性。

（二）美国利用外资政策

鼓励外国投资政策。美国外资管理政策的核心是国民待遇，除非涉及国家安全，外资准入没有太多限制，没有制定专门的外资企业法律规范。美国的外资优惠政策在于鼓励外资向内陆、基础设施建设和公益项目投资；在地区优惠方面，联邦政府对落后地区实行税收优惠。美国的联邦、州和地方政府为各行各业的新投资者提供优惠政策和措施，这些优惠政策的大部分并不是专门为外国投资者制定的，而是对国内和国外的投资者一视同仁的。美国联邦政府认为，通过自由企业制度来发展经济是一种最有效的方式，主要依靠财政和金融货币政策，而不是某些特殊的税收和其他优惠来刺激经济活动的发展，联邦政府反对政府部门对外国投资进行干扰、限制或附加不合理的负担。相反联邦政府还制定一些优惠政策，如对公司税收的减除和抵免，对特定地区和行业给予贷款

[①]　数据源自 UNCTAD 数据库。

[②]　数据源自 UNCTAD《世界投资报告（2015）》。

或贷款担保。免除外国人从美国债券和其他有价证券所赚的利息税。美国 50 个州和地方政府为了吸引新的投资者，提供了从财务资助、税收优惠、工业开发区，到市场分析、项目发展研究、职业培训、寻找合营伙伴等帮助。

2007 年 3 月 7 日，美国商务部宣布了一项吸引外资的"投资美国"新措施，以便为美国创造更多的就业机会和促进经济的繁荣。"投资美国"新措施计划从三个方面来吸引外资。首先，充分发挥美国在全球各地的商务官员的作用，加强同国际投资界的联系；其次，减少外资障碍，简化政府审批程序，解决外国投资者关切的问题，如医疗保险、能源成本及美国签证政策等；最后，帮助各州和地方政府项目吸引海外投资。

对外国投资的限制和管理政策。虽然美国联邦政府对外国投资者在美国兴办企业很少限制，对待外资企业和美国企业基本上也是一视同仁，但是有一些特殊行业和领域属于例外，对于这些特殊行业，或者禁止外国人投资或参与，或者对外国人投资或参与有所限制。

美国对外资的限制性措施主要有四类：一是对外商投资明确禁止的领域，如国内航空运输、内河和沿海航运等；二是对外资严格限制的领域，根据美国《联邦通讯法》，严格限制外国企业在电话、电报、电台、电视等领域的投资；三是有选择的限制领域，如允许外国投资者在美国修筑铁路、开发矿产等，但条件是这些投资者所在国家也为美国投资者提供对等权利；四是特殊限制领域，如在水电领域，在美国注册成立的外国子公司可从事开发业务，但外国分支机构被禁止投资。美国外资审查的最高部门是外国投资委员会，该机构由财政部部长担任主席，成员包括国防部部长和国土安全部部长在内的多名政府部长，主要是审查外来投资是否会损害美国的国家安全。

（三）美国的启示

美国联邦政府和国会并没有对利用外国资本制定特殊的优惠政策，但是为什么国际资本会大量流向美国，使美国成为世界上最大的利用外资国家，究其原因有以下几点。

第一，良好稳定的宏观经济环境。美国是高度发达的工业化国家，政局稳定，经济实力雄厚，基础设施完备，拥有世界上最发达的通信、互联网、银行、水陆空运输网络。美国实行市场经济体制，政府对企业的干预很少，企业有一个良好的外部环境。

第二，对外资实行国民待遇。对外资不进行审批，没有严格限制，也没有特殊的优惠。除与国防有关的少数产业外，美国一般不对外资的投资领域实行限制政策。

第三，法制健全。在健全的法制环境下，政府、企业和个人比较注重信用，经济纠纷能通过法律途径公正解决，这有利于增强外国投资者的信心。

第四，技术先进，人才济济。美国是世界上科技最发达的国家，拥有大量的科学家和工程技术人员，产业工人素质高，这有利于吸引外资到美国从事高科技产品的开发。

二　以外债为主且对外资有民族排斥心理的国家——日本

（一）日本利用外资概况

自 20 世纪 90 年代中期以来，日本引进的 FDI 有了长足发展，增长速度加快。据 UNCTAD（联合国贸易和发展委员会）公布的《世界投资报告》，同世界其他发达国家和地区相比，日本引进的 FDI 规模较小。如 2008 年，美、英、法的外资流入量分别占世界的 18.33%、5.17%、3.52%，日本只占 1.38%；2009 年，受金融危机影响全球经济低迷，全球的大部分国家外资流入量都有不同程度的降低，日本外资流入量占世界比重下降到 1.07%，美、英、法三国的比重分别是 11.66%、4.1%、5.35%。相反，日本的对外直接投资却较多，2014 年达到了 1140 亿美元，居世界第四位[①]。

（二）日本利用外资政策

战后初期，日本急需大量资金重建经济，依据改善国际收支、有利

---

①　数据源自历年 UNCTAD《世界投资报告》。

于重要产业和公共事业及技术援助三个标准，在《外资法》中对外资政策加以规定。但日本政府担心大量外资涌入会冲垮本国中小企业，控制和垄断国内市场，主导日本经济技术，冲击并不牢固的金融基础，影响整个经济稳定和政策效果，因此对外资采取了严格的限制措施，几乎没有外资企业能够获得投资许可。20 世纪 60 年代中期，被迫开放资本市场后，日本政府在 1967～1976 年将近十年的时间里，分阶段、渐进式地推进资本自由化，并且慎重选择对外资开放的部门，从多方面规定了选择标准，使受冲击较小的部门最先开放。同时严格审批外资项目，规定合资企业中日方持股额占 50% 以上，在合资企业的组织中规定董事、董事长的日方比例，且新建合资企业的经营决策，必须得到特定管理售货员或全体股东同意，在资产所有权、组织和经营决策中确定了日方的控制地位。在引进外资的方式上以吸收外债为主，既弥补了国内资金不足，缓解了企业自有资金少、国际收支逆差、外汇短缺等困难，又防止了外资对本国企业的控制。1950～1965 年，日本引资 46.43 亿美元，其中 FDI 仅占 5.88%，外债达 94.12%（江镇娜，2006）。1997 年日本政府修订《外汇及外国贸易管理法》并更名为《外汇及外国贸易法》，规定外国企业对日本矿业（原油、天然气、核原料除外）的投资由事先申请改为事后报告，简化了申报手续和变更手续。根据《促进进口和对日投资法》，外资投资日本政府认定的制造业、批发业、零售业、服务业等 150多个行业的外国公司，如果出资比例超过三分之一，日本政府就会为其提供优惠税率和债务担保。在金融和信贷方面，日本政策银行会为外国投资者或外资企业在日本投资建厂、进行研究开发以及企业并购等提供融资。各地方政府会减免外资企业的事业税、固定资产税、不动产取得税等。

近年来，日本建立了中央和地方统一的引资体制，并在全国设立了五个经济特区，以此来带动地方经济的发展。为推动日本企业再生，日本政府放松对外资并购的限制，允许那些濒临破产的国内中小企业把债务分解成股权，由有专业能力、生产优势和风险资金的外资企业收购。2003 年日本把"日本贸易振兴会"改为专门吸引外资的"日本贸易振兴机构"，在全球设有近 80 家分支机构，主要负责向世界各国宣传日本的商机，为投资者提供咨询和市场调查以及代办各种手续等服务。日本政府通过举办研讨会等活动加强对外宣传，促进日本企业与世界的交流，树立其良好的投资形象。与此同时，政府着力改善外国投资者在日本的生活环境，并在医疗、养老金、就学等方面为其提供方便。

（三）日本的启示

日本加快吸引 FDI 是其外资政策的一项重要举措。从日本吸引外商投资的有关措施可以看出，日本的各种法律建设比较完善，其扩大吸引外资的主要目的是通过国内企业和外资的竞争，提高技术水平，激发产业活力。日本的中介组织健全，有一套完整的中介体系，配套法律齐全。日本的中介组织大力支持企业开展各类经济活动，包括进出口、对外投资和吸引外资等，并积极向政府提出意见和建议，在政府和企业之间发挥了"桥梁作用"。日本外经贸信息体系完善，所提供的信息和咨询服务十分广泛，有效促进了贸易和投资的发展。

三 对外资进入有诸多限制的国家——印度

（一）印度利用外资概况

20 世纪 80 年代以前，印度对吸引外资非常谨慎，对外资的限制较多，因而外资流入量较少，1980～1989 年 10 年间，印度外资累计流入量10 亿美元。80 年代以后，为发展本国经济，印度在坚持"利用与限制相结合、以我为主、为我所用"的基本政策下，放宽了对外资的限制，取得了较好的效果。1992 年以后，外资流入量基本上稳定增长，成为全球直接外资流入量前十位的经济体，2014 年印度的外资流入量为 340 亿美元，居世界第九位[①]。

（二）印度利用外资政策

鼓励外国投资政策。1956 年后，印度因需要 FDI 弥补外援不足而放

---

① 数据源自 UNCTAD《世界投资报告（2015）》。

宽了限制，规定了 FDI 73% 的最高股权比例，采取了税收优惠政策。20世纪 70 年代苏联援助印度企业后，印度又开始有选择地引进外资，加强了对 FDI 的限制。20 世纪 80 年代后，印度实行了开放政策，放宽了对 FDI 的限制，降低税率，简化审批手续，扩大投资领域。1991 年起印度经济向外向型转变，采取的主要外资政策有：取消对 FDI 必须与技术转让挂钩的限制，建立外国投资促进委员会来鼓励 FDI；降低外资准入门槛，提高外资在合资中的比例；简化投资手续，大幅度提升审批速度。1998 年以来，印度在知识产权、国民待遇、公共事业及服务领域等方面进一步放开。这些改革措施使印度迅速成为对外资最具有吸引力的国家之一。

对外国投资的限制和管理政策。印度利用外资的基本原则是引进外资必须服务于实现自力更生的战略目标，这种为增强"自立"能力利用外资和引进技术的原则在印度的各个"五年计划"文件中均有明确体现。印度政府清楚地认识到，引进外资必须服务于实现自力更生的战略目标。他们欢迎外国人在基建方面投资，但绝不能让外资插手文化上敏感的领域，如教育，不允许世界银行在印度办学校。即使在最为开放的瓦杰帕伊政府时期，仍然不允许外资控股银行，不允许外资控股国内航空业，不允许外资控股通信业，不允许外资控股大型石油产业，不允许外资控股重要矿业。

印度对外资结构、产业投向的控制较严，其政策制定注重鼓励通过外资引进先进技术、知识、管理经验和营销方式，促进国内经济结构的优化和推进国内产业结构的升级。在引进外国技术的过程中印度坚持两个基本原则：一是根据人口众多的国情，引进技术要有助于解决就业问题；二是为了实现经济独立，逐步发展国产技术。为此，印度政府对引进技术做出了如下几点政策规定。①一般不直接引进价格昂贵和难以消化的尖端技术，而是从本国的具体实际出发，主要引进印度急需的应用技术，以免造成人口的大量失业。②一切印外合营企业中的外国技术必须向印方公开，并培训相应的印度技术人员。对固守技术秘密或拒绝培训印方技术人员的外国投资者，限期停止其在印度的经营活动。③引进的技术包括三个核心内容：一是移交技术情报资料；二是提供技术者负责接受并培训印方的技术人员和派员到印度传授技术；三是为印方提供技术咨询和支持。④加强引进技术的管理，避免重复引进。除中央政府设有专门负责引进工作的机构外，各部门也设有专门的审查机构，形成了引进技术的管理网。

（三）印度的启示

中、印同为发展中大国，在经济、社会发展方面，面临的许多问题相似。虽然印度外资流入量不及中国，但其在引进、管理外资等方面的实践对中国仍有借鉴意义。

第一，外资政策稳定。印度有完整的外资政策，政策的执行相对稳定，不会因政权的更迭大起大落。

第二，有选择地吸引外资。印度的治国战略是自力更生地发展本国经济，对引进技术、促进出口和国家重点发展部门的外资，在税收和股权等方面给予优惠，对非急需的外资进行限制。

第三，外资与培训人才、技术消化扩散相结合。印度要求外资企业要负责培训印度的技术和管理人员，外资不但要引进先进的技术，还要消化、吸收技术，并在国内进行技术扩散。

第四节 本章小结

FDI 的进入，一方面弥补了中国的资金缺口，带来了先进的技术及管理经验，扩大了中国的就业规模，为中国企业提供了良好的借鉴标准，促进了中国产业国际竞争力的提高。另一方面，中国在分享利用外资带来的好处的同时，也付出了一定的代价。资本的实质是追求利润最大化，外商的行为和目的不可能与中国社会经济发展目标完全一致。其产品具有的极强的竞争优势对中国本来不具有国际竞争力的民族产业造成了极大的威胁，抢占了中国大部分市场，外商投资地区结构失衡、产业结构不尽合理、重复引进、利润汇出等问题也日益突出。因此，中国政府需要从长远的利益出发，制定适宜的政策引进外资，充分发挥 FDI 对中国产业国际竞争力的促进作用，进一步提升中国产业的国际竞争力，促进中国产业安全。

（1）优化外商投资结构，引导外商投资方向。随着中国加入 WTO，市场化程度提高和经济环境的改善，外商投资的产业结构也应该做进一步的调整。外资对中国工业的发展起到了很大的推动作用，但我们在加大一些产业吸收外资力度的同时，要谨防引资过度引起外资的"替代"和"挤占"问题。当前，我们要在保持外资适度规模的同时，注重提高外资的质量、水平和效益，并注意内外资的合理搭配，注意 FDI 在三次产业间及产业内部的合理搭配，积极引导外资向服务业加大投资。

（2）控制支柱产业和企业，避免外资控制普遍化。在引进外资的过程中，我们应避免外国资本控制中国的支柱产业。国有企业与外资的适当合作是无可非议的，少部分国有企业在改制中被外资控制也难以避免。然而常常有这种现象：最初外资并不控股，但由于中方资本不足，在增资扩股中，外资取得了控股地位；一家国有大企业改为合资企业，同行业大企业生怕在竞争中失利，也改为合资企业。这种合资的"羊群效应"极易导致国企的普遍合资。今后如果外资大举并购，中国政府又引导不力的话，国企及支柱产业将存在被外资普遍控制的危险，中国对此应有足够的警惕性。此外，中国还必须采取强有力的措施，走自主开发新技术、拥有自主知识产权之路。依靠引进技术和"三来一补"式的加工是难以使中国走上"智选大国"之路的，我们必须生产具有国际竞争力的商品，培育国际品牌。

（3）完善外商投资法律体系，规范外资企业的市场行为。随着中国对外开放的日益加深，需及时完善相应的法律法规以满足国际化要求。一是统一外资立法：对于相关的《外资企业法》及相应的法律法规文件进行归纳，实现外资立法的统一和规范。二是建立健全产业保护的法律法规体系：一方面，进一步跟踪完善中国已颁布的《反垄断法》，限制市场垄断行为，防止恶意并购，维护市场竞争有效性；另一方面，应完善中国的《反倾销法》、《反补贴法》、《保障措施法》和《反不正当竞争法》，以保护和规范企业经济行为。三是完善中国知识产权保护体系：近几年，中国政府高度重视知识产权的保护工作，已基本建成了与国际接轨、与本国国情相适应的知识产权保护体系，在经济全球化进程不断加快的形势下，继续加大知识产权保护力度，既可进一步促进中国引进具有先进技术的 FDI，也可规范市场经济秩序，维护正当竞争秩序。

（4）提高自主创新能力，争创自我品牌。对于中外合资企业而言，中方引资的主要目的在于学习国外的先进技术，消化吸收其关键部分，效仿其研发的模式，最终提高自身的研发能力，摆脱外资的束缚。对于国内企业而言，能否从国外先进技术的学习者、追随者、学习者转变成具有自主开发能力的技术领先者，是其能否获得国际竞争力的关键因素。因此，自主研发是中国企业必然要走的一条路，否则只是跨国公司的生产和组装基地，谈不上真正意义上的竞争力的培育。

（5）巩固和扩大吸收外资企业技术外溢的途径。在中外合资企业内部，中方应积极参与关键技术的研发活动，提高本地参与成分，派出更多的中方技术人员参与核心技术的开发，使中国技术人员有可能通过"干中学"掌握先进的技术。另外，跨国公司通过独资或合资在华设立研发机构，也直接将世界先进技术带进中国，培养了一大批高水平的本土化的研究和管理人才。要实现通过人员培训和人员流动产生的技术外溢效应，中国企业首先应具备足够的有潜力的技术人员和管理人员的储备，同时还应注重对研发活动及先进设备的投入，这样才有可能就此培养一批高级管理和技术人才。其次，纯内资企业要考虑如何吸引人才的问题。人是技术的重要载体，只有人员流动了，先进的技术才有可能从真正意义上进入内资生产企业。除了提供能与跨国公司竞争的薪资报酬之外，还应注重企业文化的建设，吸引和留住高级人才。

参考文献

[1] 程恩富：《外商直接投资与民族产业安全》，《财经研究》1998 年第 8 期。

[2] 邓峰、吴海兵、娄丽芝：《外资对我国餐饮业竞争力影响的实证研究》，《经济纵

横》2014 年第 6 期。

［3］杜红平、司亚静：《我国服务业国际竞争力分析及启示》，《宏观经济管理》2010 年第 5 期。

［4］方芳：《外商直接投资对我国产业安全的威胁及对策》，《上海经济研究》1997 年第 6 期。

［5］何维达：《中国"入世"后的产业安全问题及其对策》，《经济学动态》2001 年第 11 期。

［6］何维达、李冬梅：《我国产业安全理论研究综述》，《经济纵横》2006 年第 8 期。

［7］黄志勇、王玉宝：《FDI 与我国产业安全的辨证分析》，《世界经济研究》2004 年第 6 期。

［8］纪宝成、刘元春：《对我国产业安全若干问题的看法》，《经济理论与经济管理》2006 年第 9 期。

［9］江镇娜：《利用外资与国家经济安全——国际经验比较及我国的实践启示》，《华东经济管理》2006 年第 3 期。

［10］姜鸿：《国外吸引外资的经验教训及武汉的借鉴》，《中南财经政法大学学报》2005 年第 2 期。

［11］蒋昭乙：《垂直专业化、外商直接投资与产业安全》，《世界经济与政治论坛》2009 年第 6 期。

［12］景玉琴：《警惕外资威胁我国产业安全》，《天津社会科学》2006 年第 1 期。

［13］李海超、范诗婕：《基于 Jonhamson 协整分析的我国 ICT 产业国际竞争力影响因素实证研究》，《科技管理研究》2015 年第 7 期。

［14］李洁：《中国、巴西、印度三国利用外资政策和绩效比较》，《世界经济与政治论坛》2005 年第 6 期。

［15］李孟刚：《产业安全理论研究》，经济科学出版社，2006。

［16］刘艳、黄苹：《生产者服务进口、FDI 与制造业出口竞争力实证分析》，《重庆大学学报》（社会科学版）2015 年第 3 期。

［17］吕政：《全球竞争——FDI 与中国产业国际竞争力评介》，《中国工业经济》2005 年第 2 期。

［18］马文军：《产业最优需求测度与生产过剩预警调控——基理构建与钢铁、水泥产业的实证》，经济科学出版社，2014。

［19］裴长洪：《利用外资与产业竞争力》，社会科学文献出版社，1998。

［20］宋娟：《对我国外资依赖度的探析》，《经济问题》2008 年第 1 期。

［21］唐艳：《FDI 在中国的产业结构升级效应分析与评价》，《财经论丛》2011 年第 1 期。

［22］王莉:《外商直接投资对我国产业安全的影响及对策》,《经济纵横》2005 年第 10 期。

［23］杨丹辉:《全球竞争——FDI 与中国产业国际竞争力》,中国社会科学出版社,2004。

［24］杨亚琴:《利用外资与上海工业竞争力的提升》,《上海经济研究》2001 年第 11 期。

［25］尹忠明、胡剑波:《FDI 在我国的情况及对策探讨》,《经济问题》2009 年第 12 期。

［26］袁海霞:《FDI 与中国产业安全》,《经济与管理》2007 年第 21 卷第 10 期。

［27］张慧:《中国服务贸易国际竞争力的影响因素及变动情况——基于 1982～2011 年数据的经验研究》,《国际经贸探索》2014 年第 6 期。

［28］张季风:《日本引进外资新动向——如何看待日本引进外资首次超过对外直接投资问题》,《国际贸易》2005 年第 8 期。

［29］张娟、刘钻石:《我国外贸竞争力、外国直接投资与实际汇率关系的实证研究》,《国际贸易问题》2009 年第 4 期。

［30］张倩、竺杏月、张华:《FDI 对我国服务贸易竞争力传导机制的实证研究》,《中国管理科学》2015 年第 S1 期。

［31］郑宝华、李东、曹泽和李向前:《基于产业竞争力的产业安全成因分析》,《经济学动态》2008 年第 4 期。

［32］郑吉昌、周蕾:《中国服务业国际竞争力的指标评价》,《经济问题》2005 年第 11 期。

［33］祝年贵:《利用外资与中国产业安全》,《财经科学》2003 年第 5 期。

［34］Alan M. Rugman, Joseph R. D. Cruz, "The Double Diamondmodel of International Competitiveness: The Canadian Experience," *Management International Review* 2 (1993).

第四章　FDI 对中国产业控制力的影响

FDI 对产业控制力的影响主要体现在以下几个方面。①FDI 对东道国市场的控制。外资在资本、规模、技术、管理等方面具有相对优势，外资会充分利用这些优势扩大市场份额，并且通过兼并东道国的本土企业，形成事实上的垄断。②FDI 对东道国股权的控制。外资通过对股权的控制来干预企业的经营决策权。③FDI 对东道国技术的控制。外资对转移给东道国的技术进行层层过滤，东道国根本接触不到核心技术，一些转移的技术往往存在几年的代差，不仅如此，在通过各种手段控制东道国企业后，会将原有的研发机构取消，削弱东道国的自主创新能力，东道国的企业只能依附国外的技术发展（景玉琴，2006）。因此，关注有 FDI 流入的产业显得十分必要。

然而，并非所有的产业都需要密切地关注。分析产业外资控制力时，应选择对国家安全有较大影响、对经济发展有较大促进作用的重要产业进行分析研究。高端制造业是衡量一个国家或地区综合实力的重要标志，决定着国际产业分工格局，引领着现代制造业的发展方向，对加快转变发展方式和调整产业结构具有不可替代的作用（刘光明，2011），此外，《外商投资产业指导目录（2011 年修订）》也已经将高端制造业作为鼓励外商投资的重点领域。因此，本章以高端制造业为例，研究其外资控制力问题。

第一节　高端制造业及其发展现状

一　高端制造业的内涵和外延

目前，学术界对高端制造业仍然缺乏统一的界定，更没有一个明确的统计分类标准。按照亚洲制造业协会首席执行官罗军的说法，"高端制造业"是与"低端制造业"相对应的概念，低端制造业是工业化初期的产物，高端制造业是工业化发展的高级阶段，具有高技术含量和高附加值，是工业化后期和后工业化的产物。高端制造业的显著特征是高技术、高附加值、低污染、低排放，具有较强的竞争优势。高端制造业与传统制造业的最大区别在于：传统制造业依靠的是传统工艺，技术水平不高，劳动效率不高，劳动强度大，大多属于劳动密集型产业和资金密集型产业。简单来说，传统制造业与高端制造业的最大区别是科技含量，通过提高效率完成一些传统制造业无法达到的工艺，高端制造业必然取代传统制造业，这也是高端制造业企业努力寻求的竞争优势。

刘阳（2011）指出高端制造业具有高技术知识密集、高风险、高成本、高附加值，成长性好、关联性强、带动性大等特点，通过发展高端制造业可以实现核心技术自主化、高端产品国产化、出口产品高附加值化等。蔡翼飞、魏后凯、吴利学（2010）和周晔、郭春丽（2012）都认为高端制造业的概念应该从行业和产业链环节两个角度来进行界定。从行业的角度讲，高端制造业是指制造业中新出现的具有高技术含量、高附加值、强竞争力的行业；从所处产业链的环节上讲，高端制造业处于某个产业链的高端环节。

在确定高端制造业所包含的行业时，大多研究是综合高端制造业的特点和历年《中国统计年鉴》中国民经济的行业分类方法来大致确定的，如蔡翼飞、魏后凯、吴利学（2010）、时慧娜、魏后凯、吴利学（2010）以及刘兵权、王耀中、文凤华（2011），均选取医药制造业，通用设备制造业，专用设备制造业，交通运输设备制造业，电器机械及器材制造业，通信设备、计算机及其他电子设备制造业，仪器仪表及文化、办公用机械制造业七个行业作为高端制造业；刘阳（2011）认为有如集成电路制造、光电显示制造、生物医药制造和环保设备制造等也应属于高端制造业；徐胜、张鑫（2011）认为高端制造业应包括微电子、计算机、信息、生物、新材料、航空航天和环保等高新技术产业以及广泛采用先进制造技术，特别是用信息技术进行改造的机械装备工业、汽车工业、造船工业、化工、轻纺等传统产业。

本章认为高端制造业是指制造业中新出现的具有高技术含量、高附加值、强竞争力的行业，此外，那些在整个产业链中起关键作用或包含核心技术的环节也应属于高端制造业，高技术产业中的制造业相比之下更符合高端制造业的特点，应该是高端制造业的一部分。因此，在比对《外商投资产业指导目录（2011 年修订）》和《高技术产业统计分类目录》中所列出的行业之后，本章选取医药制造业、航空航天器制造业、电子及通信设备制造业、电子计算机及办公设备制造业和医疗设备及仪器仪表制造业[①]五个产业来部分量化高端制造业，相比之前的界定，这样能更准确地表明 FDI 对中国高端制造业产业安全的影响状况。

二　中国高端制造业发展现状

高端制造业是衡量一个国家或地区综合实力和国际竞争力的重要标志，决定着国际产业分工格局，引领着现代制造业的发展方向，对加快转变发展方式和调整产业结构具有不可替代的重要作用（刘光明，2011）。目前，高端制造业已经成为许多国家和大城市制造业发展的重点领域。例如，美国总统奥巴马明确指出美国要重新回到"制造业时代"，伦敦、巴黎、纽约、东京和首尔等大城市都在大力发展新兴制造业，同时采用新技术、新方法提升制造业，以促进制造业的高端化。

近年来，高端制造业在中国受到越来越多的关注，北京、上海、深圳等城市，都明确提出要大力发展高端制造业。2009 年 12 月 30 日的国务院常务会议指出要鼓励外资投向高端制造业、高新技术产业。在 2010 年 8 月初举行的中国制造业高端论坛上，相关各方的代表深入探讨新形

---

①　按照分类标准，医药制造业包括化学品制造（271＋272）、中成药制造（274）和生物生化制品制造（276）；航空航天器制造业包括飞机制造及修理（3761）、航天器制造（3762）和其他飞行器制造（3769）；电子及通信设备制造业包括通信设备制造（401）、雷达及配套设备制造（402）、广播电视设备制造（403）、电子器件制造（405）、电子元件制造（406）、家用视听设备制造（407）和其他电子设备制造（409）；电子计算机及办公设备制造业包括电子计算机整机制造（4041）、计算机网络设备制造（4042）、电子计算机外部设备制造（4043）和办公设备制造（4154＋4155）。

势下中国制造业如何实现可持续、健康地发展，并达成了共识。中国制造业应立足自主创新，向高端制造转型；推动低碳发展，向绿色制造转型；加强信息化建设，向现代服务制造转型。2010 年 9 月，国务院常务会议审议并通过了《国务院关于加快培育和发展战略性新兴产业的决定》，标志着中国的高端制造业进入国家层面的战略规划。"十二五"工业发展规划中，国家重点对高端制造业发展提出了明确的目标任务和发展方向，主要涉及航空产业、航天产业、高速铁路产业、海洋工程装备产业、智能装备制造产业等五大领域（罗军，2011）。时任总理的温家宝在 2010 年的政府工作报告中指出，在大力培育战略性新兴产业方面，要大力发展新能源、新材料、节约环保、生物医药、信息网络和高端制造业（刘阳，2011）。2011 年 12 月 24 日国家发展改革委、商务部联合发布《外商投资产业指导目录（2011 年修订）》，该目录修订贯彻落实"十二五"规划纲要促进制造业改造提升的精神，将高端制造业作为鼓励外商投资的重点领域。

20 世纪 90 年代，随着市场化改革的不断深入，中国制造业进入全面提升发展阶段，突出表现在中国的制造业整体实力提高，高新技术制造的比重明显上升。目前，高端制造业发展需要的产业规模、政策支持、产值等方面均已具备，高端制造业必将迎来新一轮的发展。

第一，部分产业具有较大规模，占据技术领先地位。经过多年政策扶持、市场化运作和科技创新体系建设，无论是大型装备、交通运输装备和制造装备，还是航天、海洋工程，都已经形成一定的生产能力和产业规模。高端装备制造业产值占装备制造业总产值的比例已经达到 10%，并且正在步入加速增长阶段。

第二，各级政府高度重视发展高端制造业，为高端制造业提供了一系列政策支持，使一些龙头企业开始发挥带动效应，一些产业集聚已经初具规模。2010 年国务院发布的《关于加快培育和发展战略性新兴产业的决定》（国发〔2010〕32 号）指出重点发展节能环保产业、新一代信息技术产业、生物产业、高端装备制造产业、新能源产业、新材料产业、新能源汽车产业七大战略性新兴产业。这七大产业直接或间接与先进制造业有关。各地也都很重视高端制造业发展。例如，浙江、辽宁等省先后制定了《高端装备制造业发展规划》，不但对发展高端装备制造业进行科学规划，而且从财政等方面给予优先支持。目前，广东、湖南、浙江等高端装备制造业集聚地已经显示出影响力。例如，珠三角、长三角的电子信息产业集群；上海、长春、武汉的汽车产业聚集区，珠三角、环渤海的计算机产业聚集区；上海、广州、天津、哈尔滨等医药制造产业聚集区等国家级精细化工特色产业基地。一些高端装备企业已经可以在国际市场参与竞争，像三一重工、徐工集团等企业的部分产品在同行业中已经达到世界先进水平；东北老工业基地也发挥历史优势，扶持特色企业，沈阳机床、大连机床进入世界机床前十强；海油工程、中集集团、振华重工等企业在海洋工程装备方面发挥着越来越重要的作用。

第三，中国发展高端制造业的潜力巨大。具体表现在以下几方面。一是具备市场潜力。中国目前处于城市会、工业会加速进程中，不管是工程制造还是日常消费，对高端制造业的需求会越来越大。二是具备人才潜力。中国每年有数百万名大学毕业生，有非常丰富的人力资源，相比较发达国家，中国的高级工程技术人员、高级技工劳动力成本较低，发展高端制造业具有良好的人才优势。三是具备综合经济实力。目前中国的 GDP 已经是世界第二位，综合国力显著增强，国际影响力大幅提升，高端制造业发展的资金障碍基本消除。

就发展高端制造业而言，当前中国制造业普遍存在以下突出问题。

第一，缺乏核心技术和创新能力。与发达国家相比，中国高端制造业技术创新能力不足，技术成果产业化程度低。在一些市场广阔的关键领域里中国的原创性严重不足，高端制造业的发展方向掌握在外商手中，很少能有产品达到世界先进水品。资料显示，中国制造业主要机械设备技术来源的 50% 需要从别国引进，大多数电子信息设备的核心技术掌握在西方先进国家手中。

第二，缺乏世界级知名品牌。中国高端制造业缺乏具有国际影响力的品牌，导致中国 80% ~ 90% 的装备制造业出口商品属于贴牌加工，这表示我们只拿到了利润中的极小部分，但却付出了环境污染等极大的代价，据不完全统计，世界装备制造业中90%知名商标的所有权被发达国家掌控。

第三，高端装备和关键零部件大多依赖进口。中国装备制造业和世界先进水平相比差距较大，当前高端装备主要依赖进口。以机床行业为例，中国机床行业在近几年发展很快，2009 年的产值已经是世界第一，但是中国仍然保持着大量的进口规模，虽然当前依赖外国进口的设备不足40%，较以前70%依赖国外进口的情况已经取得了很大的提高，但是这40%的进口，基本上都是高档数控机床。

第四，没有完整的产业链。虽然中国高端制造业的大多数行业已经具备一定的规模，但是从产业链的角度看，依然有很大缺陷，目前一些大企业往往缺乏较强的研发实力，不是主机制造方面受到零部件依赖进口的限制，就是在相关环节出现产业链断裂，这直接影响中国产业规模和竞争力的提高。电力设备在这方面比较典型，由于核心技术缺乏，中国无法生产核电和燃气发电设备的仪表控制系统，在抽水蓄能机组方面甚至还要依靠外国设计。再如国人引以为傲的高铁，实际上，时速超过200 公里高铁动车组所用轴承目前全部需要进口（周晔、郭春丽，2012）。

三　中国高端制造业利用 FDI 现状

自改革开放以来，中国成为外资高端制造业投资新高地，一些外资高端制造业正在加快向中国转移。美国铁姆肯投资近1.6 亿元在成都建设了一条新生产线，铁姆肯作为全球领先的轴承制造企业，具有很强的代表性。不仅铁姆肯，2012 年以来，博世、通用、西门子等一批欧美企业都开始在成都投资建设高端制造工厂，生产电子信息、生物医药、精密机械等领域的先进产品。欧美企业忙着在成都建新厂，日本企业则瞄准了长三角。2012 年，日本三洋能源公司把其最先进的生产设备和技术首次放到了苏州吴中区，生产最新的产品。

外资持续进入中国，大大推进了中国企业扩大规模的进程，使中国社会资本规模明显增大，一方面，带动了中国经济的不断增长，另一方面，使中国的投资结构不断调整，产业结构逐渐优化，一些技术促进了中国产品技术的升级改造。通过外企的示范效应，促进了中国企业的自主创新，这些都有利于中国的高端制造业形成完整的产业链结构，提高竞争力。

然而，中国境内国际投资新变化对中国也产生了负面影响，一方面，跨国公司为了保持在世界上的领先地位，对最先进的技术进行严密的保护，这就使中国的产业在技术上过度依赖跨国公司，不能进行主动创新，更无法赶超。另一方面，跨国公司生产实质上是一种垂直的全球化分工协作，每一个国家的生产都只是其生产链上的一环，这样就造成其在华的子公司与中国产业的前后关联度不高，造成中国各产业发展不均衡。中国利用外资主要集中在工业领域，自 2003 年以来，中国工业总体上看，反映外资控制度的指标在 20% 以上，其中，市场控制度约 30%，达到国际警戒线的水平；技术控制中的新产品产值控制度是最高的，约为 40%（卜伟，2011b）。

《外商投资产业指导目录（2011 年修订）》将高端制造业作为鼓励外商投资的重点领域，虽有利于积极引导外商投资方向，促进中国经济结构调整优化和经济发展方式转变，促进中国制造业向高端行业和各行业产业链的高端转变，但也可能导致产业被外资控制的产业安全问题，尤其在国民经济中具有重要支撑作用的高端制造业。因此，在具体实施吸引外资投资高端制造业时需要对高端制造行业和重要企业进行跟踪，防止高端制造业被外资控制，影响中国产业安全。

第二节　产业控制力评价体系

一　指标选取

产业控制力是指外资对东道国产业的控制能力及对东道国产业控制力的削弱能力和由此影响产业安全的程度，其实质是外资产业控制力和东道国产业控制力两种力量的对决能力（李孟刚，2010）。

产业控制力评价指标体系包含多个评价指标：外资市场控制率、外资品牌控制率、外资技术控制率、外资经营决策权控制率、重要企业受外资控制情况和受控制企业外资国别集中度等（李孟刚，2010）。根据高端制造业本身的特点以及数据的可得性，本章主要选取外资市场控制率、外资技术控制率和外资总资产控制率三个指标对高端制造业受外资控制的情况进行评价。

（1）外资市场控制率。该指标反映外资控制企业对该国产业国内市场控制程度，它可用外资控制企业市场份额与国内该产业总的市场份额之比来衡量。其中外资控制企业包括外资股权控制企业、外资技术控制企业和外资经营决策权控制企业。外资市场控制率越高，产业发展安全受影响的程度越大。

（2）外资技术控制率。该指标从技术角度反映外资对国内产业控制的情况。单个企业的外资技术控制率与国产化之和为 1，外资技术控制率越高，产业发展安全受影响的程度越大。外资技术控制度可以通过三个指标来衡量：外资拥有发明专利控制度、外资研发费用控制度和外资新产品产值控制度。外资拥有发明专利控制度指标是外资企业拥有发明专利数占全产业企业拥有发明专利数的比重来测算，该指标越高，说明外资技术控制程度越高，外资企业转移给中国产业带来技术进步的机会越低。研发费用度量的是外资企业研发费用支出占整个产业的比重。外资 R&D 费用控制程度越高，说明中国企业所面临的生存威胁越高。外资新产品产值控制度指标度量的是外资企业新产品产值占整个产业新产品产值的比重，比重越高，越能说明外资企业在中国市场的持续生存和强大的适应能力。

（3）外资总资产控制率。总资产一般是指某一经济实体拥有或控制的、能够带来经济利益的全部资产，可采用外资企业年末固定资产原价占全产业年末固定资产原价总值的比重来衡量。

二　权重确定及体系构建

在进行综合评价时，选择评价指标只是第一步，还需要对其指标体系赋予相应的权重。本节采用熵值法对所选指标赋权，进行体系的构建，具体分为以下六步。

（1）建立外资技术控制率决策矩阵。本节从行业角度评价产业外资控制力时，首先使用外资拥有发明专利控制率、外资研发费用控制率和外资新产品产值控制率三个二级指标评价产业外资技术控制度，然后使用外资市场控制控制率、外资技术控制率和外资总资产控制率三个一级指标评价产业外资控制力。由于这三个二级指标在 2000～2014 年期间分别有 15 种不同观测值，因此可以根据三个二级指标对应于 15 年的不同取值建立一个决策矩阵 $R = (r_{ij})_{n \times m}$，见公式 4.1：

$$R = \begin{bmatrix} r_{11} & r_{12} & \cdots & r_{1m} \\ r_{21} & r_{22} & \cdots & r_{2m} \\ \cdots & \cdots & \cdots & \cdots \\ r_{n1} & r_{n2} & \cdots & r_{nm} \end{bmatrix} \tag{4.1}$$

（2）将各指标同度量化，计算第 j 项指标下第 i 方案指标值的比重 p_{ij}，见公式 4.2：

$$p_{ij} = \frac{r_{ij}}{\sum_{i=1}^{n} r_{ij}} 0 \leqslant p_{ij} \leqslant 1 \quad i = 1,2,\cdots,n, j = 1,2,m \tag{4.2}$$

（3）计算第 j 个指标的熵值 e_j，见公式 4.3：

$$e_j = -k \sum_{i=1}^{n} p_{ij} \cdot \ln p_{ij} \tag{4.3}$$

公式 4.3 中，$k = 1/\ln n$，$j = 1$，2，m。同时假定 $p_{ij} = 0$ 时，$p_{ij} \ln p_{ij} = 0$。

（4）计算第 j 个指标的熵权 w_j，见公式 4.4：

$$w_j = (1 - e_j) \Big/ \sum_{j=1}^{m} (1 - e_j) \tag{4.4}$$

（5）根据加乘混合合成法计算出外资技术控制度，见公式 4.5：

$$A_i = \sum w_{ij} B_i \quad i = 1,2,\cdots,n, j = 1,2,m \tag{4.5}$$

公式 4.5 中 w_{ij} 是二级指标的权重，B_i 为各指标的分数值。

（6）重复以上前四个步骤，运用相同的方法可以计算出三个一级指标的权重，计算出产业外资控制力，见公式 4.6：

$$O_i = \sum w_{ij}A_i \quad i = 1,2,\cdots,n, j = 1,2,m \tag{4.6}$$

公式 4.6 中 w_{ij} 是一级级指标的权重，A_i 为各指标的分数值。

在实际运用熵权法确定所选各指标的权重时，本节借助 MATLAB 软件完成以上步骤中的相关计算工作。

三　指标赋值

一般在做综合评价时，在对所选的指标进行赋权之后，建立综合合成模型之前，为了避免正向指标和负向指标以及不同的单位在合成模型中对综合指标产生干扰，还需要将各指标值标准化处理，映射为分数值，也就是对各评价指标赋值。赋值就是指对构成评价体系的二级指标，根据其评价结果给予相应的评价值。

本节首先使用外资拥有发明专利控制率、外资研发费用控制率和外资新产品产值控制率三个二级指标来做合成模型评价产业外资技术控制率，再用外资市场控制率、外资技术控制率和外资总资产控制率三一级个指标来做合成模型评价高端制造业的产业外资控制力。由于三个二级指标均与外资技术控制率呈正相关关系，且三个二级指标和产业外资控制力均以百分比为单位，因此，不需要将各指标的评价结果映射为相应的分数值，可以直接将各指标自身的值视为分数值。总的来说，本节根据控制度各指标的特点，采用百分比的形式打分，各指标的控制度本身就是自己的分值，即，r_{ij} 的分数值就是 r_{ij}。用控制度本身做自己的分值，这样也避免了由人打分带来的主观性，使结果更具客观性。

四　结果评价

李孟刚（2012）在评价产业安全时，对于一般产业，安全度评价值落在区间（85，100]、（65，85]、（45，65]、（25，45] 和 ［0，25］上时，界定产业安全状态依次为很安全、安全、基本安全、不安全、很不安全。本文借鉴该区间划分的方法，将产业外资控制力也分成 A、B、C、D、E 共五个等级，将高端制造业外资控制度分别落在区间（85，

100］、（65，85］、（45，65］、（25，45］和［0，25］上时，分别定为很高、较高、高、一般、低。国际竞争力相同时，分数越高，产业外资控制力越大，从产业安全的角度考虑，该产业越不安全。

第三节　中国产业外资控制力分析

本节首先通过具体的数据计算出中国医药制造业、航空航天器制造业、电子及通信设备制造业、电子计算机及办公设备制造业和医疗设备及仪器仪表制造业五个产业（下文简称"五个产业"）的外资市场控制率、外资技术控制率和外资总资产控制率三个指标，然后以这三个指标构建综合评价模型，得出外资对高端制造业的产业控制力情况。

一　外资市场控制率

为了实现对东道国市场的控制，必须不断地扩大市场份额（祝年贵，2003），这也是为什么有的跨国企业要积极地实施"本土化"战略，实现"本土化"可以使其获得东道国市场的认同，保证其长期稳定获得低成本的竞争优势。经过不断地发展，这些"本土化"的企业不仅成为其造好的供应链之一，而且可以在全球范围内布局其新一轮的发展规划。跨国公司通过并购等方式实现本土化战略，而且，跨国公司的目标通常是中国的一些产业领域中的骨干企业，这样不仅使自己实现产业内部的一体化控制，而且大大削弱了本土企业的竞争优势，这严重弱化了中国相关产业的竞争力，由于无法竞争，又失去发展创新的潜力，中国只能接受国际分工中的边缘角色。外资在资本、规模、技术、管理等方面的相对优势，将会使其牢牢占领和控制中国市场，并且在某些行业形成垄断，阻止中国企业进入，甚至将中国企业最终挤出市场，近年来一些外商利用并购的方式扩大中国市场份额的例子屡见不鲜，宏碁收购方正 PC 事件就是其中之一。FDI 对市场的控制将使中国政府对本国产业的控制力大大削弱，同时也使中国产业失去自主造血的可能性，使中国产业全面依附于跨国企业，产业安全将会无从谈起。

　　外资市场控制率指标可以分析 FDI 对中国产业市场的控制程度。该指标可以反映国内产业市场外资控制企业的程度，用外资控制企业市场份额与国内产业总的市场份额之比来比较。一般情况下，外资市场控制率越高，产业安全受到的影响程度越大。在外资市场占有率方面，国际上一般把 30% 视为警戒线（纪宝成、刘元春，2006）。依据历年《中国高技术产业统计年鉴》的三资企业和总产业的合计数据，对中国部分高端制造业（医药制造业、航空航天器制造业、电子及通信设备制造业、电子计算机及办公设备制造业、医疗设备及仪器仪表制造业）产业外资市场控制度进行计算，1998～2014 年中国部分高端制造业外资市场控制情况的具体结果如图 4 - 1 所示。

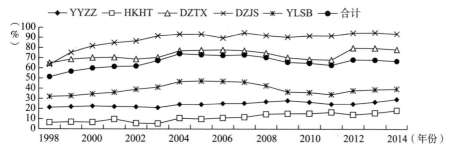

图 4 - 1　1998～2014 年中国部分高端制造业外资市场控制情况

　　注：①"YYZZ、HKHT、DZTX、DZJS、YLSB"分别代表医药制造业、航空航天器制造业、电子及通信设备制造业、电子计算机及办公设备制造业、医疗设备及仪器仪表制造业；②所有数据的统计口径均为大中型工业企业。

　　资料来源：根据《中国高技术产业统计年鉴》（2004～2015）中相关数据整理计算得到，其中 1998～2003 年数据来自《中国高技术产业统计年鉴（2004）》。

　　根据图 4 - 1，在五个细分行业中，电子计算机及办公设备制造业和电子及通信设备制造业是受外资市场控制最高的两个行业，年均外资市场控制度分别超过了 90% 和 70%。其次为医疗设备及仪器仪表制造业，年均外资市场控制度为 40% 左右。上述三类制造业的外资市场控制度都已经超过了国际上 30% 的警戒线标准，因此应该引起重视。

二　外资技术控制率

　　在最初的制度设计中，通过与外国公司合资或合作，不仅可以填补发展中急缺的技术空白，而且中方有机会接触并学习其先进的管理经验，使国内企业可以掌握相关产业的发展趋势和动向，通过对技术的不断吸收转换，逐渐提高中国的相关企业的技术水平。但是，随着中国加入WTO，中国对外资企业的市场准入放宽，外资企业在中国越来越多，这些外资企业对自己的技术进行非常严格的限制，我们不仅无法充分利用这些外资的技术"外溢效应"，而且使很多中方的高素质人才转向外资独资企业，造成我们向跨国公司反向扩散自由的技术，这不仅导致我们以市场换技术的策略没有起作用，而且助长了跨国企业的发展。

对外商而言，保持技术垄断性比市场更重要（祝年贵，2003）。政治原因虽然一定程度上影响到了中国引进高新技术，但更根本的原因还是市场因素，核心技术是一个企业发展的核心优势，跨国企业不可能白白将先进技术转移到落后国家，事实上，通常情况下东道国引入的都只是即将被淘汰的技术，甚至就连一些陈旧的技术，如果东道国没有，跨国公司也是不情愿转入的，这就是为什么光靠引进外资不但很难引进最先进的技术，而且通过引入一些落后的技术，使东道国陷入引入外资越多越会使自身对外资依赖越高的困境，使东道国失去自我发展的潜力和机会。为了维护其自身优势，跨国公司不仅严格封锁核心技术，而且通过法律漏洞取得东道国的相关技术，如果外资取得控股权，往往会取消原有的研发机构，使东道国的相关产业只能依附于外资的技术，形成对国外技术的路径依赖，削弱了东道国自主技术开发和创新能力（景玉琴，2006）。这样东道国产业发展的独立性必然受到威胁，影响产业安全。

从技术角度反映外资对国内产业控制情况的指标是外资技术控制率。外资技术控制度可以通过三个指标来衡量：外资拥有发明专利控制度、外资研发费用控制度和外资新产品产值控制度。外资拥有发明专利控制度指标可以通过部分高端制造业中外资企业拥有的发明专利数占全产业企业拥有发明专利数的比重来测算，该指标越高，说明外资技术控制程度越高，产业转移给中国高端制造产业带来技术进步的机会越低。研发费用度量的是外资企业研发费用支出占整个产业的比重。外资 R&D 费用控制程度越高，说明中国企业所面临的生存威胁越高，如果放任这一指标增长下去，最终会导致某产业中国企业数量越来越少，外资企业数量越来越多，对中国产业安全的威胁也越发不可收拾。外资新产品产值控制度指标度量的是高端制造业"三资"企业新产品产值占整个产业新产品产值的比重，比重越高，越能说明"三资"企业在中国市场的持续生存和强大适应能力（李孟刚，2010）。

（一）外资拥有发明专利控制率

本节采用拥有发明专利数这一种数据，以此来说明外资对中国高端制造业的净发明专利控制程度。外资拥有发明专利控制度指标是通过高端制造业外资企业拥有发明专利数占全产业企业拥有发明专利数的比重来测算，该指标越高，说明外资技术控制程度越高，产业转移给中国高端制造业带来技术进步的机会越低。依据历年《中国高技术产业统计年鉴》的"三资"企业和总产业的合计数据对中国部分高端制造行业产业外资拥有发明专利控制度进行计算，得出 1998～2013 年中国部分高端制造业外资拥有发明专利控制情况的具体结果，如图 4-2 所示。

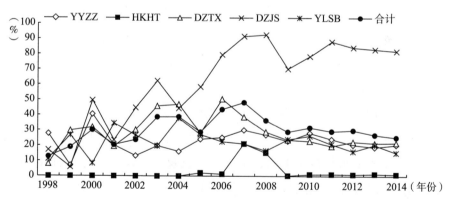

图 4-2　1998～2013 年中国部分高端制造业外资拥有发明专利控制情况

注：①"YYZZ、HKHT、DZTX、DZJS、YLSB"分别代表医药制造业、航空航天器制造业、电子及通信设备制造业、电子计算机及办公设备制造业、医疗设备及仪器仪表制造业；②所有数据的统计口径均为大中型工业企业。

资料来源：根据《中国高技术产业统计年鉴》（2004～2015）中相关数据整理计算得到，其中 1998～2003 年数据来自《中国高技术产业统计年鉴（2004）》。

从图 4-2 可以看出：①外资拥有发明专利数控制度的波动幅度要大于外资市场控制度，尤其是电子计算机及办公设备制造业，外资拥有发明专利控制度随着年份的波动非常显著；②在五个产业中，电子计算机及办公设备制造业的外资拥有发明专利控制度 2004 年以前波动较小，2004～2008 年持续上升，2009 年急剧下降，之后虽略有上升的趋势却也基本保持稳定，这一方面说明整体上国内企业技术创新能力远远不如外资企业，另一方面也反映了中国针对产业外资对中国该产业安全日渐加剧的威胁采取了相关政策措施并取得了一定的成效；③尽管航空航天器制造业外资技术控制度在 2006 年以前一直接近零，2006～2009 年该指标却有了巨大的波动，该波动可能引起了有关部门的重视，于是在 2009 年之后又有所下降。

（二）外资研发费用控制率

在现代企业充分竞争的背景下，一个企业研发费用的支出反映了该企业的生存能力和发展潜力。研发费用控制度指标在研究产业控制的文献中也被广泛应用，它度量的是外资企业研发费用支出占整个产业的比重。外资 R&D 费用控制程度越高，说明中国企业所面临的生存威胁越高，如果放任这一指标增长下去，最终会导致某产业中国企业数量越来越少，外资企业数量越来越多，对中国产业安全的威胁也越发不可收拾。根据历年《中国高技术产业统计年鉴》相关数据可以计算出中国部分高端制造业外资研发费用控制度，得出 1998～2014 年中国部分高端制造业外资研发费用控制情况的具体结果，如图 4-3 所示。

从图 4-3 可以看出以下几点。①外资对高技术产业的 R&D 费用总体控制程度不如市场控制度高，电子计算机及办公设备制造业的 R&D 控制度仍然是最高的，虽然近年来有下降的趋势，但平均 R&D 控制水平也在 60% 以上；②医药制造业、电子计算机及办公设备制造业、医疗设备及仪器仪表制造业的 R&D 控制度在 2007 年之前基本上处于不断上升的水平，在 2008 年以后都开始逐渐下降；③航空航天器制造业的 R&D 控制程度一直保持在很低的水平，说明中国对航空航天器制造业这样的特殊行业具备较强的控制能力。

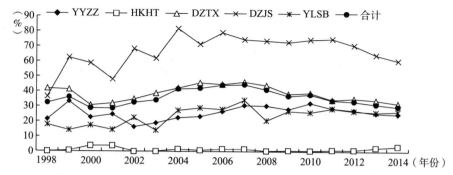

图 4-3 1998~2014 年中国部分高端制造业外资研发费用控制情况

注：①"YYZZ、HKHT、DZTX、DZJS、YLSB"分别代表医药制造业、航空航天器制造业、电子及通信设备制造业、电子计算机及办公设备制造业、医疗设备及仪器仪表制造业；②所有数据的统计口径均为大中型工业企业。

资料来源：根据《中国高技术产业统计年鉴》（2004~2015）中相关数据整理计算得到，其中 1998~2003 年数据来自《中国高技术产业统计年鉴（2004）》。

（三）外资新产品产值控制率

一般情况下，在分析外资产业控制的文献中，通常使用外资市场控制度、外资技术控制度、外资股权控制度等指标，本章将新产品产值控制情况包含在外资产业技术控制的分析中，是为了研究高端制造产业外资企业可持续的生产能力。外资新产品产值控制度指标度量的是高技术产业三资企业新产品产值占整个产业新产品产值的比重，比重越高，越能说明三资企业在中国市场的持续生存和强大的适应能力。根据历年《中国高技术产业统计年鉴》相关数据，外资新产品产值总体控制度采用中国主要年份（"三资"企业）新产品产值的合计数据进行计算，得出 1998~2014 年中国部分高端制造业外资新产品产值控制情况的具体结果，如图 4-4 所示。

从图 4-4 可以看出以下几点。①外资对高端制造产业新产品产值的控制主要还是集中在电子计算机及办公设备制造业和电子及通信设备制造业两个产业；②像航空航天器制造业和医药制造业，其外资控制度较低，前者控制度基本为零，后者约为 20%；③整体来看，外资对各产业的新产品产值控制度随着年份的推进基本上保持较稳定的水平。

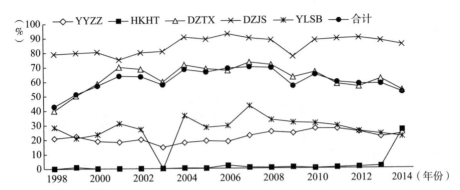

图 4 - 4 1998 ~ 2014 年中国部分高端制造业外资新产品产值控制情况

注：① "YYZZ、HKHT、DZTX、DZJS、YLSB" 分别代表医药制造业、航空航天器制造业、电子及通信设备制造业、电子计算机及办公设备制造业、医疗设备及仪器仪表制造业；②所有数据的统计口径均为大中型工业企业。

资料来源：根据《中国高技术产业统计年鉴》（2004～2015）中相关数据整理计算得到，其中 1998～2003 年数据来自《中国高技术产业统计年鉴（2004）》。

（四）外资技术控制率三个指标之间的比较

为了能从三个指标中综合反映外资对中国高端制造业整体的技术控制程度，本节利用历年《中国高技术产业统计年鉴》中的相关数据，将五个行业作为整体，分别计算出三个指标，反映出 1998 ~ 2014 年中国部分高端制造业外资技术控制情况，如图 4 - 5 所示。

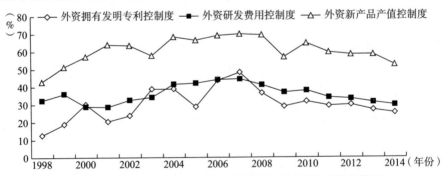

图 4 - 5 1998 ~ 2014 年中国部分高端制造业外资技术控制情况

注：① "YYZZ、HKHT、DZTX、DZJS、YLSB" 分别代表医药制造业、航空航天器制造业、电子及通信设备制造业、电子计算机及办公设备制造业、医疗设备及仪器仪表制造业；②所有数据的统计口径均为大中型工业企业。

资料来源：根据《中国高技术产业统计年鉴》（2004～2015）中相关数据整理计算得到，其中 1998～2003 年数据来自《中国高技术产业统计年鉴（2004）》。

从图 4 - 5 可以看出，这三个指标基本上都处于先增加后减少的趋势。其中，控制度最高的是外资新产品产值控制度，这说明"三资"企业在中国市场的持续生存和强大的适应能力；波动程度最大的是外资拥有发明专利控制度，说明国内企业抵抗外资技术控制的能力有待进一步加强；基本上保持稳定的是研发费用控制度，水平在 30% 左右。

三 外资总资产控制率

总资产一般是指某一经济实体拥有或控制的、能够带来经济利益的全部资产，这里采用三资企业年末固定资产原价①占全产业年末固定资产原价总值的比重来衡量。1998～2014 年中国部分高端制造业外资总资产控制情况如图 4-6 所示。

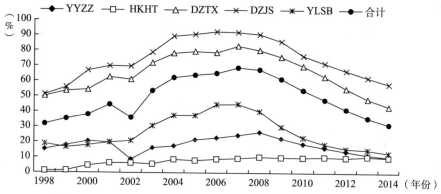

图 4-6 1998～2014 年中国部分高端制造业外资总资产控制情况

注：①"YYZZ、HKHT、DZTX、DZJS、YLSB"分别代表医药制造业、航空航天器制造业、电子及通信设备制造业、电子计算机及办公设备制造业、医疗设备及仪器仪表制造业；②所有数据的统计口径均为大中型工业企业。

资料来源：根据《中国高技术产业统计年鉴》（2004～2015）中相关数据整理计算得到，其中 1998～2003 年数据来自《中国高技术产业统计年鉴（2004）》。

根据图 4-6 可以得知，总体上看，外资对中国高端制造业的总资产总体控制度随年份有先增长后下降的趋势，且外资总资产控制度的数值比市场控制度、技术控制度的数值都要高。由此可见，外资不仅在中国高端制造业的市场和技术方面占有较大份额，而且外资总资产占整个高端制造业的比重更大；从各细分行业看，电子计算机及办公设备制造业

---

① 由于统计口径的改变，2009 年和 2010 年的数据采用三资企业资产占全产业资产的比重来衡量。

和电子及通信设备制造业受外资总资产控制程度最高，且随年度变化增长趋势比较明显；医疗设备及仪器仪表制造业外资总资产控制程度增长和下降速度都比较快；医药制造业和航空航天器制造业的外资总资产控制度的变动幅度并不大，且后者始终低于 10%。

四　基于评价体系的中国产业外资控制力分析

根据前文所叙述的综合评价模型及其使用步骤，首先要使用熵权法计算出外资拥有发明专利控制率、外资研发费用控制率和外资新产品产值控制率三个二级指标的权重。将这高端制造业总体的三个指标组成的决策矩阵输入 MATLAB 软件并运行后调试好的程序，可得出三个指标的权重分别为 0.666、0.264 和 0.070，具体的计算过程如下。

（1）建立决策矩阵。2000～2014 年高端制造业总体外资技术控制率决策矩阵如表 4-1 所示。

表 4-1　2000～2014 年高端制造业总体外资技术控制率决策矩阵

单位：%

年份	外资拥有发明专利控制率	外资研发费用控制率	外资新产品产值控制率
2000	30.1	28.8	57.2
2001	23.7	28.7	64.0
2002	23.8	32.6	63.5
2003	38.7	34.1	57.8
2004	38.8	41.6	68.4
2005	28.7	42.1	66.5
2006	42.6	44.1	69.1
2007	48.3	44.5	70.0
2008	36.5	41.1	69.4
2009	47.5	38.6	56.9
2010	31.7	37.9	64.8
2011	29.3	34.0	59.6
2012	26.3	37.9	61.2
2013	25.4	36.9	59.5
2014	23.5	35.5	55.8

资料来源：根据《中国高技术产业统计年鉴》（2004～2015）中相关数据整理计算得到，其中1998～2003 年数据来自《中国高技术产业统计年鉴（2004）》。

（2）根据公式 4.2，将各指标同度量化，计算第 j 项指标下第 i 方案指标值的比重 p_{ij}，得出 2000～2014 年高端制造业总体外资技术控制度各指标归一化结果，如表 4-2 所示。

表 4-2　2000～2014 年高端制造业总体外资技术控制度各指标归一化结果

单位：%

年份	外资拥有发明专利控制率	外资研发费用控制率	外资新产品产值控制率
2000	0.071717894	0.064271368	0.074556838
2001	0.056468906	0.064048204	0.083420229
2002	0.056707172	0.072751618	0.082768509
2003	0.092208721	0.076099085	0.075338895
2004	0.092446986	0.092836421	0.089155374
2005	0.068382178	0.093952243	0.086678832
2006	0.101501072	0.098415532	0.090067779
2007	0.115082202	0.099308192	0.091240876
2008	0.086966881	0.091720598	0.090458811
2009	0.113176078	0.086141486	0.074165798
2010	0.075530141	0.084579335	0.084462982
2011	0.069811770	0.075875921	0.077685089
2012	0.097439738	0.094882095	0.084897461
2013	0.099609944	0.096658827	0.085138096
2014	0.10178016	0.098435567	0.085378731

（3）根据公式 4.3，计算第 j 个指标的熵值 e_j 分别为 0.989307389387766、0.995761341300606 和 0.998875103503324。通过计算，得出 2000～2014 年高端制造业总体外资技术控制度各指标 $\ln p_{ij}$ 的值，如表 4-3 所示。

表 4-3　2000～2014 年高端制造业总体外资技术控制度各指标 $\ln p_{ij}$ 的值

单位：%

年份	外资拥有发明专利控制率	外资研发费用控制率	外资新产品产值控制率
2000	-2.635014999	-2.744641035	-2.596193625
2001	-2.874065122	-2.748119299	-2.48386444
2002	-2.869854596	-2.620704133	-2.491707618
2003	-2.383700573	-2.575719038	-2.585758748

年份	外资拥有发明专利控制率	外资研发费用控制率	外资新产品产值控制率
2004	− 2.381119924	− 2.376916255	− 2.417374699
2005	− 2.682643048	− 2.364968681	− 2.445545576
2006	− 2.287685917	− 2.318556639	− 2.407192793
2007	− 2.162108616	− 2.309527233	− 2.394252282
2008	− 2.442227914	− 2.389008356	− 2.402860656
2009	− 2.178810459	− 2.451764145	− 2.601452182
2010	− 2.583223489	− 2.470065317	− 2.47144192
2011	− 2.661952654	− 2.578655897	− 2.555091949
2012	− 2.331914468	− 2.343606069	− 2.469138964
2013	− 2.304229414	− 2.320203845	− 2.466279147
2014	− 2.276544369	− 2.296801627	− 2.463419248

（4）根据公式4.4，可得出外资拥有发明专利控制率、外资研发费用控制率和外资新产品产值控制率三个二级指标的权重分别为0.664、0.259和0.077。

（5）根据公式4.5，得出2000～2014年计算出高端制造业总体的外资技术控制度，如图4－7所示。

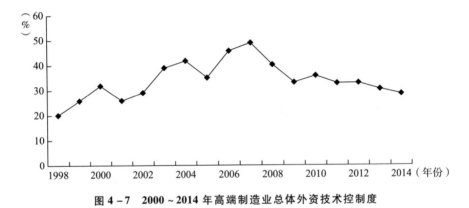

图4－7　2000～2014年高端制造业总体外资技术控制度

（6）使用同样的方法可以计算出中国高端制造业总体的外资市场控制率、外资技术控制率和外资总资产控制率的权重分别为0.069、0.396和0.535。根据公式4.6可计算出1998～2014年中国高端制造业总体的外资控制力，如图4－8所示。

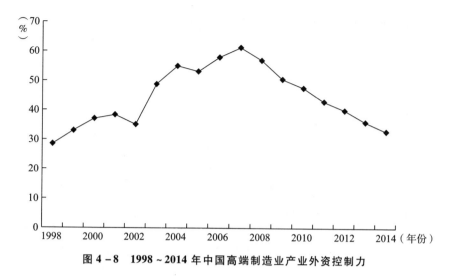

图 4 - 8 1998 ~ 2014 年中国高端制造业产业外资控制力

以上通过熵权法和加乘混合模型得出了中国高端制造业 1998 ~ 2014 年的产业外资控制力。以 2014 年为例，中国高端制造业总体的产业外资控制力为 32.86%，按照评价等级所划分的区间，其受控状态应为一般。

使用同样的方法可以得出 1998 ~ 2014 年中国部分高端制造业细分行业的外资技术控制率和产业控制力，分别如图 4 - 9 和图 4 - 10 所示。

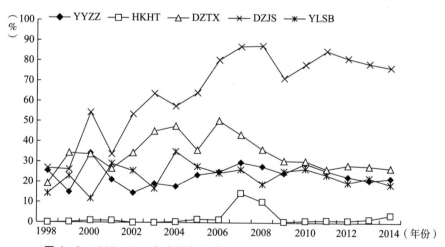

图 4 - 9 1998 ~ 2014 年中国部分高端制造业细分行业外资技术控制率

注：①"YYZZ、HKHT、DZTX、DZJS、YLSB"分别代表医药制造业、航空航天器制造业、电子及通信设备制造业、电子计算机及办公设备制造业、医疗设备及仪器仪表制造业；②所有数据的统计口径均为大中型工业企业。

资料来源：根据《中国高技术产业统计年鉴》（2004 ~ 2015）中相关数据整理计算得到，其中 1998 ~ 2003 年数据来自《中国高技术产业统计年鉴（2004）》。

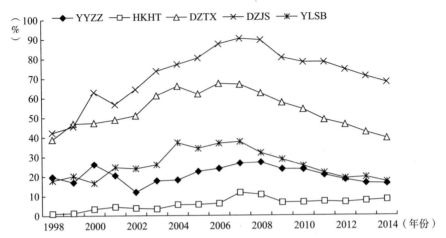

图 4-10 1998~2014 年中国部分高端制造业细分行业产业外资控制力

注：①"YYZZ、HKHT、DZTX、DZJS、YLSB"分别代表医药制造业、航空航天器制造业、电子及通信设备制造业、电子计算机及办公设备制造业、医疗设备及仪器仪表制造业；②所有数据的统计口径均为大中型工业企业。

资料来源：根据《中国高技术产业统计年鉴》（2004~2015）中相关数据整理计算得到，其中 1998~2003 年数据来自《中国高技术产业统计年鉴（2004）》。

（7）将所得产业外资控制力与控制等级相比较，得出中国部分高端制造业的产业外资控制状态。以 2014 年为例，如表 4-4 所示。

表 4-4 2014 年中国部分高端制造业产业外资控制状态

产业分类	产业外资控制（%）	状态标识
部分高端制造业总体	32.86	一般
医药制造业	16.23	低
航空航天器制造业	8.14	低
电子及通信设备制造业	39.35	一般
电子计算机及办公设备制造业	67.95	较高
医疗设备及仪器仪表制造业	17.12	低

从图 4-10 和表 4-4 中可以得出以下结论。①首先，电子计算机及办公设备制造业的整体外资控制程度最高，状态标识为"较高"，其次是电子及通信设备制造业，状态标识为"一般"，最后依次分别是医疗设备及仪器仪表制造业、医药制造业和航空航天器制造业，状态标识均为"低"；②受金融危机的影响，从 2008 年开始，各产业的外资控

制力均呈现下降的趋势。

第四节　本章小结

中国高技术产业的外资控制力较高，一旦政治格局或经济格局发生动荡，将有可能引发产业安全问题。这就需要政府和企业合理引进和利用外资，带动内资企业的发展，提高中国高端制造业的竞争力。因此，提出以下对策和建议。

（1）完善产业控制力评价体系，建立产业控制力预警机制。完善产业控制力评价体系，建立一套行之有效的产业控制力评价预警系统，对于维护本国的民族产业安全具有重大的现实意义。产业控制力评价预警系统并不是一种保护系统，而是为控制力正在受到冲击或可能受到威胁的产业提供一个信号，提前对威胁的可能性和程度做出判断，以便及时发现产业安全存在的问题并采取应对措施，最大限度地减少损害。目前，一些基于产业安全层面的评价预警机制已经建立，但是还须继续提高评价预警分析的深度。目前还缺乏从产业控制力角度建立的评价预警系统，不管从数据支撑还是理论支撑都存在不足，通过完善产业控制力评价体系，建立产业控制力评价预警系统，分析目前高端制造业的产业外资控制度，评估其对产业的影响，发布产业控制度受到威胁的预警信息，为维护中国的产业安全，调整产业结构，制定各种措施提供资料和依据，实现产业保护工作的前置化。

（2）完善外商投资企业的法律法规。根据波特的国际竞争理论，政府合适的角色应是市场竞争的催化剂和挑战者，它可以创造一个产业能够获取竞争优势的环境。产业内的主要企业充分利用该环境，提高竞争力，这是维护产业安全的最根本措施（卜伟，2011a）。因此，要从中国国民经济的全局出发，加强反垄断法的实施，防止外资企业控制中国某些产业和市场的情况出现。对于一些影响产业安全的产业，应该立法坚决制止外资并购，防止一些地方政府和国家有关部门只顾地方和企业眼前利益，出卖这些产业。对于中外合资和合作企业，建议建立专门的管理结构，按照WTO

规则的要求，结合产业安全的考虑，规范对外资部分的激励和限制政策，在这些企业的审批、监管过程中，按照市场变化，逐步取消对相关产业的超国民待遇，同时根据市场需求，适当放开一些原来受管制的领域，在这一过程中，最重要的是要保证对外法律法规实施的透明性、规范性，使其可以有效引导外资的准入。对于已经引入的外资，要在管理方面从行政监管向市场监督转变。对于不影响产业安全的领域，应该依法维护外商的权益。对于一些突发情况，应参照国际惯例和本国国情，建立相应的预警机制和应急处理机制，在平时更是需要建立完善的合资企业的社会信用体系，充分发挥信用体系对外资的约束作用（赖光耀，2010）。

（3）抓好对引进技术的消化吸收和创新。在引入一项技术前，应该联合科研院所对所引进的技术进行论证，避免对一些过时技术的引进和一些国内可替代技术的引进。技术能力、组织能力、市场开拓能力和管理能力都能成为企业的核心能力（刘新民，2005）。应该建立信息追踪系统，对相关产业技术发展趋势进行重点跟踪，对于一些关键技术，要树立软件重于硬件的理念，对图纸、专利等优先引进。技术引进后无法充分吸收和转化并不罕见，这其实是一种对资源的极大浪费，对于引进的技术，应该研究用多种途径进行消化吸收，并实现技术的转化，达到利用率的最大化。

（4）提高国有企业的竞争实力。在一些产业领域，如劳动密集型企业和资本密集型产业，国有企业因为成本、资本聚集和地域差异等因素确实获得一定的竞争优势，但是，在技术密集型的产业领域中，国有企业大多没有建立起竞争优势。一些学者基于国有企业分布的研究，认为在一般竞争性领域上，是中国企业培养企业国际竞争力优势的重要领域（徐全勇，2009）。这一领域包括本书所要讨论的相关产业。一方面，政府可以通过产业安全政策适度限制外资的过度进入，保持国有资产在这些行业中的控制地位。另一方面，完善对于技术专利的保护力度，积极鼓励涉及安全、垄断和支柱产业国有企业加大研发投入，掌握核心技术，不断提高自身的竞争力。

（5）加强产业链关键环节的控制。在产业链上生产某一中间环节产品的企业群构成了横向的行业结构，各个企业的规模、市场占有率、生产成本、管理水平、营销实力等因素的不同，导致各个企业的综合竞争力有所不同，也就决定了各自不同的行业的相对地位。因此政府要树立产业链意识，注重产业链核心环节的发展，尽可能多地控制产业链关键节点。以汽车产业为例，政府主管部门应制定政策鼓励自主研发，从税收、科研经费等方面支持汽车零部件、车型的研发。在进口样机、样本、检测设备、试验材料时，进口关税应予以减免。国家科技部在"十五"期间出资 8.8 亿元支持电动车项目，"十一五"期间可能支持得更多，建议除继续支持电动车项目，使与国外技术差距不大的电动车赶上国际水平外，对传统燃料汽车关键件（如 ESP、AT、发动机、控制电子）也给予一定的资金支持。政府采购不仅意味着订单，更重要的是一种示范作用，在采购时应优先考虑自主品牌车型。国资委在考核国有汽车工业大企业时，应该把自主创新列入考核范畴。在整车生产中，不允许外商把发动机、变速器项目单列出来由外方控股（王祖德，2008）。一汽大众、上海大众、广州丰田坚持中外双方 50:50 持股比例的同时，强调为其配套的发动机、变速器等配套总成也是该项目的一部分，也要50:50持股比例，正是基于这种考虑。

参考文献

［1］卜伟：《我国产业外资控制与对策研究》，《管理世界》2011 年第 5 期。

［2］卜伟、谢敏华、蔡慧芬：《基于产业控制力的中国装备制造业产业安全研究》，《中央财经大学学报》2011 年第 3 期。

［3］蔡翼飞、魏后凯、吴利学：《我国城市高端制造业综合成本测算及敏感度分析》，《中国工业经济》2010 年第 1 期。

［4］程宏伟、冯茜颖、张永梅：《资本与知识驱动的产业链整合研究》，《中国工业经济》2008 年第 3 期。

［5］何维达、何昌：《当前中国三大产业安全的初步估算》，《中国工业经济》2002 年第 2 期。

［6］纪宝成、刘元春：《对我国产业安全若干问题的看法》，《经济理论与经济管理》

2006 年第 9 期。

[7] 景玉琴：《警惕外资威胁我国产业安全》，《天津社会科学》2006 年第 1 期。

[8] 赖光耀：《我国外商直接投资的企业组织形式变化及其对策》，《国际经济》2010 年第 2 期。

[9] 李孟刚：《产业安全理论研究（第二版）》，经济科学出版社，2010。

[10] 李孟刚：《中国产业外资控制报告（2011－2012）》，社会科学文献出版社，2012。

[11] 李泳：《FDI 对中国农业控制力形成的决定因素研究》，《学习与探索》2016 年第 2 期。

[12] 刘兵权、王耀中：《分工、现代生产性服务业与高端制造业发展》，《山西财经大学学报》2010 年第 11 期。

[13] 刘兵权、王耀中、文凤华：《开放经济下现代生产性服务业、高端制造业与产业安全》，《社会科学家》2011 年第 5 期。

[14] 刘光明：《威海市发展高端制造业的若干思考》，《中国经贸导刊》2011 年第 23 期。

[15] 刘新民：《提高我国自主创新能力的对策建议》，《宏观经济研究》2005 年第 7 期。

[16] 刘阳：《我国高端制造业发展的战略取向》，《生产力研究》2011 年第 3 期。

[17] 罗军：《发展高端制造业要循序渐进》，《高科技与产业化》2011 年第 9 期。

[18] 邵昶、李健：《产业链"波粒二象性"研究》，《中国工业经济》2007 年第 9 期。

[19] 时慧娜、魏后凯、吴利学：《地区产业发展综合成本评价与改进政策——以北京市高端制造业为例形的研究》，《经济管理》2010 年第 6 期。

[20] 王祖德：《我国汽车行业产业安全及政策建议》，《汽车与配件》2008 年第 10 期。

[21] 吴金明、张磐、赵曾琪：《产业链、产业配套半径与企业自生能力》，《中国工业经济》2005 年第 2 期。

[22] 徐金勇：《深化新浦东规划的四点建议》，《浦东开发》2009 年第 9 期。

[23] 徐胜、张鑫：《基于区位商的青岛市高端制造业发展研究》，《理论探讨》2011 年第 2 期。

[24] 于蕾：《开放三十年来外商在华直接投资的区位结构演变及动因分析》，《世界经济研究》2008 年第 6 期。

[25] 郁义鸿：《产业链类型与产业链效率基准》，《中国工业经济》2005 年第 11 期。

[26] 张益丰：《基于 GVC 与 NVC 嵌套式地方产业集群升级研究—兼论高端制造业与生产者服务业双重集聚》，《上海经济研究》2010 年第 1 期。

[27] 张益丰、孙治宇：《高端产业市场性质与集聚形态研究——一个数理分析框架》，《软科学》2011 年第 7 期。

[28] 周晔、郭春丽：《我国高端制造业发展研究》，《开发研究》2012 年第 1 期。

[29] 祝年贵：《利用外资与中国产业安全》，《财经科学》2003 年第 5 期。

第五章　FDI 对中国产业对外依存度的影响

蒙代尔在 1957 年通过建立"2×2×2"的标准国际贸易模型（两个国家、两个产品和两种生产要素），认为 FDI 的产生是由于贸易壁垒的存在，所以投资与贸易是相互替代的。日本学者小岛清于 1977 年提出了 FDI 与国际商品贸易间互补关系的理论，即经济结构互补的两个国家之间所产生的国际贸易与国际直接投资也是互补的。要素禀赋理论阐述了经济发展水平与科学技术水平的差异是劳动密集型国家与资本密集型国家之间存在的两种主要差异，这两种差异使劳动密集型国家与资本密集型国家之间的国际直接投资实质是管理经验、资金、技术的综合体的转移，并且通过改变东道国的消费水平与生产函数以促进两国的贸易发展（陈继勇、陈臻，2006）。由此可以知道，FDI 的引入会对中国经济、贸易、资本、技术产生影响，影响到中国的产业对外依存度。

第一节　产业对外依存度的界定与发展阶段

一　产业对外依存度的界定

目前，国内学者提出了两个具有代表性的产业安全评价标准。一是"经济安全论坛"提出的制造业安全模型体系。二是由北京科技大学的何维达教授提出的产业安全指标体系。两个评价体系在研究产业安全时都把依存度考虑在内，不同的是制造业安全体系将外贸依存度、就业的外贸依存度、公司利润外贸依存度等作为国际经济关系的主要指标，国际经济关系是制造业安全与否的诱发因素之一。产业安全指标体系由产业国际竞争力评价指标、产业对外依存评价指标和产业控制力评价指标组成，产业对外依存评价指标又包括产业进口对外依存度、产业出口对外依存度、产业资本对外依存度、产业技术对外依存度。本章选取产业进口对外依存度、产业出口对外依存度、产业资本对外依存度、产业技术对外依存度这四个指标来研究依存度，是从指标数值变化与产业安全相关性来考虑的。这是因为就业的外贸依存度可以用制造业出口产品的产业工人占产业工人总数的比重来计算，公司利润外贸依存度可以用外贸获得的利润占公司总利润的比重来计算。但是就业的外贸依存度高并不说明产业安全状况不好；公司利润外贸依存度低也不证明产业安全状况良好，即这两个指标的高低并不能证明产业安全状况的好坏，也就是说，这两个指标数值的变化与产业安全之间缺乏相关性。产业安全指标体系不仅考虑到了外贸依存度，而且考虑到了产业资本对外依存度和产业技术对外依存度，资本对外依存度高，一旦外资撤离又没有足够的资本及时注入，将危及产业的生存安全。产业技术对外依存度高，一旦外方停止转让技术，产业自身的研究与开发能力又严重不足，将会影响其国际竞争力，影响其生存安全。相比之下，何维达提出的产业安全评价指标体系的指标数值变化与产业安全更具有相关性。

考虑到指标体系的系统性和指标可测性及精练性，参照何维达和何昌（2002）以及何维达、李冬梅、张远德（2007）年对产业进口对外依存度、产业出口对外依存度、产业资本对外依存度、产业技术对外依存度计算公式的选择。本章对产业对外依存度的四个指标的计算公式做以下规定：

$$产业进口对外依存度 = \frac{国内产业进口额}{产业国内生产总值} \tag{5.1}$$

$$产业出口对外依存度 = \frac{国内产业出口额}{产业国内生产总值} \tag{5.2}$$

$$产业资本对外依存度 = \frac{国内产业外商直接投资存量}{产业国内生产总值} \tag{5.3}$$

$$产业技术对外依存度 = \frac{技术引进经费}{技术引进经费 + R\&D 经费内部支出} \tag{5.4}$$

二　中国产业对外依存度的发展阶段

依据上文的分类，本节主要分析中国产业进出口对外依存度、产业资本对外依存度以及产业技术对外依存度。

（一）中国进出口对外依存度的发展阶段

根据公式 5.1 和 5.2 可以计算出 1983 ~ 2015 年中国的进、出口对外依存度，如图 5 - 1 所示。可以看出中国的进出口对外依存度大体上分为三个阶段。

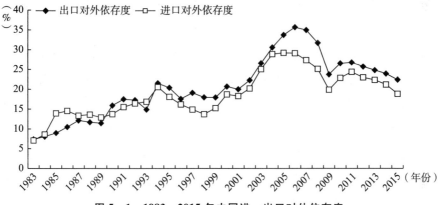

图 5 - 1　1983 ~ 2015 年中国进、出口对外依存度

资料来源：根据世界银行数据库数据整理、计算得到，http://data.worldbank.org.cn/indicator，最后访问日期，2016 年 7 月 20 日。

第一阶段，1983 ~ 1989 年，进出口对外依存度缓慢上升，进口对外依存度大于出口对外依存度的阶段。在这一阶段，进口对外依存度和出口对外依存度几乎均维持在 15% 以内，随着对外开放程度的不断扩大，中国进出口对外依存度均不断提高，但提高速度并不明显。由于国内资源紧缺和大量技术设备的进口，在这一阶段，进口对外依存度连续多年高于出口对外依存度，直到 1990 年，出口对外依存度才开始超过进口对外依存度。

第二阶段，1990 ~ 2006 年，进出口对外依存度快速上升，出口对外依存度大于进口对外依存度的阶段。在这一阶段，中国采取了一系列的宏观经济调控措施，使出口快速增长，出口对外依存度持续超过进口对外依存度。

第三阶段，2007 年至今，进出口对外依存度均缓慢下降，是出口对外依存度始终大于进口对外依存度的阶段。在这一阶段，虽然中国的进出口对外依存度缓慢下降，但由于中国加入了 WTO，对世界经济的依赖程度逐渐加强，对外贸易对中国经济的带动作用逐步加强，因此出口对外依存度一直维持在 20% 以上，进口对外依存度也始终维持在 15% 以上。

不同产业对外贸易依存度也是不同的，第一产业和第三产业进出口对外依存度比较小。前者对外依存度低是因为初级产品占中国出口总额的比重本身就很小，根据 2015 年《中国统计年鉴》的数据可以知道，2014 年中国初级产品的出口额为 1126.92 亿美元，占出口总额（23422.93 亿美元）的 4.81%；后者的对外依存度低是由于自身的可贸易程度本来就低。第二产业进出口对外依存度一直维持在较高水平，这是因为工业制成品的出口占了中国货物出口的绝大部分比重（以 2014 年为例，该比重为 95.19%）。

由上可知，一个国家三次产业的比重变化对进出口对外依存度有很大影响，三次产业的比重又与一国发展阶段有关。处于经济初级发展阶段的国家，第一产业比重较高，所有一般进出口对外依存度较低。另一方面，发达国家中可贸易程度较小的第三产业比重较高，所有发达国家进出口对外依存度一般也不高。处于经济发展中期阶段的国家由于较高比重的第二产业，不管是产品出口还是原材料进口，在很大程度上都依赖国际市场，所以进出口对外依存度较高。纵观美国、日本等发达国家的经济发展史，可以发现它们的进出口对外依存度也经历了由低到高、再由高到低的趋势变化。

（二）中国资本对外依存度的发展阶段

根据公式 5.3 可以计算出 1983～2014 年中国的资本对外依存度，如图 5-2 所示。从中可以看出中国资本对外依存度变化大致可以分为三个阶段。

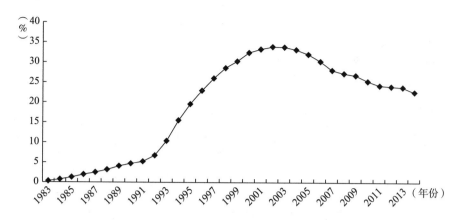

图 5 - 2　1983 ~ 2014 年中国资本对外依存度
资料来源：根据《中国统计年鉴》（1984 ~ 2015）相关数据整理、计算得到。

第一阶段，1983 ~ 1992 年，资本对外依存度缓慢上升阶段，虽然外资引进数额在增加，但是相对中国经济来说增长缓慢，这一阶段中国资本对外依存度处于安全阶段。

第二阶段，1993 ~ 2002 年，资本对外依存度快速增长阶段，在这一阶段中国出台了一系列招商引资的优惠政策，加上中国经济快速增长的吸引，大量外资流入中国，使中国资本对外依存度迅速增长，高于安全界限。

第三阶段，2003 年至今，中国产业对外依存度缓慢下降。虽然加入WTO 后，中国与世界的联系更加紧密，吸引外资数额也在不断扩大，但是因为中国国内需求不断扩大，吸引外资的增长速度不如中国国内生产总值增长速度快，因此中国产业资本对外依存度略有下降，但是整体水平较高。

（三）中国技术对外依存度的发展阶段

根据公式 5.4，可以计算出 2001 ~ 2014 年中国的技术对外依存度，如图 5 - 3 所示。可以看出，中国的技术对外依存度始终处于下降的趋势，从 2001 年的 39.26% 下降至 2014 年的 4.02%，下降幅度比较大。这就说明 2000 年以后，中国产业自主创新的能力有所提高。

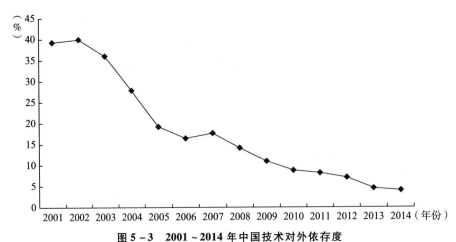

图 5 – 3　2001～2014 年中国技术对外依存度

资料来源：根据 2015 年《中国科技统计年鉴》数据整理、计算得到，统计项目为"中国历年大中型工业企业科技活动基本情况统计"。

通过以上数据可以看出，不管是进口对外依存度、出口对外依存度、资本对外依存度还是技术对外依存度，中国目前都处于较高水平，这也是中国产业发展的一个安全隐患，对国外经济及技术过于依赖，将会使中国产业更容易受到来自国际上的冲击。

第二节　FDI 对中国产业进出口 对外依存度的影响

一　变量的选择及数据来源

影响产业进出口对外依存度的因素有很多，王华和梁峰（2013）通过引入虚拟变量，发现在 2006 年及以前，FDI 的引入能够提高江苏省进出口对外依存度，2006 年以后由于受金融危机的影响，FDI 对进出口对外依存度产生了严重的消极影响。许统生（2003）认为影响贸易对外依存度的因素主要有三个：贸易形式、经济规模和汇率。综上，影响进出口对外依存度的因素有国内经济规模、一国经济发展阶段、FDI、汇率等。一个国内经济规模可以用 GDP 表示，中国处于发展中阶段，进出口对外依存度相对比较高，外商直接投资用 FDI 表示，汇率用实际有效汇率指数 ER 表示。考虑到 GDP 与 FDI 高度相关，所以建模过程中将不再考虑 GDP。此外，从数据的可获得性等原因考虑，本章选取出口对外依存度 FRE、外商直接投资 FDI、实际有效汇率指数 ER 建立模型 1，选取进口对外依存度 FRI、外商直接投资 FDI、实际有效汇率指数 ER 建立模型 2。

进出口对外依存度反映了一国经济对外贸的依赖程度，出口对外依存度可以用出口货物额除以 GDP 计算得出，具体见公式 5.5，进口对外依存度可以用进口额除以 GDP 计算得到，见公式 5.6：

$$FRE = EX/GDP \times 100\% \qquad (5.5)$$

$$FRI = IM/GDP \times 100\% \qquad (5.6)$$

其中，FRE 为按季度求得的产业出口对外依存度，FRI 为按季度求得的产业进口对外依存度，EX 为季度产业实际出口总额，IM 为季度产业实际进口总额，均需要用以 1978 年为基期的居民消费价格指数进行平减得到，单位为亿元；GDP 为季度产业实际国内生产总值，也需要用以 1978 年为基期的居民消费价格指数进行平减得到，单位为亿元。每一季度的 CPI 是将年度 CPI 增长额均分到四个季度计算得到的，具体计算方法分别见公式 5.7、5.8 和 5.9：

$$EX_t = EX'_t/CPI_t \times 100 \qquad (5.7)$$

$$IM_t = IM'_t/CPI_t \times 100 \qquad (5.8)$$

$$GDP_t = GDP'_t/CPI_t \times 100 \qquad (5.9)$$

公式 5.7、5.8 和 5.9 中的 IM'_t、EX'_t 为统计局网站上公布的月货物进口额和月货物出口额分别求和得到的季度货物出口额和进口额，GDP'_t 为统计局网站公布的季度国内生产总值。

FDI 使用的是自 1983 年以来的实际存量数据，单位为亿美元，也需要用以 1978 年为基期的居民消费价格指数进行平减得到，具体计算公式分别见公式 5.10 和 5.11：

$$fdi_t = fdi'_t/CPI_t \qquad (5.10)$$

$$FDI_t = \sum fdi_t \qquad (5.11)$$

公式 5.10 和 5.11 中，fdi_t 为经居民消费价格指数平减后的 t 年某季度全国外商直接投资实际投资数额，fdi'_t 为 t 年某季度全国外商直接投资统计数额，FDI_t 为全国外商投资到 t 年某季度的存量数额。

选用 FDI 存量而不是 FDI 流量作为模型的自变量，主要是出于 FDI 具有时滞性和累积性的考虑。由于直接投资的形式主要是技术、资本、无形资产等，要转化为产品输出国可能也需要有一定的时滞，并且从外资的流入到效果的生成常常存在着时差。此外，过去的 FDI 也会对当前的贸易绩效产生影响。以年为节点划分的 FDI 累积存量，既包含了 FDI 对出口贸易和经济发展的短期影响，也涵盖了长期影响。因此，FDI 值采用存量而非流量。

ER 为实际有效汇率指数（2010 年为基期），数据来自国际清算银行。实际有效汇率指数上升代表本国货币相对价值的上升，下降表示本国货币贬值。由于实际有效汇率不仅考虑了一国的主要贸易伙伴国货币的变动，而且剔除了通货膨胀因素，能够更加真实地反映一国货币的对外价值。

为了保证样本容量足够大，防止建立误差修正模型的参数较多，样本容量较小时，多数参数估计的精度较差的情况出现，本章选取 2000 年第一季度到 2015 年第四季度的季度数据来进行研究，以保证模型大样本的要求。其中，名义货物进出口额、名义产业生产总值、名义外商直接投资以及名义汇率数据均来自中国统计局网站，实际有效汇率指数来自国际清算银行，[①] 国际清算银行所列数据为月度数据，本节将季度 3 个月实际有效汇率指数进行平均获得季度数据。

二　平稳性检验

为了防止出现伪回归现象，要在对经济变量的时间序列进行回归分析之前，先进行平稳性检验。本节首先对 *FRE*、*FRI*、*FDI* 和 *ER* 序列进行对数化处理，然后用 ADF 法进行平稳性检验，得出 ADF 单位根检验结果，如表 5 - 1 所示。

---

① http://www.bis.org/statistics/eer/index.htm，最后访问日期，2016 年 7 月 20 日。

表 5 - 1　ADF 单位根检验结果

变量	检验形式（c, t, k）	ADF 检验统计量	5% 临界值	结论
ln*FRE*	（c, 0, 5）	- 1. 7258	- 2. 9126	不稳定
ln*FRI*	（c, 0, 4）	- 1. 6779	- 2. 9117	不稳定
ln*FDI*	（c, t, 1）	- 1. 3330	- 3. 4840	不稳定
ln*ER*	（c, t, 2）	- 0. 9140	- 3. 4852	不稳定
Δln*FRE*	（c, 0, 4）	- 3. 1363	- 2. 9126	稳定
Δln*FRI*	（c, 0, 4）	- 3. 2722	- 2. 9126	稳定
Δln*FDI*	（c, 0, 0）	- 3. 5402	- 2. 9092	稳定
Δln*ER*	（c, t, 1）	- 6. 1577	- 3. 4852	稳定

注：①使用的是 Eviews7 软件；②检验形式（c, t, k）分别表示单位根检验方程带有常数项、趋势项和滞后阶数；③Δ 表示差分算子，k 的取值取决于 AIC 和 SC 准则。

通过表 5 - 1 可以看出 ln*FRE*、ln*FRI*、ln*FDI* 和 ln*ER* 是一阶平稳时间序列，这就说明 ln*FRE*、ln*FDI* 和 ln*ER* 三个变量以及 ln*FRI*、ln*FDI* 和 ln*FER* 三个变量可能分别存在协整关系。

三　Jonhamson 协整分析

上文已经通过 ADF 检验得知所有变量都是一阶单整的，那么接下来需要利用协整检验来判断变量间是否存在长期的稳定关系。

协整检验主要有两种方法：一种是 Engel 和格栏杰提出的基于协整回归方程残差项的两步法平稳性检验；另一种是 Jonhamson 协整检验。值得指出的是，前一种方法在检验两个变量之间关系时较为常用。后者是基于 VAR 模型的一种检验方法，但也可直接用于多变量间的协整检验。本节的两个模型均涉及三个变量，所以采用 Jonhamson 协整分析。

Jonhamson 检验不是一次能完成的独立检验，而是一种针对不同取值的连续检验过程。Eviews 从检验不存在协整关系的零假设开始，其后是最多一个协整关系，直到最多（N - 1）个协整关系，共需进行 N 次检验。

（一）模型 1 的 Jonhamson 协整分析

本节选取出口对外依存度 $\ln FRE$、$\ln FDI$、实际有效汇率指数 $\ln ER$ 建立模型 1。在做协整检验之前，首先用赤池信息准则（AIC）和施瓦茨（SC）准则对模型 1 中三个变量 $\ln FRE$、$\ln FDI$、$\ln ER$ 最大滞后阶数 p 值进行选择，模型 1 中检验统计量和准则随 p 发生变化，变化结果如表 5-2 所示。

表 5-2　模型 1 中检验统计量和准则随 p 的变化

Lag	LogL	LR	AIC	SC	HQ
1	91. 0225	NA	0. 0000	−2. 9838	−2. 8782
2	356. 4668	494. 8963	0. 0000	−11. 6768	−11. 2543
3	380. 7890	42. 8730	0. 0000	−12. 1962	−11. 4568
4	389. 8628	15. 0717	0. 0000	−12. 1987	−11. 1424
5	422. 1802 *	50. 3932 *	0. 0000 *	−12. 9892 *	−11. 6159 *

注：" * " 表示按照不同的方法所确定的滞后阶段。

由表 5-2 可知，模型 1 的滞后阶数 $p = 5$。

在 Jonhamson 协整检验窗口选择序列有线性趋势但协整方程只有截距的结构假设，并且模型无外生变量，内生变量滞后阶数为（$p - 1 = 4$），$\ln FRE$、$\ln FDI$ 和 $\ln ER$ 协整关系检验结果见表 5-3。

表 5-3　$\ln FRE$、$\ln FDI$ 和 $\ln ER$ 协整关系检验结果

原假设 协整方程数目	迹统计量 Trace Statistic	迹统计临界值 5%	最大特征值 Max - Eigen	最大特征值统计临界值 5%
没有	32. 772	29. 7971	25. 0720	21. 1316
至多 1 个	7. 6996	15. 4947	4. 3111	14. 2646
至多 2 个	3. 3885	3. 8415	3. 3885	3. 8417

迹统计量和最大特征值统计量检验都表明在 5% 的显著性水平下，$\ln FRE$、$\ln FDI$ 和 $\ln ER$ 之间仅存在一个协整方程，得出的长期协整关系可以表示为公式 5.12。

$$\ln FRE = 15. 390 + 0. 4882 \ln FDI - 3. 0812 \ln ER \tag{5.12}$$

由公式 5.12 可知产业出口对外依存度 FRE 和外商直接投资 FDI、实际有效汇率指数 ER 的弹性系数分别为 0.4882 和 - 3.0812，这是长期均衡关系。外商直接投资 FDI 每增加 1% 将带动中国产业出口对外依存度提高 0.4882%，这与前面所预期的 "外商直接投资 FDI 增加可能会提高中国产业出口对外依存度" 相符。实际有效汇率指数每增加 1%，可以引起产业出口对外依存度下降 3.0812%，说明汇率变动对产业出口对外依存度的影响较大。

（二）模型 2 的 Jonhamson 协整分析

本节选取进口对外依存度 $\ln FRI$、$\ln FDI$、实际有效汇率指数 $\ln ER$ 建立模型 2，分析过程同模型 1。模型 2 中检验统计量和准则随 p 的变化而变化。最大滞后阶数选择结果如表 5 - 4 所示。

表 5 - 4　模型 2 中检验统计量和准则跟随 p 的变化

Lag	LogL	LR	AIC	SC	HQ
1	86.4884	NA	0.0000	- 2.8301	- 2.7245
2	347.5349	486.6970	0.0000	- 11.3741	- 10.9515
3	372.3013	43.6560	0.0000	- 11.9085	- 11.1691
4	384.7597	20.6935	0.0000	- 12.0258	- 10.9694
5	415.4446 *	47.8476 *	0.0000 *	- 12.7608 *	- 11.3876 *

注："＊" 表示按照不同的方法所确定的滞后阶段。

由表 5 - 4 可知，模型 2 的滞后阶数 $p = 5$。

与模型 1 类似，对模型 2 进行 Jonhamson 协整检验，结果见表 5 - 5。

表 5 - 5　$\ln FRI$、$\ln FDI$ 和 $\ln ER$ 协整关系检验结果

原假设 协整方程数目	迹统计量 Trace Statistic	迹统计临界值 5%	最大特征值 Max - Eigen	最大特征值统计临界值 5%
没有	45.8752	29.7971	35.9423	21.1316
至多 1 个	9.9328	15.4947	6.6245	14.2646
至多 2 个	3.3084	3.8415	3.3084	3.8415

迹统计量和最大特征值统计量检验都表明在 5% 的显著性水平下，$\ln FRI$、$\ln FDI$ 和 $\ln ER$ 之间仅存在一个协整方程，得出的长期协整关系可以表示为公式 5.13：

$$\ln FRI = 12.275 + 0.3624\ln FDI - 2.5310\ln ER \qquad (5.13)$$

由公式 5.13 可知，产业进口对外依存度 FRI 和外商直接投资 FDI、实际有效汇率指数 ER 的弹性系数分别为 0.3624 和 -2.5310，这是长期均衡关系。也就是说，FDI 每增加 1%，可以导致产业进口对外依存度增加 0.3624%，这与 FDI 对产业出口对外依存度的影响方向相同。实际有效汇率指数对进口对外依存度的影响要小于对出口对外依存度的影响。

四 格兰杰因果检验

协整检验只能证明变量间存在长期的均衡关系，但是变量间是否具有相关关系，要用格兰杰因果关系检验确定。所以要对 $\ln FRE$、$\ln FDI$、$\ln ER$ 以及 $\ln FRI$、$\ln FDI$、$\ln ER$ 进行格兰杰因果关系检验，研究变量间的相关关系。

对模型 1 和模型 2 中变量进行格兰杰因果关系检验。检验结果分别如表 5-6 和表 5-7 所示。

表 5-6 模型 1 中格兰杰因果关系检验结果

样本：2000 年第一季度至 2015 年第四季度			
原假设	观察值	F 值	P 值
$\ln FDI$ 不是 $\ln FRE$ 的格兰杰原因	62	2.838	0.048
$\ln FRE$ 不是 $\ln FDI$ 的格兰杰原因	62	1.316	0.280
$\ln ER$ 不是 $\ln FRE$ 的格兰杰原因	62	4.362	0.017
$\ln FRE$ 不是 $\ln ER$ 的格兰杰原因	62	0.317	0.813
$\ln ER$ 不是 $\ln FDI$ 的格兰杰原因	62	1.480	0.236
$\ln FDI$ 不是 $\ln ER$ 的格兰杰原因	62	1.696	0.193

由表 5-6 可知，在 5% 显著水平下，$\ln FDI$ 和 $\ln ER$ 是 $\ln FRE$ 的格兰杰原因，即 $\ln FDI$ 和 $\ln ER$ 的变动可以引起 $\ln FRE$ 的变动。

表 5 - 7 模型 2 中格兰杰因果关系检验结果

样本：2000 年第一季度至 2015 年第四季度			
原假设	观察值	F 值	P 值
lnFDI 不是 lnFRI 的格兰杰原因	62	3.291	0.028
lnFRI 不是 lnFDI 的格兰杰原因	62	1.017	0.368
lnER 不是 lnFRI 的格兰杰原因	62	8.636	0.001
lnFRI 不是 lnER 的格兰杰原因	62	0.515	0.600
lnER 不是 lnFDI 的格兰杰原因	62	1.480	0.236
lnFDI 不是 lnER 的格兰杰原因	62	1.696	0.193

由表 5 - 7 可知，在 5% 显著水平下，lnFDI 和 lnER 是 lnFRI 的格兰杰原因，即 lnFDI 和 lnER 的变动可以引起 lnFRI 的变动。

五 误差修正模型

通过协整方程和格兰杰因果关系检验，可以确定产业出口对外依存度 FRE 与 FDI、实际有效汇率指数 ER 之间的长期均衡关系以及进口对外依存度 FRI 与 FDI、ER 之间的长期均衡关系。但是却没有考虑各变量短期不均衡的情况。因此，为了研究长期均衡与短期调整之间的关系，在各变量间协整关系的基础上建立误差修正模型，分别见公式 5.14 和公式 5.15：

$$\Delta\ln FRE = \alpha_t + \sum_{i=1}^{p-1} a_{1i}\Delta\ln FRE_{t-i} + \sum_{i=1}^{p-1} b_{2i}\Delta\ln FDI_{t-i} + \sum_{i=1}^{p-1} c_{3i}\Delta\ln ER_{t-i} + \delta ECM_{t-1} + \varepsilon_t$$

$$(5.14)$$

$$\Delta\ln FRI = \alpha_t + \sum_{i=1}^{p-1} a_{1i}\Delta\ln FRI_{t-i} + \sum_{i=1}^{p-1} b_{2i}\Delta\ln FDI_{t-i} + \sum_{i=1}^{p-1} c_{3i}\Delta\ln ER_{t-i} + \delta ECM_{t-1} + \varepsilon_t$$

$$(5.15)$$

建立的带协整约束的误差修正模型拟合结果见表 5 - 8。

表 5 - 8 带协整约束的误差修正模型拟合结果

	$\Delta\ln FRE$	$\Delta\ln FRI$
ECM_{t-1}	- 0.7913	- 1.5454
	(0.2088)	(0.2849)

续表

	$\Delta\ln FRE$	$\Delta\ln FRI$
$\Delta\ln FRE_{t-1}$	− 0.0131 (0.1706)	
$\Delta\ln FRE_{t-2}$	− 0.1335 (0.1306)	
$\Delta\ln FRI_{t-1}$		0.4138 (0.2141)
$\Delta\ln FRI_{t-2}$		0.1653 (0.1408)
$\Delta\ln FDI_{t-1}$	2.6197 (1.4006)	2.0370 (1.5833)
$\Delta\ln FDI_{t-2}$	− 0.4747 (1.4528)	− 1.9326 (1.6094)
$\Delta\ln ER_{t-1}$	− 0.2172 (0.8209)	− 0.2221 (0.9438)
$\Delta\ln ER_{t-2}$	0.6003 (0.8345)	0.8979 (0.8677)
C	− 0.0600 (0.0337)	− 0.1112 (0.0344)
R^2	0.4585	0.5757
F 统计量	6.4102	10.2722

注：表中括号里的数值为标准误。

模型 1 中，误差修正系数等于 − 0.7913，说明存在一种反向修正机制。误差修正模型表明：在短期内，外商直接投资 FDI 和实际有效汇率指数 ER 可能偏离它们与产业出口对外依存度 FRE 的长期均衡水平，但它们的可以由误差修正系数进行调整，使其恢复到均衡状态，上一年度的非均衡误差以 0.7913 的比率对本年度的产业出口对外依存度 FRE 增长做出迅速调整，修正产业出口对外依存度 FRE 的偏离。$\Delta\ln FDI_{t-1}$ 的系数为 2.6197，表明短期内外商直接投资 FDI 对产业出口对外依存度 FRE 有较强的正向拉动作用，$\Delta\ln FDI_{t-2}$ 系数为 − 0.4747，表明二阶滞后项对产业出口对外依存度 FRE 有较弱的负向拉动作用。

模型 2 中，误差修正系数等于 − 1.5454，说明短期内误差修正项

ECM_{t-1} 对 $\Delta \ln FRI$ 的调整比例约为 1.5454%，误差修正幅度较大，产业进口对外依存度 FRI 变化量偏离均衡的情况能够迅速修正回来。$\Delta \ln FDI_{t-1}$ 系数为 2.0370，表明一阶滞后项对产业进口对外依存度 FRI 有较强的正向拉动作用，但是拉动效果要小于对出口对外依存度 FRI 的拉动效果，$\Delta \ln FDI_{t-2}$ 系数为 -1.9326，表明二阶滞后项对产业出口对外依存度 FRI 有负向拉动作用。

第三节 FDI 对中国资本对外依存度的影响

一般认为，当产业资本对外依存度在区间 [10%，100%] 时，产业资本对外依存度较高，当产业资本对外依存度在区间 [5%，10%) 时，产业资本对外依存度一般，当产业资本对外依存度在区间 (0，5%) 时，产业资本对外依存度较低（佟东，2011）。

从图 5-2 可以看出，1993 年之前，资本对外依存度缓慢上升，虽然外资引进数额在增加，但是相对中国经济来说增长缓慢，这一阶段中国资本对外依存度处于安全阶段。1993~2002 年，资本对外依存度快速增长，在这一阶段中国出台了一系列招商引资的优惠政策，加上中国经济快速增长的吸引，大量外资流入中国，使中国资本对外依存度迅速增长，高于安全界限。2003 年，特别是加入 WTO 以来，中国资本对外依存度有着明显的下降趋势。

较高的资本对外依存度决定了 FDI 不仅会对过去和现在中国产业结构调整和产业发展产生影响，而且将有可能影响中国产业结构的演进。这是因为，外资企业拥有雄厚的资本，加上中国给外资企业的一些优惠政策，使在竞争性和市场化程度高的产业，内资企业落于下风，被外资大量地抢占国内市场和资源创造了条件，挤占了部分行业内资企业的生存空间，抑制了内资企业的规模效应。因此在如何不影响中国经济发展的前提下，逐渐降低中国产业资本对外依存度，是一个关乎产业发展与国家经济安全的重要问题。中国目前 FDI 数额虽然较大，但是占中国每年的固定资本形成额并不高，中国资本对外依存度还是相对较低，可以在维持中国产业安全的前提下，适当地引进外资。

第四节　FDI 对中国技术对外依存度的影响

对外技术依存度是指一国总技术中，引进国外的技术所占的比例，是建设创新型国家的四个总量指标之一，也是测算一国技术对外依赖程度的指标。随着世界市场的扩大，技术贸易得到了进一步的繁荣发展，当技术贸易被人们从贸易依存角度来审视时，对外技术依存度便成为一个国际上反映国家经济技术对外依赖程度的通用指标。一般而言，一个国家的技术对外依存度的越高，该国的经济发展受外国技术的制约越严重，反之，表明该国自主创新能力越高。对于发展中国家，在发展初期需要引进大量国外技术，以求迅速发展，所以其对外技术依存度较高属于"正常"现象。但是如果经过一定时期的发展，该国的技术对外依存度仍然一直居高不下，应引起相应部门的警惕，因为这意味着该国科技的发展很可能陷入对国外发达国家技术高度依赖，导致该国经济发展过分依赖，不利于社会经济的长期、安全、稳定的发展。由于国家之间存在科研方向的差异和科技发展水平的差距，技术对外依存度不仅是衡量一个国家技术创新与发展对国外技术的依赖程度越强弱的指标，而且可作为衡量发展中国家利用和吸收其他国家的先进技术，实施跨越发展的重要指标。

在经济全球化深入发展和对外开放不断深化的条件下，中国经济同世界经济的联系日益紧密，特别是中国加入 WTO 后，中国市场准入限制逐步降低或撤除，同时中国不断推出的新的引资优惠政策以及快速发展的市场等多重因素，使进入中国的外资企业增长迅速，内外资企业竞争加剧。根据波斯纳的技术差距理论，技术作为一种生产要素，虽然每个国家纵向来说，科技水准一直在提高，但是在各个国家的横向技术发展水准不一样，使技术先进的国家存在技术比较优势，出口技术密集型产品。存在技术比较劣势的国家，进口技术密集型产品并对技术进行的模仿，对出口国来说，这种比较优势会逐渐消失，由此引起的贸易也就结

束，进口国掌握了此项技术。罗默、卢卡斯等人的新经济增长理论认为
获得技术的渠道有两条：对于中国内资企业来说，一是通过研发拥有
自主知识产权的技术主动获得；二是通过引进技术、设备被动获得，
这种方式可以实现技术的跨越式追赶。跨国公司在国内不断地由原始
的组装加工向技术应用及应用开发转移，以达到其业务拓展的目的，
这使跨国公司的 R&D 活动不断增加，R&D 经费支出也快速增长，使其
成为国内 R&D 活动的一支重要力量，但是他们在中国设立 R&D 机构
大都是为了利用中国低廉的人力资源，从事的也主要是低端环节技术
创新活动，在全球创新网络中的国际分工地位并不高，跨国公司为了
实现其技术的垄断，设置一系列的技术外溢防范措施，使他们的研发
创新，不会被中国企业掌握。这也就是说，跨国公司的 R&D 行为虽然
名义上属于国内 R&D 的一部分，但是其充当的实际作用和技术引进是
一样的。

　　因此在全球化条件下，技术对外依存度的测算仅仅以对外国的贸易
为基础已经不符合实际情况，应扩大为以对外资的依存为基础，即计算
口径既包括中国对外国的技术贸易，也应包括在华外资企业和研究机构
（"三资"企业）的 R&D 经费支出（张赤东、郭铁成，2012），具体计算
方法见公式 5.16：

$$FRD = (FI + TR)/(FI + FR) \times 100\% \tag{5.16}$$

　　公式 5.16 中，FRD 为经过全球化调整（考虑到"三资"企业
R&D 经费）的技术对外依存度，FI 为国外引进技术经费，TR 为"三
资"企业 R&D 经费，FR 为国内 R&D 经费支出。考虑到大中型工业企
业是中国技术创新的骨干核心力量，在技术引进和 R&D 活动中占据重
要地位，代表着中国技术创新发展方向，《中国科技统计年鉴》中有关
于大中型工业企业比较完整的统计数据，所以下面以大中型工业企业
为例，分别计算 2001~2014 年经全球化调整前后的中国工业技术对外
依存度，计算结果如表 5-9 所示。

表 5 - 9 2001 ~ 2014 年经全球化调整前后的大中型工业企业技术对外依存度

单位：亿元，%

年份	"三资" R&D 经费 （亿元）	调整后技术对外依存度 （%）	调整前技术对外依存度 （%）
2001	183. 45	64. 45	39. 26
2002	229. 16	64. 51	39. 94
2003	166. 64	50. 79	36. 00
2004	299. 50	50. 47	27. 82
2005	325. 56	40. 23	19. 18
2006	444. 43	39. 21	16. 43
2007	615. 21	41. 63	17. 64
2008	823. 75	40. 50	14. 11
2009	996. 78	38. 60	10. 95
2010	1048. 27	32. 59	8. 77
2011	1496. 57	35. 37	8. 16
2012	1571. 86	35. 26	7. 07
2013	1892. 82	26. 25	4. 52
2014	2032. 54	25. 10	4. 02

资料来源：根据《中国科技统计年鉴》（2002 ~ 2015）相关数据整理、计算得到。

由表 5 - 9 可知，2014 年考虑全球化因素的调整后技术对外依存度为 25. 10%，而未考虑全球化因素的调整前技术对外依存度仅为 4. 02%，两者之间的差额反映的是外资企业对中国技术对外依存度的影响。将考虑到外资企业后计算出的调整后技术对外依存度与调整前技术对外依存度进行比较，很明显，考虑到外资企业调整后的对外技术依存度比调整前技术对外依存度要高，变化也要相对缓和一些，也符合人们的经验判断，能够更加全面、客观地反映中国产业技术对外依存度的发展状况。这主要体现在以下两个方面：一方面，自 2001 年开始，中国对外技术依存度大幅下降，这在一定程度上说明中国自主创新能力有了大幅的提升；另一方面，在当前的发展阶段，中国技术对外依存度还处在一个相对较高的水平，这表明目前外资 R&D 和国外技术引进对中国经济技术发展影响还是很大，是实现跨越发展一个必不可少的因素。

随着社会经济科技的发展，我们正处于一个全新的发展时期，必须以自主创新作为中国的发展战略。当前科学技术是第一生产力，特别是核心技术，已经成为国家的核心竞争力，成为经济发展最重要的生产要素。因此，在关系国家和产业发展的核心技术和关键技术方面，我们必须掌握更多的自主知识产权，掌握产业发展的核心技术，集中力量，自主研发高、精、尖技术，增强经济发展的持续性和自主性。同时也要认识到，加强技术引进、消化吸收再创新的根本目的还是增强我们的经济实力和科技实力，掌握更多的核心技术和自主知识产权，提高中国的自主创新能力。

第五节　本章小结

从整体上来看，现阶段中国产业出口对外依存度、产业进口对外依存度、产业资本对外依存度都还处于较高的水平，过高的对外依存度会使出口与国内经济的联系不紧密，导致出口结构升级对国内企业带动作用小，使出口结构升级变化对国内产业结构升级和技术进步作用的影响有限，贸易对经济增长的拉动作用减弱，还会在资本和技术上形成对国际市场的长期依赖。

目前对于 FDI 注重的不应该只是数量，更重要的是对吸引来的外资合理布局。通过资金的正确带动，引导和促进产业间及产业内的合理布局，达到优化整体经济结构的目的，更好地实现国民经济高效、可持续的发展（朱华斌，2007）。因此，提出如下对策和建议。

（1）建立市场准入制度。国际资本进入中国市场主要有两个原因。一个原因是利用中国廉价的自然资源以及人力资源，这种类型的投资的目的在于获取充足的原材料以及各种生产要素以便缓解或解决本国生产资料短缺的困局。另一个原因是开拓中国市场，这种类型 FDI 立足于稳定的国内市场，跨国公司通过在东道国进行直接投资来拓展东道国市场，甚至世界市场，以规避贸易壁垒。通过实证分析，了解到长期来看，FDI 的增加将提高中国产业进口对外依存度，外资的大量引入，对中国资源市场过量掠夺，必然引起中国对国际资源的需求增加，提高中国进口对外依存度。因此，为避免外资对中国资源和市场的过量的掠夺和占有，应完善市场准入制度，对外资流向进行严格把关，尽量避免自然资源寻求型资本的引入。

（2）人民币合理升值。通过实证分析可以发现，人民币升值可以引起中国产业进出口对外依存度的下降。目前中国出口的产品以高污染、高耗能、低附加值的产品为主，产品利润很低，以薄利多销的方式获得贸易利润。人民币升值后，会使这些企业出口的产品在国际上失去价格优势，这种高污染、高耗能、低附加值的产品在国际上需求价格弹性较高，价格的上升将严重影响产品的出口数量，出口数量的下降将影响企业的长期发展，最终企业将面临两项抉择：一关门倒闭；二进行产业升级，提高产业附加值。所以，人民币合理升值，不仅能降低中国产业进出口对外依存度，而且能在一定程度上促进产业升级。

（3）优化国内金融环境。资本对外依存度较高一个很大的原因是中小企业融资难，目前金融环境的限制是导致国际跨国集团能够以极大优势对中国许多中小企业实现并购的主要原因。跨国并购是 FDI 的主要方式，是跨国公司等投资主体通过一定的程序和渠道，取得东道国某个现有企业的全部或部分资产的所有权的投资行为。中小企业融资难问题是一个制约中小企业发展的主要因素，融资难主要体现在融资渠道狭窄，并且获准比例较低。与此同时，中国对外商推出的引资优惠政策，使外国资本进入中小企业并对其实行并购变得非常容易。因此，优化国内金融环境，有助于拓宽中小企业的融资渠道，减少跨国集团对中国中小企业的并购，加快中小企业的发展，有助于降低产业对外依存度，促进中国产业安全。

（4）提高利用 FDI 的质量。在引进 FDI 时不能只重视数量，应该更加重视提高利用 FDI 的质量，加强本土技术的吸收能力。FDI 技术正面溢出效应在众多研究中得到证明，但更要考虑利用 FDI 的质量，过多地利用低层级的 FDI 对今后中国出口贸易结构优化的作用将越来越有限，且有可能产生消极影响。同时，提高本土技术对外资技术的配套能力、吸收能力及学习能力，进一步完善企业研发投入政策体系。

（5）加强自主创新能力的培养。这主要从国家、企业及科研机构方面入手。从国家层面看，政府投资应集中于基础研究，对风险较高的高科技行业加大投资，保证国家的有效投入机制的形成，直接提高中国在某些领域的科技水平，还需要通过税收等环节，对企业研发给予优惠政策；另外，企业应该成为研发投入的主体，中国企业在自主研发的过程中，面临着跨国公司这一强大的竞争主体，可能在形成自主创新前就被跨国公司击垮，可以在企业间形成创新联盟，来减少本土企业恶性竞争并能合力应对跨国公司的竞争。还要促进学校和科研院所的联盟，加快科研成果的社会和经济效益的实现。

参考文献

［1］鲍洋：《“金砖国家”引进 FDI 的经济增长效应比较研究》，《对外经济贸易大学学报》2013 年第 2 期。

［2］陈继勇、秦臻：《外商直接投资对中国商品进出口影响的实证分析》，《国际贸易问题，2006 年第 5 期。

［3］陈明、魏作磊：《中国服务业开放对产业结构升级的影响》，《经济学家》2016 年第 4 期。

［4］陈石清：《对外直接投资与出口贸易，第实证比较研究》，《财经理论与实践》2006 年第 1 期。

［5］陈守东、张凤元：《外商直接投资对中国出口贸易的影响分析》，《理论探讨》2012 年第 1 期。

［6］崔大沪：《中国外贸依存度的分析与思考》，《世界经济研究》2004 年第 4 期。

［7］戴志敏、罗希晨：《我国外商投资与出口贸易关联度分析》，《浙江大学学报》（人文社会科学版）2006 年第 38 卷第 6 期。

［8］何维达：《中国“入世”后的产业安全问题及其对策》，《经济学动态》2001 年第 11 期。

［9］何维达、何昌：《当前中国三大产业安全的初步估算》，《中国工业经济》2002 年第 2 期。

［10］何维达、李冬梅、张远德：《FDI 对我国产业安全的影响及其对策》，《生产力研

究》2007 年第 24 期。

[11] 何维达、潘玉璋、李冬梅：《产业安全理论评价与展望》，《科技进步与对策》2007 年第 4 期。

[12] 何兴强、欧燕、史卫、刘阳：《FDI 技术溢出与中国吸收能力门槛研究》，《世界经济》2014 年第 10 期。

[13] 黄志勇、王玉宝：《FDI 与我国产业安全的辨证分析》，《世界经济研究》2004 年第 6 期。

[14] 靳涛、沈斌：《FDI 与国内资本投资对经济增长影响效率的比较—基于我国转型期的一个实证研究》，《国际贸易问题》2008 年第 3 期。

[15] 景玉琴：《产业安全评价指标体系研究》，《经济学家》2006 年第 2 期。

[16] 景玉琴：《政府规制与产业安全》，《经济评论》2006 年第 2 期。

[17] 康赞亮、张必松：《FDI、国际贸易及我国经济增长的 Jonhamson 协整分析与 VECM 模型》，《国际贸易问题》2006 年第 2 期。

[18] 李成强：《我国产业安全形势分析与政策建议》，《广西社会科学》2008 年第 8 期。

[19] 李孟刚：《中国产业安全问题研究》，社会科学文献出版社，2013。

[20] 龙少波、张军：《外贸依存度、外资依存度对中国经济增长影响——基于 ARDL – ECM 边限协整方法》，《现代管理科学》2014 年第 9 期。

[21] 马虎兆、唐家龙、李春成：《我国对外技术依存度的测算与分析》，《科技进步与对策》2007 年第 24 卷第 9 期。

[22] 齐良书：《出口、外国直接投资流入与中国经济增长关系的实证研究》，《财经问题研究》2006 年第 1 期。

[23] 秦超、朱林波：《FDI 与安徽 GDP 增长关系的实证分析》，《财贸研究》2009 年第 20 卷第 4 期。

[24] 曲秋霞：《FDI 对 GDP 增长的影响评价——基于山东省产业的实证研究》，《经济问题》2010 年第 1 期。

[25] 谭晶荣、张德强：《对我国利用 FDl 项目中环境保护问题的思考》，《国际贸易问题》2005 年第 5 期。

[26] 佟东：《中日经济相互依赖性对中国产业安全的影响研究》，《东北亚论坛》2011 年第 6 期。

[27] 万正晓、张永芳、王鸿昌：《中国经济对外依存度实证分析与对策研究》，《国际贸易问题》2006 年第 4 期。

[28] 王华、梁峰：《外商直接投资对江苏省进出口贸易影响的实证分析》，《统计与信息论坛》2013 年第 28 卷第 2 期。

[29] 王俭、李雪松：《外商直接投资与中国出口关系的面板数据分析》，《北京交通大

学学报》（社会科学版）2005 年第 4 卷第 1 期。

[30] 王志伟、侯艺：《外商直接投资对中国出口的促进作用：2000～2008——基于贸易引力模型的分析》，《社会科学研究》2011 年第 6 期。

[31] 文东伟：《FDI、出口开放与中国省区产业增长》，《金融研究》2013 年第 6 期。

[32] 吴德进：《福建省 FDI、对外贸易与经济增长关系的实证研究》，《国际贸易问题》2007 年第 10 期。

[33] 向铁梅：《国际贸易与直接投资的关系及其中国情况的实证分析》，《世界经济研究》2003 年第 3 期。

[34] 许统生：《我国实际贸易依存度的评估与国际比较》，《经济学动态》2003 年第 8 期。

[35] 杨新房、任丽君、李红芹：《外国直接投资对国内资本"挤出"效应的实证研究——从资本形成角度看 FDI 对我国经济增长的影响》，《国际贸易问题》2006 年第 9 期。

[36] 姚佐文、陈信伟：《滞后效应视角下的 FDI、R&D 对我国技术创新能力的影响及演变》，《预测》2012 年第 2 期。

[37] 袁海霞：《FDI 与中国产业安全》，《经济与管理》2007 年第 21 卷第 10 期。

[38] 张赤东、郭铁成：《基于全球化视角的对外技术依存度测算方法及预测》，《统计研究》2012 年第 29 卷第 4 期。

[39] 张红霞、李平、王金田：《FDI 流入与东道国出口贸易关系探讨》，《亚太经济》2005 年第 2 期。

[40] 朱华斌：《FDI 与 GDP 及国际贸易相关性的实证研究》，《财经问题研究》2007 年第 1 期。

[41] Cuadros, V. Orts, M. Alaguacil, "Openness and Growth: Re-Examining Foreign Direct Investment, Trade and Output Linkages in Latin America," *The Journal of Development Studies* 4 (2004).

[42] Martínez V., M. Bengoa, B. Sánchez-Robles, "Foreign Direct Investment and Trade: Complements or Substitutes? Empirical Evidence for the European Union," *Technology and Investment* 2 (2012).

第二篇　基于产业经济学理论框架的分析

产业经济学的研究范畴包括产业组织、产业结构、产业布局和产业政策四部分，李孟刚（2010）基于产业经济学理论框架，将产业安全分为产业组织安全、产业结构安全、产业布局安全和产业政策安全。

产业组织安全是指某一国家或地区的产业持续增长，产业内企业处于有效竞争的状态。这里的有效竞争是指建立在一定企业数量和企业规模基础上的竞争，可以引致企业获利和规模经济的双重效率；在开放经济中，产业组织安全是指一国或地区的产业组织有助于优化资源配置，有效抵御外国经济侵袭及提升产业国际竞争力等（李孟刚，2006）。

产业结构安全主要包括产业结构高度化和产业结构合理化两个方面。其中产业结构高度化是指产业机构从低水平状态向高水平状态的发展，沿着第一、二、三产业的方向，劳动密集型到资本密集型到技术密集型产业的方向，低附加价值产业到高附加价值产业的方向演变；产业结构合理化主要是指产业与产业之间协调能力的加强和关联水平的提高，包括产业之间的产业素质是否协调、联系方式是否协调、相对地位是否协调、供给与需求是否适应等方面（李孟刚、蒋志敏，2008）。

产业布局安全是指产业在一国或一地区空间范围内进行的，通过降低交易费用，促进知识、制度和技术的创新和扩散，实现产业和产品的更新换代来建立生产成本、产品差异化、区域营销以及信息费用等方面竞争优势以实现产业结构优化、产业竞争力提升，并且有利于抵御外部经济侵袭的组合和空间分布（李孟刚，2006）。

产业政策安全指的是一国政府能够维持对本国产业发展决策的独立性、及时性和正确性，如果产业政策目标能够独立、及时并且正确地确立和实施，那么产业政策安全就能够保证。因此可以认为，产业政策安全与否取决于产业政策目标的正确性和产业政策执行手段的有效性。

第六章　FDI 对中国产业组织
安全的影响

目前，中国虽已具备成为世界制造中心的能力，但中国远未成为真正的世界制造中心。因为，尽管中国在世界制造业中的地位不断提高，但在世界占有主导地位的企业和产品尚较为缺乏。其原因有：①产业集中度低，企业小而散，技术创新能力弱，产品知名度低，品牌效应不强，在产业中影响力小；②中国小规模企业多且分工协作水平低下，无序竞争问题突出，规模经济实现程度较低，成本竞争压力大。中国主要产业部门的企业组织状况出现了一些新气象：产业部门生产集中度下降趋势趋缓，大企业在产业中的主要地位加强，但总体而言，中国目前的产业组织状况仍不容乐观。

在商务部的 13 个重点监测行业中，机械制造业和电子信息产业均为重要国家战略产业，由于机械制造业中外资投资主营业务收入占比与电子信息产业相比较小，同时，电子信息产业中，外资企业数目不断增多。因此，鉴于外资企业在电子信息产业中的比例不断增大，以及电子信息产业在中国经济发展中的重要战略地位，本章选择电子信息产业为主要研究对象，分析 FDI 对中国电子信息产业组织安全的影响。

第一节　产业组织安全的界定

明确"产业组织安全"的概念之前，要首先清楚什么是产业组织。产业组织理论主要是从理论上研究各产业内厂商之间的关系，其基本逻辑框架是"结构－行为－绩效"。其中，市场结构是指企业市场关系的特征和形式，决定市场结构的主要因素有：市场集中度、产品差异、规模经济、进入壁垒。市场行为是指企业在市场上为实现其目标采取的适应市场要求不断调整其行为的行为，即厂商做出决策的行为和如何实施决策的行为（臧旭恒、杨蕙馨、徐向艺，2006），市场行为主要集中于定价行为、广告和研究开发费用支出、产品质量及如何遏制竞争对手、兼并行为的策略上；市场绩效是指在一定的市场结构下，通过一定的厂商行为使某一产业在价格、产量、成本、利润、产品质量、品种及技术进步等方面达到的状态，即厂商的经营是否增加了社会的经济福利，是否能够满足消费者的需求（臧旭恒、杨蕙馨、徐向艺，2006）。

"产业组织安全"是由李孟刚（2006a）提出来的一个新概念，是指某一国家或地区的产业持续增长、产业内企业处于有效竞争的状态，这里的有效竞争是指建立在一定企业数量和企业规模基础上的竞争，可以引致企业获利和规模经济的双重效率（李孟刚，2006）。他认为在开放经济中，产业组织安全也指一国或地区的产业组织有助于优化资源配置、有效抵御外国经济侵袭及提升产业国际竞争力等，影响产业组织安全的因素包括市场集中度、行业规模的经济性、东道国政府的行政壁垒及跨国公司的策略行为四个方面。安全的产业组织会使生产要素不断由附加值低的劳动密集型产业向附加值高的资本、技术密集型产业流动。一方面，新的企业源源不断地进入市场，加剧原有企业的竞争压力，具备努力降低生产成本和交易费用，不断改进产品和工艺过程、开发新技术、提高产品竞争力的动力；另一方面，企业充分利用规模经济，使一国企业和产业在国际竞争中具有规模竞争优势，在国际分工中处于优势地位。与此相对应的是产业组织的非安全态势。当一国或地区产业内企业之间的市场关系失衡，民族产业缺乏竞争力甚至被外资所控制，此时，可以说产业组织处于非安全的运行态势（李孟刚，2010）。

依据"产业组织安全"的概念，可以得出产业组织处于安全状态需要达到三个条件：一是要有一定数量和规模的企业，即市场不能处于垄断或者寡头的市场结构，尤其是产业不能被外资垄断；二是企业充满活力，资源配置优化，达到规模经济的状态；三是本国企业可以有效抵御国外经济的侵袭，有很强的国际竞争力，如果本国产业被外资控制，产业组织处于非安全的运行态势。以上三个条件分别体现着市场结构、市场行为和市场绩效对产业组织安全的影响。

第二节　基于市场结构的 FDI 对中国产业组织安全的影响

FDI 源源不断地进入中国市场，对中国经济发展产生了重要的影响，其中对于市场结构的影响一直是国内学者关注的重点领域之一。产业组织理论中的市场结构是决定市场价格的形成方式及产业组织的竞争性质的基本因素，主要是指相互竞争的厂商之间的规模分布（李孟刚，2010）。市场结构可以通过买者和卖者的数量和规模分布、市场集中度、产品差异程度、厂商进入退出壁垒等来描述。若本国企业小而散，内、外资企业实力相差悬殊，产业中的大企业多为外资企业，甚至外资企业处于产业组织中的垄断地位，那么本国的产业组织安全将受到威胁。因此，本节将从以上多个角度研究 FDI 对中国电子信息产业市场结构的影响，分析 FDI 对中国电子信息产业组织安全的影响。

一　市场结构的衡量指标

市场结构的衡量指标包括市场集中度、产品差异程度、进入壁垒、规模经济等多个方面。产品差异度一方面满足了消费者的多层次需求，但是另一方面多品牌相互交织的市场对于进入者的渗透成本很高，使潜在进入者很难进入已有多种品牌的市场并找到获利机会，形成产品差别化壁垒。

规模经济是指在既定的条件下，如果某一区间生产单位单一或复合产品的平均成本递减，那么就认为该企业存在规模经济。规模经济是企业存在的最佳状态，即在适当的企业规模下达到平均成本的最小值，它与行业的市场结构、市场需求情况相关（臧旭恒、徐向艺、杨蕙馨，2006）。中国电子信息产业中大部分企业规模小而散，且技术及管理水平落后，所以企业生产成本较高。当外资成熟的企业进入，凭借其专业化分工、高效管理经验及技术优势容易达到规模经济的状态。规模经济性使外资企业拥有较低的成本，这会对本国企业的生存形成压力，提高产业的进入壁垒。

此外，跨国公司的进入还会提高研发、广告上的进入壁垒。跨国公司研发的成果能够以较低的成本进行复制，这在跨国公司内部具有公共产品的性质，在国外子公司中可以共享，因此在研发上具有规模经济的特点。跨国公司不仅在研发实力上强于国内企业，而且进入该国市场时可以利用研发和广告上的规模经济在该国市场上构筑进入壁垒，在相同条件下，潜在进入者要以更高的研发和广告支出才能在市场上站稳脚跟。而且研发和广告的支出具有沉淀成本的性质，可以在策略性进入壁垒[①]中发挥承诺的作用，有利于跨国公司在该国构造策略性进入壁垒（黄建军，2001）。

鉴于规模经济和产品差异程度更多地作用于进入壁垒[②]，影响产业的市场集中度，同时，下文重点阐述的企业研发、利润率也可以体现规模经济及产品差异程度，结合数据的可获得性，本部分重点选择市场集中度和进入壁垒两个方面进行探讨。

---

① 策略性进入壁垒产生于在位厂商的行为，特别是在位者可以采取行动提高结构性壁垒，或者扬言一旦进入就采取报复行动（臧旭恒、高建刚，2007）。

② 在产业组织理论的发展过程中，基于不同的理论主张和分析方法，相继形成了三个主要的理论学派：结构主义学派、效率学派和新产业组织学派。各个学派在"进入壁垒"的含义上存在着不同的认识：结构主义学派代表人物贝恩认为，进入壁垒是潜在竞争的前提，潜在竞争会比现实竞争威胁性更强。贝恩对"进入壁垒"的定义是"和潜在进入者相比，市场中现有企业所享有的优势。这些优势是通过现有企业可以持久地维持高于竞争水平的价格而没有导致新企业的进入反映出来的"。效率学派代表人物斯蒂格勒在研究企业规模的决定因素时，对"进入壁垒"做了这样的定义："进入壁垒是一种生产成本（在某些或某个产出水平上），这种成本是打算进入一个行业的新企业必须负担且在位企业无须负担的。" 20世纪70年代以后出现的新产业组织理论以分析企业策略性行为为主旨，在进入壁垒理论的研究上，新产业组织理论将市场结构看作由市场内生决定，分析在位企业为减少未来的竞争采取主动行为影响市场结构和设置人为的壁垒以阻止进入。通过以上分析可以看出，贝恩从在位企业的角度出发，认为进入壁垒是在位企业拥有的相对于潜在进入企业的成本优势；斯蒂格勒从新进入企业的角度出发，把进入壁垒定位在新企业承担的高于在位企业的成本这一意义上；新产业组织理论的策略性进入壁垒理论则强调了在位企业的主动性，利用在位优势实施策略性行为阻止进入（杨公朴，2005）。

（一）市场集中度

市场集中度是市场结构最主要的内容，是衡量某一市场竞争程度的重要标志，不同的市场集中度反映了企业间垄断与竞争的差异程度，它也是反映市场控制力的一个指标。市场集中度是指某一特定市场中少数几个最大的厂商（通常是前 4 位或前 8 位）所占的市场份额（臧旭恒，2007）。一国企业的市场集中度越高，该国企业对该国市场的控制力越强，产业组织就越安全。衡量集中度最主要的指标是位于市场前几名的企业的生产量或销售量在整个市场供给量中所占比重，也就是通常所说的生产或市场份额。生产或市场被集中的份额越大，说明市场的垄断程度越高（臧旭恒，2007）。因此，市场集中度可以度量市场的寡占程度。

对市场集中度的度量主要有绝对集中度指标、相对集中度指标以及其他用于度量集中度的指标。本研究主要采用绝对集中度指标，测算中国电子信息产业的市场集中度，分析其市场结构。结合 FDI 的进入，计算外资企业的市场份额，分析外资企业对中国电子信息产业组织安全的影响。

绝对法就是直接计算前几位厂商的市场份额，常用指标是前 n 位厂商的集中度系数和，前 n 位厂商的集中度系数是将某一产业规模最大的前 n 位企业的有关数值（如销售额、增加值、职工人数、资产额等，本文采用销售额）占整个市场或行业的份额，具体计算方法见公式 6.1：

$$CR_n = \sum_{i=1}^{n} X_i / \sum_{i=1}^{N} X_i \qquad (6.1)$$

公式 6.1 中，CR_n 为行业内规模最大的前 n 位企业的集中度；X_i 为行业内第 i 家企业的生产额或者销售额、资产额等；N 为行业内全部企业数；n 为 n 家企业数，其取值取决于计算需要，通常为 4 或 8，即 CR_n 最大为 4 家或者 8 家企业在总销售或总就业中的比重。

根据贝恩的市场结构分类法，如果行业的集中度 $CR_4 \leqslant 30\%$ 或者 $CR_8 \leqslant 40\%$，即属于竞争性行业；如果 $75\% \geqslant CR_4 > 30\%$ 或者 $85\% \geqslant CR_8 > 40\%$，则该行业为寡头性行业；如果 $CR_4 > 75\%$ 或者 $CR_8 > 85\%$ 为

极高寡头垄断性行业。

（二）进入壁垒

进入壁垒是影响市场结构的另一个重要因素。进入壁垒指产业内已有企业相对于准备进入或正在进入的新企业所具有的优势，或者是新企业在进入该产业时所遇到的各种不利因素和限制，主要是从新企业进入市场的难易程度来考察市场关系的调整和变化，反映市场中潜在的竞争强度。进入壁垒的高低直接影响市场结构，完全竞争市场没有进入壁垒，企业自由进入市场；垄断竞争市场进入壁垒较小，企业进入较自由；寡头垄断市场进入壁垒较大，企业进入市场有较大的障碍；完全垄断市场进入壁垒很高，其他企业不可能进入。进入壁垒高会形成先行者的垄断，若跨国公司作为先行者进入一国，排斥其他跨国公司的进入，也阻止本国公司的进入。如果最终形成外国公司控制该产业的局面，产业组织的安全性将大大降低（李孟刚，2008）。

一般而言，市场中的企业数目与进入壁垒有直接关系。随着企业数目的不断增加，企业所占的市场份额越来越小，市场集中度降低，由于进入壁垒决定着市场中的现有企业和可能进入的企业之间的竞争激烈程度，因此，进入壁垒通过直接影响市场结构来间接影响市场绩效。

另外，资金成本也决定了进入壁垒的高低。潜在进入者想要进入一个行业，必须具有一定的资金实力，至少达到在位企业的最小资本规模，随着企业规模的不断增大，潜在进入者进入此行业的成本也越来越高，进入壁垒也越来越高，资本密集度可以在一定程度上反映与成本有关的进入壁垒，资本密集度越高，资金压力越大，新企业越难以进入，市场集中度提高。

东道国政府的行政壁垒也是不容忽视的一个重要的进入壁垒。东道国对本国市场的一些政策性措施和引导，形成了一个行业的政策性进入壁垒。通常，为了保护本国企业发展和国家的经济安全，东道国政府往往制定一些政策性壁垒，如审批政策、产业进入政策、外汇管制政策等。这种政策性壁垒在不同时期不同国家，壁垒高度是不同的。

尤其随着世界经济一体化的不断加速，跨国公司的进入迫使中国不断地降低对外商的政策性壁垒，对外商的限制越来越少，这也会大大提高了中国市场的竞争程度，加剧了本国企业的生存压力，影响了产业组织安全。

二　FDI 对市场结构的影响

FDI 对于产业组织安全的最重要最根本的影响即为 FDI 企业的进入改变了东道国产业组织的市场结构，若 FDI 进入某国产业组织，并在该产业中处于市场或技术的垄断地位，那么，外资企业的任何举动都可能对东道国该产业以及产业的上、下游产业产生很大影响，甚至会影响东道国的国家经济安全，使该产业组织处于非安全的运行态势中。

（一）FDI 对市场集中度的影响

从理论和逻辑的角度来看，跨国公司进入并站稳脚跟之后，可能导致东道国市场集中度的提高。但是，具体结果还取决于一系列因素。一是，跨国公司在当地的规模以及持续增长的能力和东道国市场上其他竞争者的规模。若跨国公司与当地主导企业规模相当，且具有持续发展壮大的能力，那么跨国公司的进入就会提高东道国的市场集中度。二是，东道国企业对跨国公司进入的反应。东道国的企业可能追求一种防御性的战略，比如合并业务或与跨国公司进行合资以加强它们的竞争力，或者干脆退出这个行业，当然也可能采取积极的进攻战略，扩大生产能力，大力进行广告宣传。三是，跨国公司进入时所带来的新产品在初期会形成垄断，但是长期的结果取决于是否有更多的跨国公司进入或贸易品的进入，以及当地企业的技术开发能力和模仿学习的能力。若日后有更多实力相当或者更强的跨国公司进入该行业，或者当地企业通过提高自身的技术开发能力以及通过模仿学习生产出与跨国公司水平相当的产品，这样自然会影响到跨国公司在该行业的垄断地位。因此，从长期的角度看，跨国公司的进入并不一定能提高东道国的市场集中度。四是，取决于跨国公司相对于当地企业的市场绩效，以及对当地企业长期的生存竞争能力的影响。有大量的证据显示，国外子公司比本地的公司有更高的效率和更强的生产能力，可能收购东道国的当地厂商，对市场集中度产生影响。同时，通过竞争的正溢出效应也可能改善本地企业的市场效率，经过一段时间之后，国外子公司竞争优势可能丧失，本地企业可能增加市场份额。（何维达、宋胜洲，2003）但是，我们也不能忽视跨国公司对中国市场集中度的影响，尤其在市场份额上对于中国内资企业的挤占及外资企业的强大市场控制力对于中国内资企业发展壮大的负面影响，威胁中国产业组织安全。

本研究以中国电子信息产业前 4 位和前 8 位企业的销售收入为计算指标，计算 2003 ~ 2008 年电子信息产业的 CR_4 和 CR_8（见图 6 - 1）。然后，分析前 n 家企业中外资的销售比例，再计算前 n 家外资企业占整个行业的销售额比例。最后综合分析在中国电子信息产业的市场结构中，外资是主导产业还是小企业。若外资企业在中国的电子信息产业中占据主导甚至是垄断地位，则中国民族产业的发展必然会受到影响，产业组织安全也将受到威胁。

从图 6 - 1 可以看出，中国电子信息产业的 CR_4 均低于 30%，CR_8 均低于 40%，产业市场集中度很低，企业规模小，属于竞争型市场结构。对于外资企业在中国电子信息产业中的地位，需要继续分析市场份额前 4 位和前 8 位厂商的企业性质。

2008 年，中国电子信息产业销售收入前 8 位排名分别为鸿富锦精密科技①、诺基亚、华为、海尔、联想、达功电脑、达丰电脑及京东方，其中除华为、联想、海尔以外其余均为外商投资企业。即在前 4 位厂商中有内资企业 2 家，前 8 位厂商中有 4 家，在数目上内、外资企业各占一半，但是在营业收入上外资企业远高于内资企业。与富士康集团 2008 年超过 2400 亿元的营业收入相比，中国内资企业排第一位的华为（营业收入为 1277 亿元）生产规模仍然较小。可见，中国内资企业存在数量多、规模小的特点，使企业不能以较低的成本和较低的价格优势去开拓

---

① 鸿富锦精密科技（深圳）有限公司为富士康（中国）在深圳的科技企业。

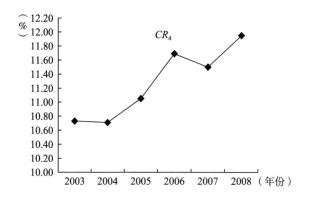

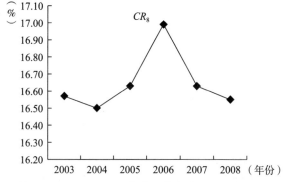

图 6 – 1 2003～2008 年电子信息产业 CR_4 和 CR_8

注：由于《中国市场年鉴》仅出版至 2009 年，因此该数据仅可以计算到 2008 年。

资料来源：根据《中国市场年鉴》（2004～2009 年）整理、计算得到。

市场，与外资企业实现产业内的有效竞争。随着 CR_4 逐年提高，外资企业的市场份额不断扩大，若此情况持续下去，外资企业极有可能控制甚至垄断中国的电子信息产业市场，根据李孟刚（2006）对于市场集中度对产业组织安全影响的评价标准来看，中国电子信息产业目前的产业组织处于非安全的运行态势中。

（二）FDI 对进入壁垒的影响

就与资金有关的进入壁垒来说，跨国公司可以凭借其庞大的自有资本优势和多条融资渠道在一国进行大规模的投资，提高行业的平均必要资本规模，对于潜在的进入者要想进入该行业，其资本与规模至少要达到在位企业的规模，进入壁垒会随着跨国公司的进入而提高（李孟刚，

2010）。资本密集度，一定程度上可以反映资金进入壁垒，潜在进入者要进入市场，必须具备资金实力，这种增大的资本量就构成较高的进入壁垒。资本密集度系数越大，资金进入壁垒越高，新企业越难以进入。计算资本密集度的方法为固定资产与总资产的比值，比值越高，资本密集度越高。根据定义计算出的中国电子信息产业外资企业的资本密集度，如图 6 - 2 所示。

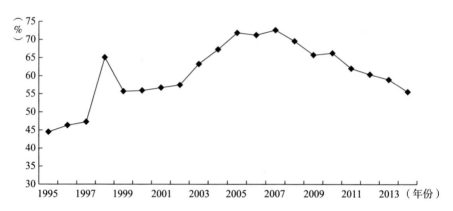

图 6 - 2　1995～2014 年电子信息产业外资企业资本密集度对比

资料来源：根据《中国统计年鉴》（1996～2015）相关数据整理、计算得到。

由图 6 - 2 可以看到，中国外资企业的资本密集度有逐年增大的趋势。可见，FDI 的进入提高了中国电子信息产业的资金进入壁垒，虽然这在一定程度上提高了电子信息产业的市场集中度，但是这样的资金壁垒一方面加大了中国小企业进入电子信息产业市场的难度，另一方面也加剧了电子信息市场上本国企业的生存压力。

由以上分析可以看出，在市场结构方面，中国电子信息行业还处于数量多、规模小的状态，尚未形成有效竞争。FDI 的进入虽然提高了市场集中度，但是由于其占有很大的市场份额，不可避免地挤占了中国内资企业的市场，在一定程度上限制了本国企业的发展。随着外资企业的资金、技术优势不断扩大，电子信息产业的进入壁垒无论在资金上还是技术上都将提高，这也加大了中国内资企业进入电子信息产业的难度。如果中国电子信息产业中的内资企业依旧持续小而散或者代工的企业模式，那么实力雄厚的外资企业很有可能会控制甚至垄断中国的电子信息产业，威胁中国的产业组织安全。

第三节　基于市场行为的 FDI 对中国产业 组织安全的影响

对 FDI 进入东道国采取的竞争行为分析，一直是产业组织理论研究的重要方面。目前，FDI 的主要方式即为跨国并购，一方面，外资并购促进了产业升级，节约成本，加速了资源的流动，推动了中国电子信息产业的发展。但是，另一方面，经过上文分析，跨国公司进入东道国市场之后，也会提高当地市场的进入壁垒。这样，跨国公司凭借其先进的技术和自有资源优势，不断加大研发费用的投入，拥有所在产业的核心技术并保持技术领先，控制整个产业的发展命脉。总的来说，外资并购对于中国产业组织安全最大的影响在于跨国并购削弱了中国民族资本的产业控制力。

一　市场行为分析

市场行为是指企业在市场上为实现其目标采取的为适应市场要求不断调整其行为的行为（王传荣，2008）。即厂商做出决策的行为和如何实施决策的行为（臧旭恒、徐向艺、杨蕙馨，2006）。市场行为主要集中于定价行为、R&D 费用支出、并购行为及广告和产品质量等策略上。

（1）定价行为。短期定价行为主要包括古诺模型、双需求曲线模型、垄断竞争模型、折曲的需求曲线模型、成本加成和目标利润定价、价格领导定价模式等几种定价模式。长期定价行为主要包括掠夺性定价，又称驱逐对手定价；限制性定价，包括短期限制性定价和动态限制性定价几种模型。

（2）研究与开发。创新和研发是企业竞争战略的重要组成部分，成功的研发可以改变企业的市场经营条件，使企业拥有市场权利甚至获得垄断地位。

（3）兼并行为。企业兼并是资本集中的一种基本形式，是市场集中和企业成长的途径之一。企业的兼并直接影响市场结构的变化，从积极方面看，兼并可以推动产业结构调整，生产要素可以向优势企业集中。从消极方面看，兼并导致的市场集中如果超过一定限度，就会产生垄断势力，由此带来垄断的低效率和社会福利的损失。

（4）广告行为。这是企业在市场上经常采用的一种主要的非价格竞争的方式，企业的广告行为提高了产品的市场知名度，促进销售，形成企业的品牌效应。

定价行为是企业最基本的竞争手段，产品质量、技术、广告等都是价格竞争的延伸或者变异，不能脱离价格而单独存在。产品的竞争力、市场占有率、产量及销售收入等均可以反映产品价格，它决定了企业的收入与利润，可以在下文关于市场绩效中有所体现，本章不再赘述。

鉴于 FDI 进入中国电子信息产业的形式和采取的主要策略行为，结合数据的可获得性，本研究将重点讨论 FDI 对研发费用的投入形成的技术控制、并购行为及企业的品牌效应。

（一）企业的研发行为

因为在 SCP 的分析框架中，技术进步属于市场绩效的范畴，所以有些学者将研发费用与专利、企业的新产品产值问题都纳入市场绩效的衡量范围中，这是不合逻辑的。尽管研发费用的投入行为与绩效指标有着密切的联系，但是企业投入研发费用属于企业的技术创新行为，是企业的决策问题，它反映了企业应对市场竞争的行为动机，因此应纳入市场行为的范畴。本研究将研发经费及创新能力作为衡量企业研发的指标，以反映企业的研发动机和策略，体现企业应对市场竞争所表现的技术创新行为。

目前，越来越多的企业重视研发经费的投入，国外很多企业都设立了自己的研发部门。一方面，在市场竞争日益激烈的今天，所有企业都十分注重自身核心技术的维护，其他企业很难从市场上购得企业所需的先进技术，先进的技术往往就意味着丰厚的利润回报。另一方面，即便企业可以从市场上购得所需技术，但需要付出高昂的代价，同时还会出现所购的技术不能马上为企业所消化吸收，需要与本企业的生产、管理适应之后才能取得实效。技术知识是企业核心竞争力的重要组成部分，企业只有通过 R&D 经费投入，才能形成自己拥有的技术创新体系和知识积累，并保持长期的竞争优势。

从 R&D 经费投入情况来看，电子信息产业是一个高投入、高收益、技术更新速度较快的产业，没有较高的科技投入，就无法创造和拥有高技术水平的科研成果，更无法实现快速的技术更新与升级。中国企业 R&D 经费投入比重与美国等发达国家相比，投入强度不足其 1/5，甚至还低于一些发达国家制造业的平均投入水平。国外企业界认为，若 R&D 投入占销售额比例低于 2%，企业将难以生存。世界 500 强企业的研发投入一般都在 5% ~ 20%，中国大中型工业企业的 R&D 经费投入占产品销售收入的比例只有 1% ~ 2%，而且大部分国有大中型企业没有建立 R&D 机构（王领红，2006），这表明中国很多企业还没有成为研发的主体，缺乏研究开发能力和持续发展能力。此外，目前中国的投入结构有很大的问题。中国有相当多的研发费用投向科研院所，与企业联系不密切，科技成果转化率很低。在国外，大量的校企联合，科研成果在企业转化为高端产品投入市场转化为利润，如此循环极大地提高了产业的整体技术水平。近年来，中国也开始重视研发费用的投入，同时对部分中央部委所属科研单位实行企业化转制，促进了科技与经济的结合，取得了初步成效。

随着中国对于国家创新能力的不断重视，根据世界经济论坛（WEF）发布的各年份《全球竞争力报告》可以看出，中国的全球竞争力是不断增强的，竞争力排名从第 30 位上升到第 28 位。但是，就创新能力相比较而言，跟其他发达国家及地区的差距仍然较大。美国、日本、中国与中国台湾地区创新能力比较如表 6 - 1 所示。

表 6 - 1　美国、日本、中国和中国台湾地区创新能力比较

国家及地区	发展阶段	全球竞争力总排名			
		2008～2009 年	2010～2011 年	2012～2013 年	2014～2015 年
美国	创新驱动	1	4	7	3
日本	创新驱动	9	6	10	6
中国台湾	效率驱动 - 创新驱动转型	17	13	13	14
中国	效率驱动转型期	30	27	29	28

资料来源：世界经济论坛《2008～2009 全球竞争力报告》、《2010～2011 全球竞争力报告》、《2012～2013 全球竞争力报告》和《2014～2015 全球竞争力报告》。

（二）企业的并购行为

企业并购是指在市场经济竞争中，由一家企业接办、吞并另一家企业产生的资本集中的经济过程。并购的动因有很多，包括：两个企业为了追求"1 + 1 > 2"的效应，即并购后的总效益大于两个企业的独立效益的算术和；为了突破规模经济、资本需求或者法律制度等造成的进入壁垒，两个企业形成并购；战略性动机，如处于生命周期饱和期的企业，可能会并购一家或数家处于成长期的企业，既保证了市场的势力，又可以研发新产品。2010 年中国电子信息产业积极实施并购重组，如大唐与中芯国际、华虹与宏立、亚信与联创、长城与冠捷等，国内大企业之间的兼并重组，提高了产业的市场集中度，增强了企业的竞争力和研发能力。企业的并购虽然在一定程度上提高了市场集中度，节约了交易成本和资源流动，但是也会因为并购形成大企业的垄断地位，提高进入壁垒，破坏市场竞争结构。尤其是若外资企业并购国内核心企业，形成外资企业控股的行业垄断企业，则会影响中国产业组织的安全。

（三）企业的品牌效应

在过去，品牌仅仅是企业的名称或者代号，对企业绩效的影响很小。但是随着信息化时代的到来和商品经济的不断发展，品牌已经成为企业越来越重要的无形资产，甚至一定程度上影响着企业的生存发展。品牌

象征着企业的形象、实力和技术能力等多方面的内容，中国企业在与跨国公司的竞争过程中，品牌也对中国的产业发展产生了多方面的影响。景玉琴（2005）提出经济全球化是不同国家、民族之间经济竞争新的形态，"品牌"是竞争的重要力量，正如一句广告词所说的：相信品牌的力量。没有自己的品牌，就只能出卖自己的廉价劳动力，同时还要出巨额的费用去买自己手中制作出去的"名牌"，最终导致自己永远被锁定在产业链的低端环节。2005 年，由世界品牌实验室编制的《世界最具影响力的 100 个品牌》揭晓，中国只有海尔一家企业入围，名列第 95 位，同年《彭博商业周刊》推选出的《全球最具价值的百强企业品牌》榜单，中国企业无一家入围。

2010 年 7 月，中国食品企业光明集团的首次海外并购——收购澳大利亚最大的糖业企业西尔斯的报价低于新加坡丰益国际集团的 17.5 亿澳元，意外地以失败告终，原因是澳大利亚政府担心西尔斯被中国企业收购后影响澳大利亚糖业定价，但是更主要的原因则是光明的国际影响力不及丰益国际集团。

品牌的多少是一国产品竞争力的反映，也是一国整体经济实力的综合体现，中国目前正处在工业化发展的初级阶段，培育和发展壮大我们的自主品牌对经济的发展有重要意义。

二　FDI 的市场行为对产业组织安全的影响

（一）FDI 的研发及其影响

相比国内企业而言，外资企业不仅具有资金和技术优势，而且不断加大研发费用投入，使企业在产业领域内一直保持技术上的领先。从产业组织的角度来分析，中国电子信息产业中企业数量众多，但企业之间的专业化协作分工不强，重复引进较多，技术的研发投入不足，具有自主知识产权的高科技产品数量很少，因此，很多企业都成为外资企业的配套厂商和一般环节的生产加工企业，或者完全成为外资企业的贴牌厂商。外资企业在中国电子信息产业中的优势十分明显，同时，外资企业还控制着中国电子工业产品市场的主要核心技术。例如，中国移动通信设备元器件与零部件的配套能力比较低、核心芯片（包括基带芯片和 RF 芯片）、LCD、RF 器件主要依靠进口。光电子、微电子、材料技术等基础技术薄弱，导致光器件产业难以适应光通信产业发展的要求。尽管中国的光器件研发水平已接近世界水平，但在光器件产业化方面仍处于较落后的水平，表现在产值低、品种少、高档产品不多等方面。在已形成的产业化产品中缺乏独立自主的核心芯片技术，导致绝大多数企业仍以劳动密集的组装方式进行生产。同样，在通信设备制造领域，中国能够完全自主生产的主要通信设备的生产能力均存在不同程度的生产过剩。技术水平越低的产品，生产过剩问题越严重，价格竞争越激烈，企业盈利越低，严重制约了技术投入和进一步发展。

近年来，随着中国电子信息市场的不断开放及科技水平的提高，跨国公司在华研发机构越来越多，其在跨国公司全球研发体系中的地位也越来越重要。例如，戴尔在上海建立了自己的第一家海外研发中心，飞利浦电子将其母公司总部的基础实验室设在西安，富士通在西安建立了该公司内部最大的软件研发中心。这类研发中心除规模较大外，还参与母公司全球研发体系的分工，部分研发中心从事基础性研发工作，研发成果供公司全球研发体系分享。同时，也有一些跨国公司利用中国的良好市场发展前景和人才资源优势，选择直接在中国设立全球性的研发机构，如戴尔、甲骨文公司等。外资企业的这些研发投入促进中国企业注重科技进步，但是也会与内资企业争夺人力等资源，拉大了与中国内资企业的技术差距，影响了中国企业的发展。

外资研发经费控制度是从研究与发展角度反映外资对国内产业技术控制的程度，外资企业的研发投入占比与技术的归属有很大关系，通常内、外资企业共同出资的技术创新，归属权属于投资较多的一方。因此本研究将选择外资企业研发费用控制度来衡量外资在中国电子信息产业的技术控制方面采取的策略行为。该指标用电子信息产业中外资企业的研发经费与中国电子信息产业总的研发经费之比来表示，见计算公式 6.2：

$$外资研发费用控制度 = \frac{电子信息外资企业研发费用}{电子信息产业研发费用总额} \times 100\% \tag{6.2}$$

　　中国外资企业的电子信息产业研发控制程度较高，在 45%[①]左右。不能否认，外资企业在中国设立研发机构，刺激了中国企业研发费用的投入，一定程度上弥补了中国研发费用的资金缺口，培养了中国的技术人才。但是，外资企业的先进技术水平以及大量研发经费的投入更主要是为了自己获得利润最大化。如果中国企业的科技创新过多地依靠外资企业，那么中国企业便丧失了技术主导权。

　　创新能力也是决定市场势力的关键因素。诺基亚曾凭借创新能力超越了摩托罗拉，如今苹果同样凭借创新能力，其市场占有率快速上升，跃居第四位。2008～2010 年，iPhone 的销量分别环比增长 737.08%、78.30% 和 92.89%，iPhone 和相关产品服务的收入分别增长 970.16%、93.31% 和 93.19%。受益于新产品的创新，即使是金融危机爆发的 2008 年，诺基亚和联想营业额均出现了负增长，苹果却实现了 52.54% 的爆发式增长。此外，2008～2010 年，苹果公司的盈利能力也高于诺基亚和联想集团，特别是明显高于联想集团，如表 6 - 2 所示。

表 6 - 2　诺基亚、苹果、联想公司营业额增长率、毛利率、经营利润率比较

单位：%

年份	诺基亚			苹果			联想集团		
	销售环比	毛利率	经营利润率	销售环比	毛利率	经营利润率	销售环比	毛利率	经营利润率
2005	16.41	35.04	13.57	—	29.04	12.15	359.11	14.00	1.06
2006	20.27	32.54	13.35	38.65	29.09	13.54	10.06	13.96	1.33
2007	24.17	33.84	15.64	27.25	33.17	17.93	15.06	15.02	2.72
2008	- 0.68	34.26	9.79	52.54	35.20	22.21	- 11.24	12.06	- 1.29
2009	- 19.18	32.36	2.92	14.44	40.14	27.36	11.43	10.78	1.32
2010	3.57	30.20	4.88	52.02	39.38	28.19	30.05	10.95	1.77

　　资料来源：王世文《电子产品代工企业竞争力现状与提升策略研究》，http://www.acs.gov.cn/sites/aqzn/jrkd.jsp?contentId = 2669050025284，最后访问日期，2016 年 7 月 8 日。

　　在知识、信息为主导的新经济社会中，企业的发展离不开研发经费

———————————

　　① 　根据《中国高技术产业统计年鉴》（2011～2015）相关数据整理、计算得到。

的投入，R&D 是企业成长并保持强大竞争力的内在动力。过去中国企业单纯通过政府途径获得技术支持，研发能力成为中国企业竞争力的薄弱环节。如今激烈的国际竞争使我们必须彻底改变这种状况，否则，与世界先进技术水平的差距将越来越大。另外，外资在华设立研发机构之后，国内如电子信息产业等一些战略产业的技术研发活动也将直接暴露在外资企业面前，一些外资研发机构通过与国内高校、科研机构的科技创新合作，间接介入国内战略产业技术的创新活动中，这将会影响到这些产业的技术安全。

（二）FDI 的并购及其影响

由于席卷全球的合并浪潮对发展中国家已经产生并将继续造成严重的影响，发达国家巨型跨国企业的合并已经降低了发展中国家经济发展的主动性和独立性，对社会财富造成了负面影响。这是发展中国家面临的普遍问题。跨国并购在推动国内企业实现规模经济、制度创新、增强市场竞争力的同时，也存在挤占国内市场，极力走向垄断的趋势。

跨国并购有可能形成某一行业或者产业的垄断，跨国公司往往通过并购，消除国内市场的竞争对手，取得市场上的优势乃至支配地位，获得高额垄断利润。因此，它们选择的并购对象一般是行业内的领先企业或是经营业绩良好的公司，或倾向于购买整个行业的企业。同时，跨国公司凭借其强大的实力，提高各种资金、技术等门槛，形成垄断特权。一旦跨国公司控制市场就可能压制竞争，降低市场效率，扭曲市场结构，导致垄断。垄断会带来社会资源的浪费、社会净福利的损失和社会效率的降低。

在近几年的国有企业产权交易过程中，出现了外商利用地方政府引资心切趁机压价并购、控股并购中国国有企业的现象。外商通过对中国国有企业的投资、参股，大规模、成行业地控股并购国有企业，容易造成行业垄断和不正当竞争。典型例子为柯达并购福达、公元等中国感光厂。尽管从短期收益来看，这种并购有利于地方经济的发展，如增加税收、提高就业等，但从长期发展分析，却有可能造成行业垄断，使中国企业失去对感光行业的控制（曹秋菊，2007）。另外，外资企业通过跨国并购，利用被并购企业的原有的市场渠道和资源优势，可以更为迅速和顺利地进入市场。

例如，涉资 7000 万美元的 ADC 公司宣布收购深圳世纪人通讯设备有限公司。世纪人于 1998 年 9 月成立于中国深圳，产品及服务覆盖从核心网到接入网的各种应用。在中国成功申请专利 53 项，主导和参与起草行业标准 15 个，是通信行业国家标准起草人之一。世纪人通讯提供的产品包括通信配线架、总配线架、无线网络产品及其他网络产品，世纪人通讯的主要客户包括中国众多的电信服务供应商和运营商，如中国移动、中国电信、中国网通、中国联通和中国铁通，及原始设备厂商如中兴和 UT 斯康达等，其市场份额为中国内资通信基础行业的第二位。2008 年 1 月 16 日，ADC 公司以支付 5500 万美元现金对世纪人通讯进行收购，并在接下来的 36 个月内再支付最多 1500 万美元。在本次收购之前，ADC 在中国的销售和员工分别占其总销售和全体员工的约 1% 和 4%。在本次收购之后，ADC 在中国的销售和员工将分别占其总销售和全体员工的约 4% 和 13%。截至 2007 年 9 月 30 日，世纪人通讯的销售额达 4000 万美元。ADC 公司完成世纪人公司的并购，ADC 公司成熟的运作模式和经营理念及庞大的客户群体，势必影响中国内资企业通信供应商的市场份额，更重要的是其控制了中国全部电信供应商的基础架线、通信技术和产品来源，威胁中国通信设备行业的产业组织安全。[①]

当然，随着中国电子信息产业的不断发展壮大，加之对外资企业进入中国市场策略行为的了解，中国企业也逐渐认识到应对外资企业的方法，更加重视民族企业的发展，并且有意识地规避因外资企业并购形成的市场垄断。例如，中国电子信息产业百强企业、联想集团的母公司——联想控股有限公司于 2009 年 8 月 9 日将 29% 的股权在北京产权交易所挂牌转让，挂牌价格为 27.55 亿元。受让方为中国科学院国有资产经营有限责任公司。发言人周传忠称，公司对目前联想控股的业绩非常满意，转

---

① 资料源自《中国企业并购年鉴（2009）》。

让是为了推进院所投资企业社会化改革。此次交易对购买方进行了非常多的限制，最重要的一点就是拒绝外资收购，防止出现外资独大的行业垄断。1984 年，联想控股有限公司由中国科学院计算技术研究所投资 20 万元，由柳传志等 11 名科研人员创立，目前旗下拥有联想集团、神州数码、联想投资、融科智地和弘毅投资五家子公司。中国科学院国有资产经营有限责任公司为联想控股第一大股东，比联想控股第二大股东联想控股职工持股高出 1 个百分点。如此方式的内资并购，增强了企业的竞争实力，促进产业结构升级，提高了产业组织的市场集中度，同时，与科研机构相联合，节约科研费用，极大地增强了企业的科研水平和创新能力，也提高了新技术转化为产品进而实现盈利的效率。[①]

跨国公司拥有雄厚的资金实力、研发能力和先进的技术及管理经验。在外资并购促进了中国产业结构重组的同时，还有以技术参股的并购行为，确实提高了国内企业的技术水平。外资并购虽然在一定程度上促进了中国民族企业的发展，但我们也必须清醒地看到，外资并购行为也正在逐渐吞噬中国的民族企业，如此下去，将会影响中国产业的健康有序发展。

（三）FDI 的企业品牌影响

FDI 呈现品牌输出的新特点，可以从微笑曲线理论中得到一定的解释。这一理论是 20 世纪 90 年代初由台湾宏碁总裁施振荣根据波特理论和他多年从事 IT 产业的丰富经验提出的。他总结 PC 产业的发展轨迹，指出 PC 的制造逐渐成为一个标准化的流程，涌现了大量的部门专业制造商，整机制造的行业壁垒完全消失，附加值荡然无存。但是 PC 产业的上游技术研发和下游的渠道运营和品牌建设有较高的附加值，整个价值链的附加值图形状像一个微笑的曲线，具体如图 6 - 3 所示。

由于高科技产品更新换代快、产品复杂，多数消费者缺乏判断高科技新产品功能和质量的能力。品牌能够建立起消费者对生产公司产品质

---

① 资料源自《中国企业并购年鉴（2010）》。

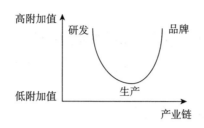

图 6 - 3 微笑曲线

资料来源：施振荣著《再造宏碁：开创、成长与挑战》，中信出版社，2005。

量和信誉度的积极感知，降低消费者对新产品购买风险的担忧。跨国公司通常是在本国发展比较成熟、在世界范围内拥有一定认知度的企业。因此，其进入中国市场前就已经具有强大的品牌优势。品牌的信誉度提高了消费者的认可度，增加了消费者的信心，尤其是对于电子信息产业这种很难判断出产品质量及功能的企业，品牌显得更加重要，对于企业提高市场份额具有较大的辅助作用。

此外，外资企业通过收购中国企业，借助中国本土企业已有的实力和市场份额，完成其进入中国市场的过渡，还通过减少对中国品牌的投资，逐渐降低中国品牌的价值，或者通过买断中国品牌使用权的方式，挤压中国原有的自主品牌，同时也减少了外资自有品牌的竞争对手。例如，西门子收购"扬子"这一品牌，买断了其 60 年的品牌使用权，中国企业 60 年内不再使用此品牌。再者，如微笑曲线所示，研发和品牌均处于产品附加值的高端，跨国公司把核心技术掌握在自己手中，而由于中方技术开发能力差、工艺技术水平低，合资企业形成对外方技术的依赖。从国外引进的技术一般都不是国际上最先进的，大都是国外已经成熟的，甚至是国外面临淘汰的，加之国内企业轻视对技术的吸收，使产品缺乏市场竞争力。

中国的经济发展经历了当初以市场换技术的过程，品牌意识淡薄，加之外资品牌的输入，产生 FDI 对中国品牌的挤出效应，导致中国自主品牌产品无法与国外品牌产品相抗衡，影响了本国企业的发展壮大，使中国企业在竞争中处于劣势。

第四节　基于市场绩效的 FDI 对中国
产业组织安全的影响

一　市场绩效的衡量指标

市场绩效是指在一定的市场结构下，通过一定的厂商行为使某一产业在价格、产量、成本、利润、产品质量、品种及技术进步等方面达到的状态，即厂商的经营是否增加了社会的经济福利，是否能够满足消费者的需求（臧旭恒、杨蕙馨、徐向艺，2006）。如果说市场结构和企业行为反映市场经济运行的基础和过程，那么市场绩效反映的则是市场经济运行的结果，即从结果方面表现了 FDI 对于中国产业组织安全的影响。

产业组织理论认为市场绩效反映了市场运行的效率和资源配置的优劣。在衡量产业市场绩效时，本文主要从技术水平即拥有专利、产品创新和产业的盈利能力即成本、产量、产值、利润率水平等方面进行分析。

（一）产业技术进步

技术进步反映一个产业的动态经济效率，是衡量市场绩效的重要指标。目前，全球电子信息产业分工细化的趋势不断加强，传统的产业间垂直分工已经不能满足当代经济的快速发展的需要，产业开始逐渐转向垂直分工与水平分工相结合的混合分工。从产业发展格局来看，目前美国仍然占据着电子信息产业链的高端环节，日本、欧盟由于在部分技术领域的优势，占据了产业链的中高端环节。中国虽然有着庞大的电子信息产业规模和市场需求，但是在技术方面的劣势导致中国的电子信息市场更多地被外资企业主导，更多的利润流向了跨国公司。其主要原因有：用于开发的资金不足、技术手段落后、研发人员匮乏；在合资企业中核心技术始终受外方控制，没有形成自主研发的平台和能力；国家对企业自主开发支持和激励不够。由于没有掌握核心技术，即便中国电子信息产业发展很快，在全球电子信息产业体系中也主要扮演生产基地和销售市场的角色，所以中国电子信息产业必须实现发展战略的重大调整，才能立足于激烈的国际市场竞争。

（二）产业盈利能力

企业的盈利能力直接反映了企业的市场绩效，包括产量、产值、利润、成本等。成本体现了企业的生产能力，平均成本的高低体现了企业的规模经济情况，决定了企业的利润的情况。产量、产值体现了企业生产规模，较高的产量、产值反映了企业的产品的市场需求情况，更决定了企业的盈利结果。利润是衡量市场绩效最直接的指标，反映了企业资源配置效率，是企业生存和发展的直接动力。利润反映并决定了企业的规模、市场投入、技术投入和企业的盈利能力。

随着世界经济的发展，中国的电子信息产业也得到了蓬勃的发展，经济效益持续提高，2015 年，规模以上电子信息产业企业 6.08 万家，其中电子信息制造企业 1.99 万家，软件和信息技术服务业企业 4.09 万家。全年完成销售收入总规模达到 15.4 万亿元，同比增长 10.4%；其中，电子信息制造业实现主营业务收入 11.1 万亿元，同比增长 7.6%；软件和信息技术服务业实现软件业务收入 4.3 万亿元，同比增长 16.6%。规模以上电子信息制造业增加值增长 10.5%，高于同期工业平均水平（6.1%）4.4 个百分点，在全国 41 个工业行业中增速居第 5 位；收入和利润总额分别增长 7.6% 和 7.2%，高于同期工业平均水平 6.8 个百分点和 9.5 个百分点，占工业总体比重分别达 10.1% 和 8.8%[①]。

二　FDI 对产业技术进步的影响

技术是一个产业甚至是整个国家生存发展的决定因素，技术创新决定了产业的国际竞争力，拥有并保持先进的技术优势才能在信息经济的时代处于领先的地位。尤其是电子信息产业这样的以创新为主导的产业，

---

① 数据源自《2015 年电子信息产业统计公报》，http://mt.sohu.com/20160303/n439276566.shtml，最后访问日期，2016 年 7 月 7 日。

非常快的信息更替速度更决定了优胜劣汰，技术创新和领先是企业生存的重要方面。中国在近年来越来越认识到技术的强大力量，"落后就要挨打"的局面在当今世界经济中体现得更加明确，建设创新型国家、打造创新型企业是中国包括电子信息产业在内的所有企业要追求的发展方向。本研究将选择拥有发明专利控制度来说明企业的技术创新能力，用企业的新产品产值情况来说明企业将技术转化为产品，生产盈利的能力。

（一） FDI 在技术创新方面对市场绩效的影响

如今企业越来越意识到单纯的价格竞争已经不是最可靠的实现盈利的办法，多元化的竞争格局已经打开，只有掌握竞争对手不具有的核心技术才是企业在多元化的市场竞争中立于不败之地的根本。因此，企业越来越重视对自身拥有技术的保护。尤其是外资企业，更加重视自己研发成果的保护，尽量降低核心技术或者先进技术对于东道国市场的技术"外溢效应"，保证自己公司的技术垄断优势。因此，本部分用外资拥有发明专利的控制度来评价外资在对研发成果的保护和技术"外溢效应"方面对中国电子信息产业组织的影响。

外资拥有发明专利控制度是从拥有发明专利数目的角度反映外资对国内产业技术的一项指标，该指标用中国电子信息产业的外资企业拥有发明专利数与中国电子信息产业拥有发明专利总数之比来表示，具体见公式 6.3：

$$电子信息产业外资企业拥有发明专利控制度 = \frac{电子信息产业外资企业拥有发明专利数}{电子信息产业拥有发明专利总数} \times 100\%$$

$$(6.3)$$

在中国电子信息产业的发明专利数中，外资企业的所占比例大部分在 50% 左右[①]，作为电子信息产业的技术更替速度，专利的控制不仅使自己技术上保持优势，而且可以作为遏制其他企业的发展的最大筹码。

---

① 根据《中国科技统计年鉴》（2004～2015）相关数据计算得出。

外资企业的众多先进技术专利对中国本就处于技术劣势的企业影响颇深，其对于技术的控制，更将导致中国内资企业失去自己的研发部门，失去自主创新的能力，这将严重影响中国产业组织的健康发展。不可否认，外资企业的技术优势确实在一定程度上促进了中国电子信息产业的技术进步，提高了中国内资企业对于技术重要性的认识，但是真正的强大不能单纯地依靠外资企业的技术外溢，更重要的是对外来知识的学习和吸收，增强产业的自主研发能力，真正的提高企业自身的技术水平。

（二）FDI 在技术获利方面对于市场绩效的影响

先进的技术转化为产品才能够获利，外资企业在技术上的优势决定了企业在新产品产值上一直高于中国内资企业[①]。内资企业与外资企业在新产品产值的差距，不仅反映了中国企业在技术方面的劣势，而且也反映了中国企业将技术转化为产品的能力较差。更多的技术专利仅仅存在于高校和科研机构，与企业缺乏密切联系，导致技术转化为产品的能力较弱、效率较低，这样不仅影响了企业利润，而且增加了国家经费对于创新的投入。另外，因为技术创新的成本压力和便利条件，使企业的技术创新面临多种困难。跨国公司为了加快在中国的战略布局，拉大与中国企业的差距并且控制关键领域的核心技术，特别是在中国实力较弱的关键元器件领域，逐步将产业链上游、研发中心搬至中国，通过产业链整体优势获得更多市场份额。

跨国公司将成熟的产业链带入中国，对于中国国内企业无论是在技术上还是产品利润上都会形成很大的压力，跨国公司技术上的垄断更加奠定市场垄断的地位，势必影响中国电子信息产业组织的安全运行。因此，中国企业也必须加强对于技术创新的应用，加强校、企联合，提高自身的竞争力。

[①]　根据《中国科技统计年鉴》（2004～2015 年）中相关数据可以得到该结论。

三 FDI 对产业盈利能力的影响

由于跨国公司通常具有较高的技术优势和资本优势，FDI 进入一国通常是将其处于产品生命周期中成熟期的产品投入东道国市场，这对于技术和产品相对落后的东道国市场势必会造成很大的冲击，影响东道国企业的销售额及其利润。产业的盈利能力也反映了 FDI 对中国产业组织技术影响的结果。

（一）FDI 在产量、产值方面对市场绩效的影响

产量、产值体现了企业的生产能力，中国的电子信息产业规模庞大、企业众多，但是与外资企业相比，在企业的生产能力方面还存在着较大的差距。2015 年，中国规模以上电子信息制造业中，内资企业实现销售产值 46316 亿元，同比增长 17.8%，高出全行业平均水平 9.1 个百分点，在全行业中占比提高至 40.9%。三资企业实现销售产值 66978 亿元，同比增长 3.2%，增速低于平均水平 5.5 个百分点[①]。然而，中国电子信息制造业中的外资企业数目要小于内资企业，因此可以知道，外资企业的生产能力和生产效率远远强于中国的内资企业。

（二）FDI 在利润方面对于市场绩效的影响

利润反映了企业的资源配置效率，资源配置效率是同时从消费者的效用满足程度和生产者的生产效率高低的角度来考察资源的利用状态，是反映市场绩效好坏的最重要的指标之一。利润是企业生存的原动力，企业的最终目标是获得利润最大化，同时，利润还可以反映出企业的实力，影响企业的研发投入额，决定企业的技术水平和行业地位。

由统计数据可知，外资企业的主营业务收入占中国电子信息产业的 70% 以上，利润占比在 60% 左右，虽然 2008 年经济危机过后，外资企业

---

① 数据源自《2015 年电子信息产业统计公报》，http://mt.sohu.com/20160303/n439276566.shtml，最后访问日期，2016 年 7 月 7 日。

利润有所降低，但是，最低也有 57% 之多①。这一数据也反映了成熟的外资企业凭借其专业化分工、技术优势及管理经验使企业处于规模经济的状态，本国企业则处于竞争的劣势。可见，外资企业在中国的电子信息产业中占有很大的控制权，甚至整个产业都是外资企业占主导，本国企业不仅存在着生存压力，而且在市场中处于很被动的地位，长此下去，电子信息产业很有可能完全被外资主导，那么中国的电子信息产业组织将处于非安全的运行态势下。

第五节　本章小结

通过本章的分析，可以看出 FDI 在促进中国经济发展的同时，也不可避免地带来了很多问题。在市场结构方面，外资的进入提高了中国产业组织的市场集中度，扩大了企业的生产规模，但是相应地也提高了产业的进入壁垒，在外资企业市场份额不断提高的情况下，本国在位企业面临着巨大的竞争压力，未进入的企业更是面临着较高的进入成本，加大了形成外资企业对于中国产业垄断的可能；在市场行为方面，外资企业对于内资企业尤其是产业内核心企业的并购及品牌输出，使本就在研发上占有优势并且拥有核心技术的外资企业，一方面借助内资企业的市场渠道迅速适应中国市场，占据较大市场份额，另一方面强化其自身的品牌效应，削弱和打压中国企业的原有品牌，减少竞争对手；在市场绩效方面，外资企业对于拥有发明专利的控制，不仅体现了外资对于行业核心技术水平的控制，而且说明了外资对于核心技术的重视和保护，外资企业的盈利能力远高于内资企业也直接体现了 FDI 进入中国后，凭借其技术、资金和管理优势对于中国市场利润分配的影响。以本研究采用的电子信息产业为例，外资企业在市场份额、技术创新以及盈利能力上的优势，使中国电子信息产业的市场关系和产业的技术水平均有被外资控制的可能，威胁中国的电子信息产业组织安全。

---

① 数据根据《中国电子信息产业年鉴》（2004～2015 年）相关数据整理、计算得到。

作为国家的战略产业，电子信息产业属于当今世界迎合国际主流需求的产业，它的发展直接影响中国能否有理想的经济发展（卜伟，2011）。在开放经济的条件下，合理引进 FDI，维护中国产业组织安全，目的是促进中国经济的健康发展、维护国家经济发展的原动力和国家经济安全。若外资控制了电子信息产业等战略产业的市场及自主创新能力，影响到中国率先（至少是适时）发展这些产业的机遇，则我国企业要么失去发展这些产业的先机，要么即便后来进入了该产业也得不到足够的市场占有率，从而影响相关产业组织的发展。企业的发展是为了获得利润，国家进行创新是为了国家利益，因此，任何国家获得技术创新后都不会在第一时间将技术扩散，缺少自主创新的国家很难获得经济发展的原动力。不仅如此，随着信息技术的广泛应用，包括电子信息产业在内的很多产业的核心技术、关键技术为军、民两用技术，若这些产业的发展遇到问题，则会影响中国军事设备现代化，进而影响国家安全。由此可见，在利用 FDI 的同时，必须综合运用多种手段才能达到维护中国产业组织安全的目的。

（1）加强维护产业组织安全的相关法律法规体系的建设及执行。随着全球化的深入发展，像保护关税及限制或禁止外资企业投向这样的直接的产业组织保护措施日益受到质疑和攻击，其作用日渐削弱，而我们过去所经常采用的恰恰是这些直接手段，新形势下必须要有所改变。要从主要依赖行政手段转向依靠法律手段，变直接保护为间接保护。当务之急，是要尽早构建一套完善的产业组织安全保护的法律体系。该体系应该由反倾销法、反补贴法、反垄断法、反不正当竞争法、各种贸易技术法规、环境保护法规及各种规范市场秩序的国内法规共同组成。该法律应能将各种类型的有损中国产业安全的行为一网打尽，既可以对国外资本打压与排挤中国重要产业的活动进行有效遏制，又不违背 WTO 原则与各种国际惯例，减少不必要的国际经济纠纷。

（2）加强政府对外资并购的监管。《外国投资者对上市公司战略投资管理办法》、《证券法》和《上市公司收购管理办法》奠定了新外资收购上市公司的法律框架。但是仅有法律是不够的，同时由于中国实行外资监管是由国家商务部、国资委、发改委、证监会和外管局等多个部门进行的，容易造成多头管理的混乱。中国应该设立一个与美国外国投资委员会相似的针对跨国并购的审批机构，独立监管全面审查并购带来的影响，这包括对就业、产业的技术层次、对产业关联度、生态环境、战略资源和国家安全的影响等。同时，还要建立一套专门的跨国并购的审批制度，外资并购项目必须要经过产权界定和严格的资产评估，防止国有资产流失。还应该制定国家管制的战略性产业、重点企业、重点产品与技术名单，对外资并购进行规制。

（3）创建科学合理的产业组织安全保障机制。要确保产业组织安全，必须根据客观规律，创建科学合理的产业安全保障机制。主要应从四个方面努力：一是构建产业风险预警机制，进行预警性研究，及时准确地发布警示，提前采取措施，防患于未然。二是建立健全产业风险防范机制，根据风险的类型与成因，设置相应的防范措施，并从政策、体制上堵塞风险可能侵袭的缝隙，构筑起坚强有力的产业安全防护屏障。在预警机制发出危机可能发生的警示信号后，进行有效的防范与控制，以达保证产业安全之目的。三是建立健全产业安全管理机制，由相应的管理机构组织、指导、协调、保障产业安全的工作。四是建立健全产业安全法规体系，依法规范各经济主体的行为，确保国家产业安全。

（4）实施大企业集团战略，树立国内企业品牌，改善中国的产业组织状况。跨国公司实行策略性行为的实践告诉我们，现代市场的竞争主要是大企业集团之间的竞争。如果没有一定数量的能和外国跨国公司相抗衡的大企业集团，就很难在激烈的竞争中获胜，确保产业组织乃至整个经济的安全。中国已有自己的大企业集团，但数量很少，进入世界500 强的只有 10 家左右。从现实情况看，要想有效遏制跨国公司的攻势，维护产业组织安全，就必须发展具有国际竞争力的大公司、大企业集团，创建一批自己的跨国公司。

（5）鼓励不同形式的竞争，实行灵活的引资措施，优化市场结构。从竞争形势来看，在竞争性市场上，鼓励国内企业开展竞争，占领更大的国内市场，获得先发优势；在垄断性市场上，一个产品领域中至少要引进两个跨国公司投资，使不同的跨国公司之间形成竞争；在中性市场上，鼓励跨国公司与国内企业展开竞争，在竞争中提供国内企业的产业竞争力。从引资措施来看，首先，利用外资时，在可持续发展战略的引导下可以多引进发达国家和地区的中小企业。因为这些企业多数具有较高的技术水平或具有独特的专门技术，他们资金较少、规模不大，一般愿意与中方合资，这便于我们学习其先进经验和技术，这些中小企业的投资经营方式适合中国国情，有利于国有企业的改造。更重要的是中国地域广阔，经济发展不平衡，适合引进不同规模的外资企业前来投资。其次，要扩大引资范围，过去中国大陆引进的外资多来自中国的港、澳、台地区及东南亚国家，其中尤以港、台为多，今后还应重点加大吸收北美、欧盟及日本等发达国家和地区的投资。

（6）促进民族企业进行制度创新、技术创新、管理创新。长期以来，中国大量引进国外技术和设备，但由于重引进，轻消化，导致很多企业陷入"引进—落后—再引进—再落后"的局面。在知识经济时代，创新能力的大小直接决定了产品的竞争力，也将决定一个企业的生死存亡。因此，民族工业必须有自己的技术创新体系。重点引进国外先进的关键技术，并把引进与配套，引进与学习、改造、创新结合起来。对外国的同类产品，有针对性地积极开发符合中国消费者特点的品牌，并根据消费者需求的变化，及时进行产品的更新换代。同时，政府应鼓励各项自主创新的政策和措施，引导企业增加技术研发的投入。

参考文献

[1] 薄文广：《外国直接投资对中国技术创新的影响——基于地区层面的研究》，《财经研究》2007 年第 6 期。

[2] 车维汉、张琳：《市场结构、政府行为与技术创新关系研究》，《中国社会科学院研究生院学报》2010 年第 1 期。

[3] 戴丽华：《国际贸易壁垒对我国产业竞争力的影响及对策》，《经济研究》2009 年第 5 期。

[4] 范承泽、胡一帆、郑红亮：《FDI 对国内企业技术创新影响的理论与实证研究》，

《经济研究》2008 年第 1 期。

[5] 何维达、何昌：《当前中国三大产业安全的初步估算》，《中国工业经济》2002 年第 2 期。

[6] 黄传荣、陈丽珍、邵雨韵：《自主创新与利用 FDI 的协同机制研究》，《宏观经济研究》2016 年第 2 期。

[7] 黄建军：《中国的产业安全问题》，《财经科学》2001 年第 6 期。

[8] 江小涓：《跨国投资、市场结构与外商投资企业的竞争行为》，《经济研究》2002 年第 9 期。

[9] 江小涓：《中国的外资经济对增长、结构升级和竞争力的贡献》，《中国社会科学》2002 年第 6 期。

[10] 蒋殿春、张宇：《行业特征与外商直接投资的技术溢出效应——基于高新技术产业的经验分析》，《世界经济》2006 年第 10 期。

[11] 景玉琴：《开放、保护与产业安全》，《财经问题研究》2005 年第 5 期。

[12] 雷辉、徐长生：《跨国公司竞争行为对我国汽车工业的影响分析》，《南开管理评论》2006 年第 9 期。

[13] 李斌、李倩、祁源：《FDI 技术溢出对高技术产业技术进步的门槛效应研究——基于吸收能力与金融发展视角的门限模型检验》，《国际商务》（对外经济贸易大学学报）2016 年第 3 期。

[14] 李国欣：《中资银行与外资银行竞争研究》，《财经理论与实践》2001 年第 12 期。

[15] 李孟刚：《产业安全理论研究》（第二版），经济科学出版社，2010。

[16] 李孟刚：《产业安全理论研究》，经济科学出版社，2006。

[17] 李孟刚：《产业经济学》，高等教育出版社，2008。

[18] 李世英：《市场进入壁垒、进入管制与中国产业的行政垄断》，《财经科学》2005 年第 2 期。

[19] 李太勇：《跨国公司投资对我国市场结构的影响》，《中国工业经济》1999 年第 11 期。

[20] 李燕燕：《跨国公司在东道国市场的价格分割》，《世界经济研究》2005 年第 5 期。

[21] 李泳、王爱玲：《中国重点行业安全评价指标体系研究》，《财经研究》2006 年第 10 期。

[22] 刘诺、余道先：《基于外资流动风险的中国经济安全状况分析》，《上海经济研究》2016 年第 4 期。

[23] 宋宝香、彭纪生：《外资对中国本土品牌的挤出效应》，《现代经济探讨》2007 年第 5 期。

[24] 王金龙：《反倾销视角下我国产业安全的维护》，《当代经济研究》2004 年第

11 期。

[25] 王洛林、江小涓、卢圣亮：《大型跨国公司投资对中国产业结构、技术进步和经济国际化的影响》（上），《中国工业经济》2000 年第 4 期。

[26] 王苏生、孔昭昆、黄建宏、李晓丹等：《跨国公司并购对我国装备制造业产业安全影响的研究》，《中国软科学》2008 年第 7 期。

[27] 王允贵：《跨国公司的垄断优势及其对东道国的产业控制》，《管理世界》1998 年第 2 期。

[28] 吴定玉、张治觉：《外商直接投资与中国汽车行业市场集中度——实证研究》，《世界经济研究》2004 年第 4 期。

[29] 吴先明、黄春桃、张亭：《后发国家研发投入的影响因素分析——知识产权保护的调节作用》，《科学学研究》2016 年第 4 期。

[30] 杨公朴：《产业经济学》，复旦大学出版社，2005。

[31] 尹莉：《对掠夺性定价的再认识》，《产业经济研究》2004 年第 4 期。

[32] 臧旭恒、高建刚：《信任关系的不完全信息动态博弈模型》，《重庆大学学报》（社会科学版）2007 年第 4 期。

[33] 臧旭恒、杨蕙馨、徐向艺：《产业经济学》，经济科学出版社，2015。

[34] 曾光、王选华、廖上胜：《市场结构与外商直接投资技术外溢——来自中国制造行业的证据》，《中国科技论坛》2014 年第 10 期。

[35] 张海洋：《R&D 两面性、外资活动与中国工业生产率增长》，《经济研究》2005 年第 5 期。

[36] 张纪康：《跨国公司进入及其市场效应——以中国汽车产业为例》，《中国工业经济》1999 年第 4 期。

[37] 赵国庆、张中元：《FDI 溢出效应、创新活动与技术进步——基于中国高技术产业的实证分析》，《经济理论与经济管理》2008 年第 11 期。

[38] 赵晓峰、郭飞、卢进勇：《外资对内资企业研发支出的影响分析》，《上海经济研究》2016 年第 3 期。

第七章　FDI 对中国产业结构
安全的影响

改革开放以来，中国引进的 FDI 成为促进中国经济快速发展的重要因素之一。但是要充分发挥 FDI 对中国经济发展的正效应，避免 FDI 加剧中国产业结构失衡，就要认清当前中国产业结构的现状、引进 FDI 的产业结构现状及存在的问题，以便确定 FDI 对中国产业结构安全的具体影响。

第一节　中国产业结构现状

中国产业结构的概况可从三次产业间的结构以及三次产业内部的结构这两个方面来把握，本节首先分析三次产业间的结构。

一　中国三次产业的产业结构现状

从宏观上衡量三次产业间产业结构的指标是三次产业占 GDP 的百分比。表 7 - 1 的产业构成情况反映了 2000 ~ 2015 年中国各产业增加值及其在国民生产总值中所占比重。

表 7 - 1　2000 ~ 2015 年 GDP 的产业构成情况

单位：亿元，%

年份	第一产业增加值	第一产业占GDP 的比重	第二产业增加值	第二产业占GDP 的比重	第三产业增加值	第三产业占GDP 的比重
2000	14944.7	15.1	45555.9	45.9	38714.0	39
2001	15781.3	14.4	49512.3	45.1	44361.6	40.5
2002	16537.0	13.7	53896.8	44.8	49898.9	41.5

年份	第一产业增加值	第一产业占GDP的比重	第二产业增加值	第二产业占GDP的比重	第三产业增加值	第三产业占GDP的比重
2003	17381.7	12.8	62436.3	46.0	56004.7	41.2
2004	21412.7	13.4	73904.3	46.2	64561.3	40.4
2005	22420.0	12.5	87364.6	47.5	73432.9	40.0
2006	24040.0	11.7	103162.0	48.9	84721.4	39.4
2007	28627.0	11.7	124799.0	49.2	103879.6	39.1
2008	33702.0	10.7	149003.4	47.5	131340.0	41.8
2009	35226.0	10.3	157638.8	46.3	1478038.1	43.4
2010	40521.8	9.9	189554.0	46.4	178827.2	43.8
2011	47472.9	9.8	224410.8	46.4	212239.7	44.7
2012	52358.8	9.8	241344.3	45.2	240419.8	45.1
2013	56966.0	9.7	258071.2	43.8	272981.4	46.5
2014	58336.1	9.2	271764.5	42.7	306038.2	48.1
2015	60863.0	9.0	274278.0	40.5	341567.0	50.5

资料来源：2015 年的数据由《2015 年国民经济和社会发展统计公报》相关数据整理、计算得到，其他年份数据由《中国统计年鉴》（2001～2015）相关数据整理、计算得到。

根据库滋涅茨标准，在工业化初期和中期阶段，农业和工业之间"二元结构"的转化是产业结构变化的核心。当第一产业比重降低到20%以下、第二产业比重高于第三产业时，经济发展进入工业化中期阶段；当第一产业比重降低到10%左右，第二产业比重上升到最高水平时，经济发展步入工业化后期阶段，此后第二产业的比重转为相对稳定或有所下降（王艳荣，2006）。结合上述标准和表7－1，大致可判断出目前中国的产业间结构现状。总体上看，三次产业增加值绝对量均保持增长趋势；从GDP的产业构成情况看，早期第一产业所占比重最低，第三产业次之，第二产业最大，近年来第三产业所占比重已经超过了第二产业。对于各次产业所占比重的发展趋势，第一产业所占比重逐年减小，第二产业所占比重在波动中呈先增加后下降的趋势，第三产业所占比重从早期比较稳定的40%左右上升至50%左右。这表明，虽然目前中国的三次产业结构在逐步改善，但产业结构升级仍然相对滞后。2003 年，发达国家 GDP 构成中第一、第二、第三产业的平均占比分别为 3.9%、29.8%、66.3%，发展中国家 GDP 构成中第一、第二、第三产业的平均占比依次是 11.6%、35.0%、53.4%，中国当年的该项数据是 12.8%、46.0%、41.2%。到了 2015 年，中国 GDP 构成中的三次产业占比改善为 9.0%、40.5%、50.5%，第一产业占比低于发展中国家平均水平数值，具有高附加值的第三产业的占比低于 2003 年发展中国家平均标准。这说明中国的第三产业发展还不充分，需要进一步重视和提升。目前中国各次产业间的产业结构调整滞后于世界其他国家的产业结构升级，中国的产业间结构有待改善。

二　中国三次产业内的行业结构现状

在分析了三次产业间的结构之后，接下来分析三次产业内部的行业结构现状。2002~2015 年中国 FDI 产业结构如图 7-1 所示，可见，由于第一产业在中国 FDI 中的金额和比重均较少，讨论 FDI 对第一产业内部结构的影响的意义不大，因此本节略去了第一产业内部结构的相关分析，主要对第二、第三产业进行相应的研究。由于布局所限，本节只截取了 2008~2013[①] 年中国三次产业内部各个行业增加值及其所占 GDP 比重，具体数据如表 7-2 所示。

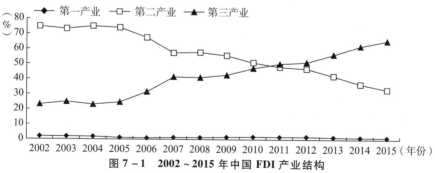

图 7-1　2002~2015 年中国 FDI 产业结构

注：这里是以实际利用 FDI 金额为指标进行计算的。

资料来源：2015 年的数据由《2015 年国民经济和社会发展统计公报》相关数据整理、计算得到，其他年份数据根据《中国统计年鉴》（2003~2015）相关数据计算、整理得到。

---

① 2015 年的《中国统计年鉴》未公布 2014 年分行业增加值数据，只公布了 2013 年的数据。

表 7-2 2008~2013 年中国分行业增加值及其所占 GDP 比重

单位：亿元，%

行业	2008 年		2009 年		2010 年		2011 年		2012 年		2013 年	
	行业增加值	占 GDP 比重	行业增加值	占 GDP 比重	行业增加值	占 GDP 比重	行业增加值	占 GDP 比重	行业增加值	占 GDP 比重	行业增加值	占 GDP 比重
第一产业	33702.0	10.7	35226.0	10.3	40521.8	9.9	47472.9	9.8	52358.8	9.8	56966.0	9.7
第二产业	149003.4	47.5	157638.8	46.3	189554.0	46.4	224410.8	46.4	241344.3	45.2	258071.2	43.8
工业	130260.2	41.5	135239.9	39.7	162376.4	39.7	191570.8	39.6	204539.5	38.3	217263.9	36.9
采矿业	19629.4	6.3	16726.0	4.9	20872.3	5.1	26145.6	5.4	24912.4	4.7	25289.1	4.3
制造业	102539.5	32.7	110118.5	32.3	130282.5	31.9	153062.7	31.6	165652.8	31.0	177012.8	30.1
电力、热力、燃气及水生产和供应业	8091.3	2.6	8395.4	2.5	11221.6	2.7	12362.5	2.6	13974.4	2.6	14962.0	2.5
建筑业	18743.2	6.0	22398.8	6.6	27177.6	6.6	32840.0	6.8	36804.8	6.9	40807.3	6.9
第三产业	131340.0	41.8	148038.1	43.4	178827.2	43.8	212239.7	43.7	240419.8	45.1	272981.4	46.5
批发和零售业	16362.5	5.2	16727.1	4.9	35904.4	8.8	43730.5	9.0	49831.0	9.3	56284.1	9.6
交通运输、仓储和邮政业	7859.7	2.5	8163.8	2.4	18777.0	4.6	21834.1	4.5	23754.7	4.4	26036.3	4.4
住宿和餐饮业	26182.3	8.3	28984.5	8.5	7712.0	1.9	8565.4	1.8	9536.9	1.8	10228.3	1.7
信息传输、软件和信息技术服务业	6616.1	2.1	7118.2	2.1	8950.8	2.2	10181.5	2.1	11799.5	2.2	13549.4	2.3
金融业	14863.3	4.7	17767.5	5.2	25679.7	6.3	30678.2	6.3	35187.7	6.6	41190.5	7.0
房地产业	14738.7	4.7	18654.9	5.5	23569.9	5.8	28167.6	5.8	31248.3	5.9	35987.6	6.1

续表

行业	2008 年		2009 年		2010 年		2011 年		2012 年		2013 年	
	行业增加值	占GDP比重	行业增加值	占GDP比重	行业增加值	占GDP比重	行业增加值	占GDP比重	行业增加值	占GDP比重	行业增加值	占GDP比重
租赁和商务服务业	5608.2	1.8	6191.4	1.8	7475.4	1.8	9424.8	1.9	11215.5	2.1	13306.6	2.3
科学研究和技术服务业	3993.4	1.3	4721.7	1.4	5691.2	1.4	7039.6	1.5	8356.4	1.6	9737.0	1.7
水利、环境和公共设施管理业	1265.5	0.4	1480.4	0.4	1802.5	0.4	2130.5	0.4	2555.1	0.5	3051.7	0.5
居民服务、修理和其他服务业	4628.0	1.5	5271.5	1.5	6411.8	1.6	7517.1	1.6	8156.8	1.5	8625.1	1.5
教育	8887.5	2.8	10481.8	3.1	12018.5	2.9	14363.7	3.0	16172.1	3.0	18428.8	3.1
卫生和社会工作	4628.7	1.5	5082.6	1.5	5856.6	1.4	7394.2	1.5	8974.5	1.7	10996.7	1.9
文化、体育和娱乐业	1922.4	0.6	2231.0	0.7	2674.7	0.7	3133.5	0.6	3529.6	0.7	3866.3	0.7
公共管理、社会保障和社会组织	13783.7	4.4	15161.7	4.4	16302.7	4.0	18079.0	3.7	20101.7	3.8	21693.0	3.7

资料来源：根据《中国统计年鉴》（2009~2015）相关数据整理、计算得到。

（1）第二产业内部，工业所占比重最大，其中制造业占工业增加值比重最大，平均比重为 80%。工业内部结构升级一般遵循加工深度不断深化的原则，由采掘业向原料工业、初加工工业、高加工工业升级，同时也遵循由低附加值产业向高附加值产业演变的过程（张玉春、李宗植，2006）。大致来看，中国工业结构遵循了这样的规律，即制造业占工业增加值的比重较高，采掘业所占比重变小；同时，增加值排名靠前的行业均为加工深度较深、工业附加值较高的资本或技术密集型产业。

（2）根据第三产业结构演进理论，中国第三产业内部结构依然不尽合理。在服务业发展程度较低的阶段，作为第三产业先行行业的流通部门在第三产业中所占比重会比较大。随着后发服务业的兴起，其比重必然下降，第二层次为生活和生产服务部门所占比重，尤其是金融、商务服务、房地产业等新兴行业的比重会大幅度提高①。这一过程体现了第三产业内部结构升级的方向。中国近几年的情况是，传统的交通运输业、批发和零售业、餐饮业等比重居高不下，金融、商务服务、房地产业虽然发展较快，起到了不小的带动作用，但总体份额偏低。虽然原因之一是这些行业中政府对私营企业设置了严格的市场准入限制，但这种产业内部结构仍然表明了中国第三产业尚处于发展较低的阶段。

第二节　中国引进 FDI 的产业结构现状

近年来，中国引进 FDI 的产业结构所发生的变化主要体现在两个方面。从总体上说，三次产业间的产业结构向合理方向发展，第一产业利用 FDI 比重一直较小；第二产业利用 FDI 比重基本稳定；第三产业利用 FDI 比重持续上升。从各个产业的内部结构看，第一产业的农、林、牧、

---

① 国家统计局 1985 年把中国第三产业分为四个层次。第一层次是流通部门：交通运输业、邮电通讯业、商业饮食业、物资供销和仓储业。第二层次是为生产和生活服务的部门：金融业、保险业、地质普查业、房地产管理业、公用事业、居民服务业、旅游业、信息咨询服务业和各类技术服务业。第三层次是为提高科学文化水平和居民素质服务的部门：教育、文化、广播、电视、科学研究、卫生、体育和社会福利事业。第四层次是为社会公共需要服务的部门：国家机关、政党机关、社会团体、警察、军队。

渔业产值的比例关系逐步得到调整；第二产业由传统工业向现代工业转化；第三产业近年来发展迅速。

一 中国三次产业引进 FDI 的产业结构演变及现状

1978 年以后，随着外资的不断进入，FDI 的产业结构也发生了变化。具体来说，这三十多年来中国产业结构的变化大致可划分为四个时期：利用外资起步阶段（1979～1991 年）、利用外资成长阶段（1992～2001 年）、利用外资提高阶段（2002～2007 年）和利用外资调整发展阶段（2008 至今）。

利用外资起步阶段：1979～1991 年。在该阶段中，第一产业利用 FDI 所占比重较低，第二产业和第三产业利用 FDI 所占比重起伏波动较大。1979～1991 年，第二产业利用 FDI 所占比重不断提高，呈直线上升趋势，从 1984 年的 18.0% 上升到 1990 年的 84.4%；第三产业利用 FDI 所占比重却有所下降，从 1984 年的 76.7% 下降到 1990 年的 13.8%，且第三产业利用 FDI 所占比重平均值为 49.6%。该阶段的前期，中国吸引的 FDI 主要用于劳动密集型的加工项目和宾馆、服务设施等第三产业项目，在后期，外商投资结构有所调整，生产性项目及产品出口企业大幅增加，宾馆、服务设施等项目有所减少，使 FDI 的区域扩大化，FDI 投资项目趋向于多元化。

利用外资成长阶段：1992～2001 年。这一时期，第二产业和第三产业利用 FDI 所占比重一升一降。其中，第二产业利用 FDI 所占比重在波动中呈现上升的趋势，从 1992 年的 60.10% 上升至 2001 年的 74.23%，协议金额由 349.33 亿美元提高到 534.46 亿美元；第三产业利用 FDI 所占比重在波动中有下降的趋势，从 1992 年的 38.70% 下降到 2001 年的 23.85%，协议金额从 224.94 亿美元减少至 139.84 亿美元（崔新健，2008）。在这一阶段，外商扩大了投资领域，不再将资金集中投资于一般加工工业的项目，而是将相当一部分资金扩散到基础设施及高新技术领域。在中国申请加入 WTO、尝试融入全球经济的大环境下，中国服务业领域也开始有条件地对外开放，越来越多的大型跨国公司进驻中国，将其资金投入一些资金技术密集型项目、基础设施项目和服务业项目中。

利用外资提高阶段：2002～2007 年。第二产业和第三产业利用 FDI 所占比重有升有降，其中前者比重先升后降，后者比重先降后升，具体情况如图 7-1 和表 7-3 所示。具体来说，2002～2004 年，第二、第三产业利用 FDI 所占比重呈现稍升稍降的趋势，基本保持相对稳定；在 2004 年转入 2005 年之际，第二产业利用 FDI 所占比重开始下降，并在随后的年份中持续下降，降低至 2007 年的 57.3%，第三产业利用 FDI 所占比重持续上升，提高到 2007 年的 41.4%。从各产业利用 FDI 所占比重的总量来看，中国利用外资水平在该阶段有所提高。其中，第一产业实际利用 FDI 总量基本没有变化，第二产业实际利用外资金额从 2002 年的 387.56 亿美元增加到 2007 年的 428.61 亿美元，第三产业实际利用外资金额有较大提高，由 2002 年的 129.59 亿美元增加到 2007 年的 397.36 亿美元[①]。整体来看，该阶段中国利用 FDI 的产业结构有所改善，FDI 开始向高附加值的领域转移，第三产业成为外资的新亮点。

表 7-3 2002～2015 年三次产业利用 FDI 所占比重

单位：%

年份	2002	2003	2004	2005	2006	2007	2008	2009	2010	2011	2012	2013	2014	2015
第一产业	1.9	1.9	1.8	1.2	1.0	1.2	1.3	1.6	1.8	1.7	1.8	1.5	1.3	1.2
第二产业	74.8	73.2	75.0	74.1	67.4	57.3	57.6	55.6	50.9	48.1	47.0	42.2	36.8	33.2
第三产业	23.2	24.9	23.2	24.7	31.6	41.4	41.1	42.8	47.3	50.2	51.2	56.3	62.0	65.6

资料来源：2015 年的数据由《2015 年国民经济和社会发展统计公报》相关数据整理、计算得到，其他年份数据根据《中国统计年鉴》（2003～2015）相关数据计算、整理得到。

利用外资调整发展阶段：2008 年至今。该时期，中国各次产业利用 FDI 的产业结构进一步调整，各次产业利用 FDI 所占比重增幅不大。根据商务部外资司的统计数据，中国第二产业 2010 年实际利用 FDI 共计 538.60 亿美元，相比 2007 年仅增加了约 6 亿美元；第三产业 2010 实际

---

① 数据根据中国投资指南网中相关数据计算得出，http://www.fdi.gov.cn/pub/FDI/wztj/lntjsj/default.jsp，最后访问日期，2016 年 7 月 9 日。

利用 FDI 与 2007 年相比，增加了约 50 亿美元，增幅在 10% 以下①。由图 7-1 可知，初始阶段中国第二、第三产业利用 FDI 所占比重略有波动，但波动幅度较小。在 2009 年金融危机开始席卷中国的大环境下，中国第三产业利用 FDI 所占比重开始较大幅度下降，第二产业利用 FDI 所占比重有所上升。其原因主要有以下两个方面。一方面，在第一产业利用 FDI 总量和所占比重基本不变的现实情况下，第二、第三产业利用 FDI 总量和所占比重在某种程度上是一个零和博弈的命题，第三产业所占比重降低，第二产业所占比重会有所上升。另一方面，受金融危机的影响，人们开始谨慎消费，服务领域的消费需求有所减少，日常生活中的硬性消费需求不受太大影响，整个经济大环境的萧条使投资第三产业变得不合时宜。虽然金融危机也会对第二产业的投资造成不利的影响，但是相比而言，其不利影响不如第三产业。基于重型工业的特性，第二产业的投资具有惯性，由于第三产业是高附加值的轻型产业，外商在经济不景气的情况下，更容易改变对已筹建项目的投资策略，甚至撤资。在 2010 年全球经济复苏时，第三产业也恢复了其利用 FDI 的先机，所占比重上升，并在 2011 年超过了第二产业，并在此后的年份中一直保持着较大的比重。正如上述所言，该阶段是中国产业结构进行调整的新时期，也是中国利用 FDI 的产业结构稳步调整和发展的新阶段。

由中国利用 FDI 的产业结构变化历程可知，第一产业利用 FDI 所占比重一直较低。由表 7-3 可知，中国第一产业引进外资较少，这种现象将长时间持续存在。原因主要有以下几点。一是，农业是中国的根基。为避免中国国民的生存问题受制于外邦，降低外资对第一产业形成控制力的风险，中国现行外资政策对外资进入农林业和部分养殖部门进行了非常严格的限制。二是，初级产品价格偏低，利润率相对一般加工工业和服务业偏低，这使第一产业投资项目缺乏吸引力。若外商投资于农、林、牧、渔业，投资的机会成本太大，投入产出比较低。三是，中国第

① 数据根据中国投资指南网中相关数据计算得出，http://www.fdi.gov.cn/pub/FDI/wztj/lntjsj/default.jsp，最后访问日期，2016 年 7 月 9 日。

一产业尚未形成系统化、规范化的集中化经营，大多数养殖业和种植业部门仍然以包产到户的分散化、粗放式的经营方式为主，这使外商在第一产业谋求项目投资合作时遇到较大的障碍。

二　中国三次产业内引进 FDI 的行业结构现状

中国各次产业内部利用 FDI 的行业结构主要是指各次产业内部行业利用 FDI 的比重关系。由于第一产业整体利用 FDI 比重小（见表 7 - 3），且其内部行业分类少，所以本部分主要研究第二产业和第三产业内部利用 FDI 的行业结构。

（1）第二产业。2014 年 FDI 行业结构如表 7 - 4 所示，由此可见，截至 2014 年，在第二产业合同利用 FDI 总额的 4394333 万美元中，制造业为 3993872 万美元，约占 90.89%，其他三类行业利用 FDI 所占比重约为 9%。第二产业内部行业结构主要是指制造业内部的行业结构。在制造业内部，加工工业利用 FDI 所占比重高，原料工业利用 FDI 所占比重低；轻加工业利用 FDI 所占比重高，重加工业利用 FDI 所占比重低；技术密集型产业利用 FDI 所占比重高，一般加工工业利用 FDI 所占比重低。据全国第三次工业普查的数据结果，在独立核算"三资"工业企业 1995 年累计外商实际投资额中，轻工业所占比重为 57.1%，重工业所占比重为42.9%；原料工业所占比重为 12.8%，以工业品为原料的加工工业所占比重为 52.6%，以农产品为原料的加工工业所占比重为 34.4%。在主要工业行业中，FDI 占比最高的是机电工业，其次是化工工业。

（2）第三产业。第三产业内部的行业可分为四个类别：为流通服务的行业、为生产和生活服务的行业、为提高文化水平和居民素质服务的行业以及政府及公共服务机构。由表 7 - 4 可知，截至 2014 年，在中国第三产业利用 FDI 总额中，为生产和生活服务的行业利用 FDI 占绝大部分，所占比重超过 70%，其他三大类行业所占比重约 30%。其中，为提高文化水平和居民素质服务的行业以及政府、公共服务机构利用 FDI 金额极小，有些行业甚至没有外商进行项目投资。从第三产业内部具体行业来看，FDI 主要集中在房地产业、租赁和商务服务业、批发和零售业、金融业以及交通运输、仓储和邮政业，而在教育、卫生、社会保障、社会福利业、文化、体育、娱乐业以及水利、环境和公共设施管理业等这些属于社会精神文化建设的产业和部门，FDI 金额较小，所占比重也很低。

表 7 - 4　2014 年 FDI 行业结构

行业名称	项目数（个）	比重（%）	合同利用金额（万美元）	比重（%）
总计	23778	100.00	11956156	100.00
第一产业	719	3.02	152227	1.27
农、林、牧、渔业	719	3.02	152227	1.27
第二产业	5651	23.77	4394333	36.75
采掘业	35	0.15	56222	0.47
制造业	5178	21.78	3993872	33.40
电力、煤气及水的生产和供应业	208	0.87	220290	1.84
建筑业	230	0.97	123949	1.04
第三产业	17408	73.21	7409596	61.97
为流通服务的行业	376	1.58	445559	3.73
交通运输、仓储和邮政业	376	1.58	445559	3.73
为生产和生活服务的行业	16796	70.64	6870915	57.47
信息传输、计算机服务和软件业	981	4.13	275511	2.30
批发和零售业	7978	33.55	946340	7.92
住宿和餐饮业	567	2.38	65021	0.54
金融业	970	4.08	418216	3.50
房地产业	446	1.88	3462611	28.96
租赁和商务服务业	3963	16.67	1248588	10.44
科学研究、技术服务和地质勘查业	1611	6.78	325466	2.72
水利、环境和公共设施管理业	99	0.42	57349	0.48
居民服务和其他服务业	181	0.76	71813	0.60
为提高文化水平和居民素质服务的行业	236	0.99	92192	0.77
教育	20	0.08	2097	0.02
卫生、社会保障和社会福利业	22	0.09	7757	0.06
文化、体育和娱乐业	194	0.82	82338	0.69

行业名称	项目数（个）	比重（%）	合同利用金额（万美元）	比重（%）
政府及公共服务机构	0	0	930	0.01
公共管理和社会组织	0	0	930	0.01
国际组织	181	0.76	71813	0.60

资料来源：根据 2015 年《中国统计年鉴》相关数据整理、计算得出。

第三节　中国引进 FDI 的产业结构存在的问题

改革开放之后，中国开始融入开放的全球环境中，在利用国际资源和提升国际地位的同时，也增加了衍生产业结构安全问题的风险。要想改善中国的产业结构安全现状，确定中国引进 FDI 的产业结构所存在的问题是非常关键的。

（1）三次产业结构不合理。从经济全球化和中国目前经济发展的情况来看，中国需要合理利用国际资源，引进适度规模的外资，并合理部署外资在各次产业中的布局，使中国产业结构得到适度调整、升级和均衡发展。由表 7－3 可知，FDI 集中在第二产业和第三产业，对发展缓慢的第一产业投资所占比重很低；第三产业近年来利用 FDI 所占比重有所上升，与西方国家产业结构的演变随着经济技术的发展、第三产业所占比重提高的趋势相吻合，但这与西方发达国家第三产业利用外资的水平还有较大差距。

（2）三次产业内部的非均衡发展。要实现中国三次产业内部的行业结构升级，中国各次产业内部应实现均衡发展。从上述三次产业内部结构分析可看出，中国三次产业内部存在着非均衡发展的问题，具体体现在以下三个方面。首先，在利用 FDI 水平较低的第一产业中，大多数 FDI 被投资到生产性加工项目上，种植业、养殖业项目利用外资较少，大规模利用 FDI 开展粮、棉、油等开发和生产项目的情况更是少见（崔新健，2008）。其次，在第二产业内部外资高度集中于制造业，且加工工业利用 FDI 所占比重比原料工业高，轻工业利用 FDI 所占比重比工业高，技术密集型产业利用 FDI 所占比重比一般加工工业高。截至 2014 年，制造业合同利用 FDI 所占比重为第二产业四个门类合同利用 FDI 总额的 90% 以上，占三次产业合同利用 FDI 总额的 33.4%。最后，第三产业内部的 15 个门类中，外商主要投资集中在高利润行业，首先是房地产业，随后是租赁和商务服务业、批发和零售业、金融业以及交通运输、仓储和邮政业。由表 7-4 的数据计算可知，截至 2014 年，中国房地产行业合同利用外资总额占第三产业合同利用外资总额的 46.73%。

总体来看，FDI 在促进中国经济增长的同时，也在产业结构方面存在着一些问题，在一定程度上影响着中国的产业结构安全。

第四节　FDI 对中国产业结构优化的影响

产业结构优化是指通过产业调整，使各次产业协调发展，满足社会不断增长的需求的过程。它主要包括产业结构高度化和产业结构合理化两个过程（臧旭恒、杨蕙馨、徐向艺，2015）。其中，合理化是高度化的基础。如果没有产业结构合理化，产业结构的高度化就失去了赖以生存的条件，产业结构升级的目的也就无法实现，甚至会发生产业结构的逆转。高度化是合理化的目的。产业结构合理化的目的在于使产业结构向更高层次转化，一旦产业结构高度化的目标缺失，合理化也就失去了存在的意义。因此，要衡量 FDI 对中国产业结构优化的影响，就必须从 FDI 对中国产业结构高度化和产业结构合理化两个方面的影响入手。

一　FDI 对中国产业结构高度化的影响

产业结构高度化是指产业结构由低水平状态向高水平状态发展的动态过程（李孟刚，2008）。具体来说，在产业结构高度化的过程中，产业结构会沿着第一、二、三产业的方向依次演进，逐步实现由劳动密集型、资本密集型产业向技术密集型产业的过渡，并按照从低附加值产业向高附加值产业、低加工度产业向高加工度产业的轨迹实现渐进式发展。

评价一个国家产业结构高度化程度的方法主要有两类：一类是截取纵向数据进行时间序列分析，另一类是选取参照国进行横向比较。由于选取参照国标准存在难度，本论书采取了第一类评价方法，具体采用的方法有产业增加值贡献法。

产业增加值贡献法是指通过模型计算 FDI 对中国各次产业增加值的贡献大小，反映三次产业增加值的相对变化，侧面评价 FDI 对中国产业结构高度化的影响。本章采用 1990～2014 年三次产业 GDP 数据和 FDI 数据作为数据，以不同行业实际利用 FDI 金额作为解释变量，将不同行业增加值作为被解释变量。为统一量纲，本章将三次产业 FDI 的计量单位由亿美元换算成亿元（三次产业 FDI = FDI × 年均汇率），同时为消除方差和价格的影响，对 FDI 序列和 GDP 序列取对数，构建了对数回归方程，见公式 7.1。首先分析时间序列数据的平稳性，再对公式 7.1 进行相关分析和回归分析，运用的计量分析软件为 Eviews 7。

$$\ln GDP_{it} = a + b\ln(FDI_{it}) \tag{7.1}$$

公式 7.1 中，下标 i 表示第 i 产业，t 表示时间。

（1）ADF 检验。分别对序列 $\ln GDP_{it}$ 和 $\ln FDI_{it}$ 进行 ADF 检验，结果见表 7 - 5。

表 7 - 5　ADF 检验结果

变量	差分阶数	ADF 值	临界值（5%）	结果
$\ln GDP_1$	2	- 4.3682	- 3.1199	平稳
$\ln FDI_1$	2	- 4.6566	- 3.1449	平稳
$\ln GDP_2$	1	- 3.4175	- 3.0989	平稳
$\ln FDI_2$	1	- 3.5450	- 3.1449	平稳
$\ln GDP_3$	2	- 5.7534	- 3.1449	平稳
$\ln FDI_3$	2	- 5.4064	- 3.2127	平稳

由表 7 - 5 可知，对于序列 $\ln FDI_1$ 和 $\ln GDP_1$ 的二阶差分序列，ADF 统计量小于显著性水平为 5% 的临界值，说明 $\ln FDI_1$ 和 $\ln GDP_1$ 是二阶单整；同理，$\ln FDI_2$ 和 $\ln GDP_2$ 为一阶单整；$\ln FDI_3$ 和 $\ln GDP_3$ 是二阶单整。

（2）相关性分析。依次计算出 $\ln FDI_1$ 和 $\ln GDP_1$、$\ln FDI_2$ 和 $\ln GDP_2$ 以及 $\ln FDI_3$ 和 $\ln GDP_3$ 的相关系数，结果分别见表 7 - 6 至表 7 - 8。

表 7 - 6 $\ln FDI_1$ 和 $\ln GDP_1$ 的相关系数

	$\ln GDP_1$	$\ln FDI_1$
$\ln GDP_1$	1	0.6507
$\ln FDI_1$	0.6507	1

表 7 - 7 $\ln FDI_2$ 和 $\ln GDP_2$ 的相关系数

	$\ln GDP_2$	$\ln FDI_2$
$\ln GDP_2$	1	0.8307
$\ln FDI_2$	0.8307	1

表 7 - 8 $\ln FDI_3$ 和 $\ln GDP_3$ 的相关系数

	$\ln GDP_3$	$\ln FDI_3$
$\ln GDP_3$	1	0.9894
$\ln FDI_3$	0.9894	1

由表 7 - 6 至表 7 - 8 可知，$\ln FDI_1$ 和 $\ln GDP_1$ 的相关系数为 0.6507，在（0.5，0.8）区间，说明 $\ln FDI_1$ 和 $\ln GDP_1$ 显著相关；$\ln FDI_2$ 和 $\ln GDP_2$ 以及 $\ln FDI_3$ 和 $\ln GDP_3$ 的相关系数分别为 0.8307 和 0.9894，在 [0.8，1）区间，说明 $\ln FDI_2$ 和 $\ln GDP_2$ 以及 $\ln FDI_3$ 和 $\ln GDP_3$ 高度相关。这在某种程度上说明运用线性模型来解释两者的关系是比较适合的。

（3）回归分析。由国民收入核算公式可知，投资作为国民收入核算的一部分，对 GDP 的增长具有一定的促进作用。运用 EG 两步法构造协整模型进行回归分析。得出第一产业 GDP 和 FDI 的回归方程，见公式 7.2，括号中的数字为标准误。

$$\ln GDP_1 = 5.4750 + 1.0852 \ln FDI_1 \qquad (7.2)$$
$$(1.53) \qquad (0.34)$$

对生成的残差序列进行单位根检验，可以得到 P 值为 0.0053，这就说明 $\ln FDI_1$ 和 $\ln GDP_1$ 之间具有较为稳定的长期的协整关系。同理，经过同样的过程可得到第二、三产业 GDP 和 FDI 的回归方程，分别见公式 7.3 和公式 7.4：

$$\ln GDP_2 = 11.0753 + 1.0530 \ln FDI_2 \qquad (7.3)$$
$$(1.01) \qquad (0.84)$$
$$\ln GDP_3 = 2.9522 + 1.1432 \ln FDI_3 \qquad (7.4)$$
$$(0.30) \qquad (0.04)$$

公式 7.3 中，针对第二产业的残差序列，其 P 值为 0.0192，公式 7.4 中，针对第三产业的残差序列，其 P 值为 0.0475，因此，$\ln FDI_2$ 和 $\ln GDP_2$ 以及 $\ln FDI_3$ 和 $\ln GDP_3$ 之间均具有协整关系。根据结果可知，第一产业利用 FDI 每增加 1%，产业增加值增加 1.0852%；第二产业利用 FDI 每增加 1%，产业增加值增加 1.0530%；第三产业利用 FDI 每增加 1%，产业增加值增加 1.1432%。这说明第三产业利用 FDI 对 GDP 的推动作用大于第一产业和第二产业，同时也揭示了 FDI 具有正面影响中国产业结构高度化的潜力。如果按照资源合理分配的原则使 FDI 对产业增加值的贡献最大化，中国产业结构将实现由第一、二产业向第三产业的渐进式过渡，利用 FDI 也有利于中国产业结构向高度化的方向演进，实现产业结构调整和升级。

二 FDI 对中国产业结构合理化的影响

产业结构合理化要求在一定的经济发展阶段，根据消费需求以及资源禀赋，对原来不理想的产业结构进行适当调整，使资源在各产业间实现合理配置和有效利用。衡量 FDI 对中国产业结构合理化的影响的关键在于确定利用 FDI 是否有利于实现合理的产业结构，并使全国产业能力扩大化。

（一）标准结构模式下中国产业结构合理化

要衡量 FDI 对中国产业结构合理化的影响，首先需要明确中国产业结构是否合理以及是否沿着合理化的方向发展。本研究衡量中国产业结构合理化的依据是标准结构模式。

标准结构是由钱纳里和塞尔昆提出的。他们以 101 个国家 1950～
1970 年的统计资料为样本，提出了世界发展模型，并通过演绎得出了经
济发展结构模型总结出不同收入水平的产业结构标准（见表 7 - 9）。根
据标准结构，经济发展阶段与经济结构是相对应的，且每个发展阶段的
产业结构都存在着标准数值。如果某国的产业结构数据与标准结构数值
不吻合，说明该国结构存在着偏差。这在某种程度上为分析不同国家的
产业结构演变是否正常提供了依据。

表 7 - 9　不同收入水平的产业结构标准

单位：美元，%

人均 GDP	GDP 结构		
	第一产业	第二产业	第三产业
300	26.6	25.1	48.2
400	22.8	27.1	49.6
500	20.2	29.4	50.4
800	15.6	33.1	51.4
1000	13.8	34.7	51.5
3000	9.8	38.9	51.3

资料来源：钱纳里等《发展的形式 1950～1970》，牛津大学出版社，1957。

根据中国的相关数据，可以计算出 2000～2014 年中国人均 GDP 及
产业结构，具体情况见表 7 - 10。

表 7 - 10　中国 2000～2014 年人均 GDP 及产业结构

年份	人均 GDP（元）	人均 GDP（美元）	第一产业比重（%）	第二产业比重（%）	第三产业比重（%）
2000	7857.7	949.2	15.1	45.9	39
2001	8621.7	1041.6	14.4	45.1	40.5
2002	9398.1	1135.5	13.7	44.8	41.5
2003	10542	1273.6	12.8	46	41.2
2004	12335.6	1490.4	13.4	46.2	40.4

年份	人均 GDP（元）	人均 GDP（美元）	第一产业比重（%）	第二产业比重（%）	第三产业比重（%）
2005	14185.4	1730.1	12.1	47.4	40.5
2006	16499.7	2067.7	11.1	47.9	40.9
2007	20169.5	2645.2	10.8	47.3	41.9
2008	23707.7	3412.2	10.7	47.4	41.8
2009	25608	3744	10.3	46.3	43.4
2010	29992	4410.6	10.1	46.8	43.1
2011	35097	5559.5	9.5	46.1	44.3
2012	38459	6118.7	9.5	45.0	45.5
2013	43320	6994.8	9.4	43.7	46.9
2014	46629	7500.7	9.2	42.7	48.1

资料来源：根据《中国统计年鉴》（2001~2015）相关整理、计算得到。

从整个时间序列来看，中国第一产业比重下降，第三产业比重有上升的趋势，这与钱纳里的标准结构基本一致。中国第二产业比重先呈现上升的趋势，2007年以后开始有所下降，但在2010年略微提高，与标准结构中第二产业持续上升的情况有所不同。在经济发展过程中，中国第二、三产业比重并不像标准结构一样持续上升，而是在小幅波动中呈现上升的趋势。具体来看，根据钱纳里的标准结构，引进 FDI 后中国2000~2014年的产业结构可划分为2000年、2001~2007年、2008~2014年等三个阶段来分析。

依据表7-9，在2000年，中国人均 GDP 为949.2美元，处于800~1000美元的水平，第一、二、三产业标准比重分别在13.8%~15.6%、33.1%~34.7%和51.4%~51.5%的水平。中国第二、三产业比重分别为45.9%和39.0%，与标准结构相比，第二产业比重偏高，第三产业比重偏低。

在2001~2007年，中国人均 GDP 在1000~3000美元的水平，第一、二、三产业的标准比重分别为9.8%~13.8%、34.7%~38.9%和51.3%~51.5%。在现实情况下，中国第一产业比重由2001年的14.4%

下降到 2014 年的 10.8%，大致在标准结构范围内，但是在 2001 年，人均 GDP 为 1041.6 美元，高于 1000 美元。按照标准结构模式的原理，随着人均 GDP 的提高，第一产业比重应逐渐降低。因此，中国 2001 年第一产业标准比重低于 13.8%，说明中国第一产业 14.4% 的实际比重与标准比重存在一定的差距。2001～2007 年，第二产业实际比重由 2001 年的 45.1% 上升到 2007 年的 47.3%，超出标准比重范围 34.7%～38.9%，与标准结构模式下第二产业比重随人均 GDP 增加而提升的趋势是基本一致的，但是在第一产业比重与标准比重相差不大的情况下，第二产业比重偏高将直接导致第三产业比重偏低。如表 7 - 10 所示，2001～2007 年，中国第三产业实际比重由 2001 年的 40.5% 上升到 2007 年的 41.9%，与标准比重相比偏低，相差近 10 个百分点。在该阶段，中国产业结构的演变与标准结构的变化趋势是大体一致的，但是由于中国工业化发展规模大于第一、三产业，因此第二产业比重偏高，占据了在同等经济发展水平下应由第三产业贡献的部分经济份额，并持续在国民经济中处于龙头的地位。

2008～2014 年，中国人均 GDP 在 3000 美元以上，第一产业的标准比重在 9.8% 以下。且根据库兹涅茨的产业结构变动理论，第二产业标准比重应稳定在 38.9% 或下降至 38.9% 以下，第三产业标准比重应稳定在 51.3% 以上。而在这段时间里，中国第一、二、三产业比重分别由 2008 年的 10.7% 下降到 2014 年的 9.2%，由 2008 年的 47.4% 下降到 2014 年的 42.7%，由 2008 年的 41.8% 上升到 2014 年的 48.1%，都在标准结构范围之外。具体来说，与标准比重相比，第一、二产业比重偏高，第三产业比重偏低。这说明中国目前产业结构有待进行调整，需要加快产业结构高度化进程。

（二）FDI 影响中国产业结构合理化的途径和结果

由上文可知，FDI 对中国产业结构高度化有一定的正面影响，即 FDI 有利于实现中国产业结构从第一、二产业到第三产业的转变，有利于实现由低附加值产业向高附加值产业的转化。在第三产业利用 FDI 总额和占比增加的情况下，第三产业增加值总额和占比也都会增加。从某种程度上来说，FDI 对中国产业结构合理化的影响是通过 FDI 影响产业结构高度化实现的。

第一，FDI 通过影响中国产业结构升级，使其与产业标准结构的演变趋势大致相同。由上文的分析结果可知，在引进 FDI 总额和占比持续增加的情况下，中国第三产业增加值总额和占比也会上升，产业结构也会从第一、第二产业向第三产业倾斜。

第二，引进 FDI 会使中国的资本环境和生产要素环境复杂化，增加了各产业发展的不确定性，影响中国产业结构的稳定性。在开放的环境下，国际经济环境影响着 FDI，FDI 反过来影响中国的经济发展和产业结构。由表 7-10 可知，中国随着经济发展水平的提高，产业结构并不是持续上升，而是呈现盘旋式或波动式上升趋势。这当中有很多方面的原因，但国际经济环境和 FDI 投资水平也是其中的重要因素。

第三，FDI 通过其在中国各产业的布局，影响着中国产业结构与标准结构的差距。结合表 7-3 来看，虽然近年来，中国第三产业利用 FDI 占比已经超过了第二产业利用 FDI 占比，但是由于之前第二产业利用 FDI 占比长期处于领先地位，FDI 在第二产业发挥的累积效应较大，使得 FDI 对中国第二产业的贡献大于其对第三产业的贡献，因此，中国产业结构与标准结构的差距在一定程度上也存在着受 FDI 影响的原因。

第五节　本章小结

本章就 FDI 对中国产业结构优化的方面进行了考察，分析得出 FDI 对中国产业结构产生了重要影响，其中，既有积极影响，也有消极影响。积极影响主要体现在以下几个方面。一是，由于 FDI 的结构性倾斜及其对中国各次产业的经济效益与中国产业结构调整和升级的要求大致相吻合，FDI 的合理配置促进了中国产业由第一、二产业向第三产业过渡，有利于加快中国产业结构高度化进程。二是，FDI 通过影响中国产业升级，使中国产业结构的演变态势与标准结构的演变趋势大致相同，并促进中国产业趋向合理化。但是 FDI 在发挥其积极影响的同时，也产生了一些消极影响，如在引进 FDI 后，资本环境和生产要素环境复杂化，产业结构合理化过程出现诸多的不确定性因素等。因此，提出以下对策和建议。

（1）建立健全法律体系，维护良好的市场秩序。根据加入 WTO 的承诺和对外开放新形势的要求，进一步完善外商投资法律体系，加快新法规的制定。大力推进依法行政，重点是加强对外商投资地方性法规和相关政策措施的清理工作，使其与国家法律法规和 WTO 规则以及中国对外承诺相一致。在对现行法律法规进行清理、修订的同时，要特别注重保持外商投资政策法律的相对稳定性、连续性、可预期性和可操作性，努力为外商来华投资创造良好的法律、政策环境。

（2）进一步扩大市场开放，逐步消除市场壁垒，放宽外资企业的市场准入，减少投资和贸易限制，加速国内市场和国际市场的接轨。制定和实施科学合理的外资产业政策，正确引导外资投向。根据中国利用外资产业分布的实际情况以及产业结构调整的目标，制定科学合理的产业政策，构筑利用外资产业结构的框架，并以此作为引导外资投向的指导。除此以外，还必须建立外资投向的检查统计、监督、管理的相关机构，检查外资产业项目和结构，指导各级地方政府控制外资项目，以保证外资产业政策的约束力和有效性。

（3）引导外商加大对第一、三产业的投资力度，相对降低对工业的投资比重。20 世纪 90 年代以来第二产业，尤其是工业的比重升幅过大，第三产业的实际比重下降，使产业结构偏差变得更加突出。另外，中国三次产业的结构水平同世界上其他国家的相比，存在着较大差距。中国第二产业占国内生产总值的比重不仅高于同属发展中国家的印度，而且也高于美、日等资本主义发达国家，同时中国的第三产业的比重也远低于这些国家的水平。因此，中国应引导外商加大对第一、三产业的投资力度，相对降低对第二产业的投资比重，这不仅符合国内产业结构调整和升级的需要，而且也符合国际直接投资的产业结构变化趋势。

（4）引导外商增加对重加工业的投资，相应地减少对消费品工业的投资。目前，外商在对中国工业的实际投资中，约有 60% 分布在消费品工业，对重加工业的投资只有 40% 左右。但是，中国消费工业的产品相对过剩和生产能力闲置比重工业更加突出。"十五"期间，工业结构调整的基本方向是适度重型化，加强重工业尤其是装备工业，相应控制消费品的投资规模和增长速度。因此，需要引导外商对工业的投资更多地转向重加工业尤其是装备工业部门，相应地减少对消费品工业的投资比重。

（5）引导外商增加对技术密集型产业的投资，相应地减少对一般加工工业的投资。从推动中国工业结构升级的角度看，"十五"时期需要加快技术密集型产业以及高新技术产业的发展，相应地控制一般加工工业的投资规模和增长速度，因此，应进一步重视吸引大型跨国公司的直接投资，引导外资更多地进入技术密集型产业和高新技术产业，同时减少对一般加工工业的投资比重。

（6）引导外资投向主导产业和支柱产业。从中国的情况看，汽车、石油化工、机电等产业已成为国民经济的支柱产业。由于诸多原因，中国这些产业普遍存在投资分散、规模较小、技术和管理水平较低、产品竞争力差等问题。因此，通过利用外资，引进高新技术，以较短时间振兴支柱产业，避免分散投资，注重规模经济效益，注重与国企技术改造结合，充分发挥产业政策的导向作用。

（7）引导、鼓励外商加大对第三产业的投资，并引入竞争机制，促进第三产业发展，同时要优化第三产业的内部结构。其中，服务业是中国经济发展中基础最为薄弱、最缺乏国际竞争力的领域之一。因此，通过鼓励外商向服务业投资，不仅是适应经济全球化发展的需要，而且是中国实现产业结构调整目标、改善服务质量和环境、提高经济整体实力的必要举措。另外，多数服务业属于劳动密集型行业，扩大这些行业规模，有利于提供更多的劳动力就业机会，并充分发挥中国劳动力方面的比较优势。中国对引导外资进入第三产业应采取有梯度的思路。具体内容包括：适度增加对交通运输、邮电通信、教育事业和公用事业等基础行业的投资，以逐渐加速这些产业的发展；稳步增加对商业、物资供销业、旅游业、仓储业、社会服务业、餐饮业等的投资，促进竞争，提高质量；加大对金融保险业、信息咨询业和各类技术服务业的投资。

参考文献

[１]　白澎：《中国产业安全的实证研究》，《山西财经大学学报》2010 年第 32 卷第 8 期。

[２]　陈立泰、黄仕川、李正彪：《金融深化对第三产业结构的影响分析——基于中国省际面板数据的分析》，《经济问题探索》2010 年第 3 期。

[３]　陈明、魏作磊：《中国服务业开放对产业结构升级的影响》，《经济学家》2016 年第 4 期。

[４]　顾海峰：《技术创新视角下产业结构高级化的金融支持机理研究》，《软科学》2010 年第 1 期。

[５]　黄庆波、范厚明：《对外贸易、经济增长与产业结构升级——基于中国、印度和亚洲"四小龙"的实证检验》，《国际贸易问题》2010 年第 2 期。

[６]　纪宝成、刘元春：《对我国产业安全若干问题的看法》，《经济理论与经济管理》2006 年第 9 期。

[７]　姜茜、李荣林：《我国对外贸易结构与产业结构的相关性分析》，《经济问题》2010 年第 5 期。

[８]　李力行、申广军：《经济开发区、地区比较优势与产业结构调整》，《经济学》（季刊）2015 年第 3 期。

[９]　李孟刚：《产业安全理论研究》，经济科学出版社，2006。

[１０]　李孟刚：《产业经济学》，高等教育出版社，2008。

[１１]　刘亚娟：《外国直接投资与我国产业结构演进的实证分析》，《财贸经济》2006 年第 5 期。

[１２]　石卫星：《外商直接投资对江苏省产业结构的影响及对策》，《华东经济管理》2015 年第 5 期。

[１３]　唐志鹏、刘卫东、刘红光：《投入产出分析框架下的产业结构协调发展测度》，《中国软科学》2010 年第 3 期。

[１４]　王维、高伟凯：《基于产业安全的我国外资利用思考》，《财贸经济》2008 年第 12 期。

[１５]　王艳荣：《我国工业化进程中产业结构演变实证研究》，合肥工业大学硕士学位论文，2006。

[１６]　王展祥：《中国产业结构演进与经济增长关系研究》，《当代经济研究》2010 年第

4 期。

[17] 夏兴园、王瑛:《国际投资自由化对我国产业安全的影响》,《中南财经大学学报》2001 年第 2 期。

[18] 俞树毅、房裕:《国际直接投资:产业结构升级的垫脚石还是绊脚石》,《兰州大学学报》(社会科学版) 2015 年第 3 期。

[19] 臧旭恒、杨蕙馨、徐向艺:《产业经济学》,经济科学出版社,2015。

[20] 曾鹏、吴功亮:《FDI 影响中国城市群城市化进程的机理探讨:产业结构变迁视角》,《重庆大学学报》(社会科学版) 2016 年第 1 期。

[21] 张娟:《外国直接投资对中国产业结构的调整效应分析》,《亚太经济》2006 年第 6 期。

[22] 张琴:《国际产业转移与产业结构优化研究——基于浙江省的实证分析》,《国际贸易问题》2010 年第 2 期。

[23] 张晓棠、宋元梁、荆心:《基于模糊评价法的城市化与产业结构耦合研究——以陕西省为例》,《经济问题》2010 年第 1 期。

[24] 张玉春、李宗植:《我国工业结构优化升级的战略思考》,《经济经纬》2006 年第 5 期。

[25] John Dunning, *International Production and the Multinational Enterprise* (London: George Allen & Unwin, 1981).

[26] Vernon R., "International Investment and International Trade in the Product Cycle," *Quarterly Journal of Economics* 3 (1966).

第八章　FDI 对中国产业布局安全的影响

FDI 在促进中国经济发展的同时，也给中国的产业布局安全造成了一定的影响。分析 FDI 在中国投资区位的选择，对于合理引导 FDI 流向、保障中国的产业布局安全有着重要的意义。

产业布局是指产业在一国（或地区）范围内的空间组合。影响产业布局的因素主要包括地理位置、自然因素、社会因素、政治经济因素、科学技术因素（李孟刚，2006）。由此可见，产业布局是各种影响因素相互作用形成的产业空间组织形式，既包括社会生产方式、基础设施和基础产业状况、历史、国防、民族等构成的社会经济条件，又包括自然资源、技术进步、生产组织形式以及环境保护因素。

第一节　中国产业布局的发展

一　均衡发展阶段（1949～1975 年）

新中国成立初期，中国的产业布局状况极不平衡，占国土面积不到 12% 的东部沿海地带集中了全国 70% 以上的工业和交通运输设施（黄辉，2001），内陆地区只有 30%。为了平衡严重失衡的产业发展布局，改变生产力过分依赖东部沿海地区的状况，同时有利于国防和备战目标，国家提出了均衡发展布局思想，这一思想分别体现在"一五"至"四五"时期提出的具体发展目标中。

"一五"（1953～1957 年）时期，中国以重工业为主，实施向内陆倾斜发展的政策，在这一阶段，中国投资限额在 1000 万元以上的 694 个项目中，有 472 个建在内陆地区，222 个建在沿海地区，在基本建设投资总额中沿海与内陆分别占 46.7% 和 53.3%（何荣天，1995）。"二五"（1958～1962 年）至"四五"（1970～1975 年）时期，国家产业布局的重心继续西移，进一步加强均衡布局政策，其中，在"三五"和"四五"时期，中国为了备战目标，开展了"三线建设"①。"三五"时期，在全国基本建设投资中，东部②占 26.9%，中西部高达 61.6%（黄辉，2001），到"四五"结束时，中国 10 年间在"三线"地区相继投资 2000 多亿元（黄辉，2001），形成了工业建设在地域上的一次大转移。

均衡发展的产业布局，极大地促进了中国中西部地区的发展，缩小了其与东部地区的差距，但是也脱离了发展和效率的目标，使全国各地区产业结构趋同，不能充分发挥各地区的比较优势。

二　非均衡发展阶段（1976～1995 年）

1978 年，党的十一届三中全会召开，调整了中国产业布局的原则体系，把注重效率作为优先考虑因素，中国的产业布局也逐渐实现了东移。1980 年，经中央批准，中国相继成立了 4 个经济特区、14 个沿海城市、3 个沿海经济开发区和 1 个台商投资区，以此来充分利用区域的比较优势，同时，中国对东部沿海地区从财政、税收、信贷和投资等方面都给予了优惠政策，使沿海地区得以迅速发展，带动内陆地区的发展。1978 年东部地区基本建设的投入仅为西部地区的 1.97 倍，1995 年时达到了 3.61 倍，东部沿海地区基本建设的投入自 1985 年开始超过中西部投入的总和（匡明，2007）。

中国改革开放的实施以及产业布局政策的改变，极大地促进了东部

---

① "三线建设"指的是自 1964 年开始，中华人民共和国政府在中国中西部地区的 13 个省、自治区进行的一场以战备为指导思想的大规模国防、科技、工业和交通基本设施建设。

② 东部地区包括北京、天津、河北、辽宁、上海、江苏、浙江、福建、山东、广东、海南 11 个省级行政区；中部地区包括山西、吉林、黑龙江、安徽、江西、河南、湖北、湖南 8 个省级行政区；西部地区包括四川、重庆、贵州、云南、西藏、陕西、甘肃、青海、宁夏、新疆、广西、内蒙古 12 个省级行政区。

沿海地区的发展，同时，东部沿海地区优越的地理位置、优惠的产业政策以及低廉的劳动成本吸引了大量的 FDI 涌入中国。改革开放初期的 1979～1984 年，中国吸收 FDI 总金额为 41.04 亿美元，随着改革开放的推进，中国的投资环境大为改善，仅 1995 年吸收 FDI 总金额为 375.21 亿美元，是 1979～1984 年这 6 年总和的 9.1 倍①。由此可见，在非均衡发展阶段，中国利用 FDI 经历了从初步试探到快速增长时期，这在一定程度上促进了中国的经济发展。

非均衡的产业布局，加快了改革开放的步伐，在全国范围内形成了经济特区—沿海开放城市—沿海经济开发区—内陆的梯度发展格局，FDI 非均衡进入中国东部沿海地区，带来了先进的生产技术和管理理念，又进一步促进了沿海地区的发展。但是，随着非均衡战略的实施，中国的区域差距问题也开始凸显，1995 年，中国东、中、西部地区的 GDP 占全国的比例分别为 55.6%、26.1% 和 18.3%②，东部地区大于中西部地区之和。

三　统筹发展阶段 (1996 年至今)

1999 年，党的十五届四中全会明确提出了要实施西部大开发战略，标志着中国的产业布局战略发生了历史性的转变。2003 年，党的十六届三中全会首次提出了"统筹区域发展"的概念，统筹区域发展就是五个统筹之一。统筹区域发展是在中国区域差距不断扩大、区域经济冲突频繁发生等的背景下提出的，中国的产业布局也进入了统筹合理发展的阶段。

在这一阶段，中国加大了鼓励外商向中西部地区投资的政策倾斜力度，吸引更多的 FDI 进入中西部地区，以此来缩小东、中、西部的地区差异。1996～2014 年中国东、中、西部 FDI 占全国的比重如图 8-1 所示。从中可以看出，尽管中国东部地区仍是 FDI 的重点投资领域，但是

---

① 数据根据 2011 年《中国统计年鉴》相关数据整理、计算得到。
② 数据根据 1997 年《中国统计年鉴》相关整理计算得到，统计项目为"各地区国内生产总值和指数"。

其投资比例有所下降，从 1996 年的 86.46% 下降到 2015 年的 61.63%；中西部地区引进的 FDI 呈逐年上升的趋势，中部地区吸收的 FDI 从 1996 年的 9.28% 上升到 2015 年的 27.38%，西部地区吸收的 FDI 从 1996 年的 4.26% 上升到 2015 年的 11.00%。

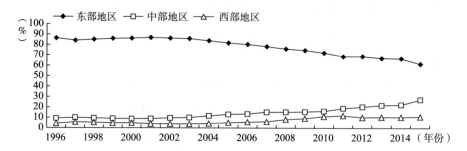

图 8 - 1 1996 ~ 2014 年中国东部、中部和西部地区实际利用 FDI 占全国的比重

资料来源：2015 年的数据来自各个省市的国民经济和社会发展统计公报，1996 ~ 2014 年的数据来自各省 1997 ~ 2015 年的统计年鉴，统计项目为"实际利用 FDI 金额"。

第二节 FDI 的区位分布

一 影响 FDI 区位分布的因素

Howells（1984）将 FDI 区位选择的决定因素分为非制度因素和制度因素。其中，非制度因素包括市场因素、成本因素和聚集效应等，制度因素是与东道国的产业政策密切联系的相关因素。

（一）非制度因素

1. 市场因素

市场因素对 FDI 的区位选择发挥着重要的作用。市场发育越成熟，FDI 进入该区域所需的运输成本、交易成本和信息获取成本越小，且快速的市场反馈机制有助于其生产符合市场需求的产品。市场因素包括市场规模、市场发展潜力与市场开放水平等。

市场规模。一个地区的 FDI 流入与其市场规模和经济发展水平呈正相关关系（袁晓莉，2010）。市场规模可以用 GDP 和人均 GDP 来表示，GDP 反映出一个地区的经济规模，较高的 GDP 意味着较大的市场规模（徐进亮、卜伟，2007）；人均 GDP 代表了城市居民的收入水平和消费水平（杨晓明、田澎、高园，2005）。企业接近市场可以充分利用其规模经济，减少企业的营运成本，生产更符合市场需求的产品。近年来，东部地区的 GDP 基本保持在 60% 左右[①]，高于中西部地区之和；东部地区的人均 GDP 虽有下降趋势，但下降幅度不明显，仍占全国人均 GDP 的一半以上。由此可见，东部地区较中西部地区经济发展水平较高，居民消费需求较大，形成了与之相适应的市场规模，为吸收 FDI 提供了便利的市场条件。

市场发展潜力。市场发展潜力可以用 GDP 的增长速度来衡量。较快的 GDP 增长速度意味着市场规模的快速扩张（徐进亮、卜伟，2007）、居民消费需求的增加，这些因素对市场导向型 FDI 有着较大的吸引力。中国东、中、西部地区的增长速度[②]基本都保持在 10% 以上，2001～2007 年，东部地区较中、西部地区增长速度较快，但是三个地区的差距并不大，2008 年及之后的各年份，中、西部地区的 GDP 增长速度都超过了东部地区。可见，近年来，中国统筹区域经济协调发展、缩小东、中、西部地区差距的产业政策已初见成效，中国中、西部地区仍有很强的市场发展潜力，这对于引进 FDI 是非常重要的。

市场开放程度。市场的开放程度也是 FDI 区位选择的重要因素。开放程度越高，与国际市场联系越紧密，该地区所设置的贸易壁垒越低，其对 FDI 的接受程度也就越强。2014 年，中国货物进出口总额处于前 5 位的省份分别为广东（10765.84 亿美元）、江苏（5635.53 亿美元）、上海（4664.00 亿美元）、北京（4155.19 亿美元）、浙江（3550.40 亿美元）[③]，这些省都位于东部地区，可见，中、西部地区的开放程度要远远落后于东部地区，这在一定程度上解释了 FDI 地区分布不平衡的现象。

---

① 数据根据《中国统计年鉴》（2002～2015）相关整理、计算得到。
② 地区增长速度的计算方法为该地区各个省份增长速度的简单算术平均值。
③ 数据源自 2015 年《中国统计年鉴》。

2. 成本因素

古典区位理论认为成本最小化是 FDI 区位选择的重要标准。外商投资企业进行跨国投资的主要动力之一就是减少成本，保持企业的国际竞争力水平，因此，成本因素对 FDI 的吸收发挥着重要的作用。成本因素主要包括传统的生产成本、运输成本，还有信息成本等。

生产成本。劳动力成本是主要的生产成本。传统的跨国公司进行 FDI 的目的之一就是将非核心技术的生产环节外移，在国外寻求廉价劳动力，降低企业生产成本，但是，随着高科技产业的迅速发展，外商投资企业更看重投资国的劳动力素质，实现企业的长远发展战略。目前，中国东、中、西部地区劳动力成本都处于一个相对较低的水平，劳动力成本差异造成的 FDI 吸引能力的差距是有限的，重要的是劳动力素质的差异（张鲁青、桑百川，2009）。随着中国产业结构逐渐从劳动密集型产业向资金、技术密集型产业的转变，外资企业越来越青睐高素质人才聚集的地区。2014 年，中国东部地区大专以上学历的人口约占全国大专以上学历总人口的 48.96%，中、西部地区所占比例分别为 28.17% 和 22.87%[①]。可见，东部地区劳动力素质较中、西部地区较高，这在一定程度上吸引了更多的外商投资企业在该区域的投资。此外，东部地区拥有国内一流的高校、科研机构、较高素质的科研人才和产业工人，这是外资企业在东部地区聚集的又一重要原因。

运输成本。外商投资企业实现全球资源的有效配置，其生产所需的原材料以及产品的销售需要依托东道国优越的地理位置以及便利的交通基础设施。中国东部沿海地区多为平原，拥有优越的地理位置、完善的基础设施且便利的陆海空交通；处于内陆的西部地区，山区面积较大，基础设施相对滞后，增加了西部地区的运输成本，限制了西部地区的外资流入。

信息成本。相对于国内投资者，外商投资者需要付出更高的成本来获取东道国的市场投资信息，因此，外商投资企业会更加慎重地选择投

---

① 数据根据 2015 年《中国统计年鉴》相关数据整理、计算得到。

资区域来减少外部的不确定性，降低信息成本。一般而言，文化相通、习俗相近、体制相通的国家或区域，可以减少由于信息交流不便带来的额外交际费用（张健，2006）。如中国的广东、福建与港澳台地区毗邻，这些地区的商业环境相似，港澳台投资者进入广东、福建的信息成本相对较低，因此，闽南地区和珠三角地区成为对外开放初期港澳台投资者青睐的区域。在中国，由于东部沿海地区最先实行对外开放，大量的外资企业聚集于此，其信息搜寻和交流成本相对较低，吸引了更多的外商投资企业；中、西部地区市场经济发展尚不完善、信息传输渠道较少，这在一定程度上限制了外资的流入。由此可见，信息成本是外商在华投资区位选择的重要因素之一。

3. 集聚因素

集聚效应是指因经济活动和相关生产设施的区域集中形成的正外部性及规模经济和范围经济，对投资产品具有良好的前后相关联作用（何雄浪、李国平、杨继瑞，2007）。中国东部地区凭借其优越的地理位置、优惠的产业政策以及健全的投资环境，吸引了大量外商投资企业到此区域投资，同时，这种规模经济会随着外商投资企业的增多得以增强。FDI的聚集可以使当地的基础设施更加完善、劳动分工日益精细、供销市场更加通畅。在中国，东、中、西部地区的投资硬环境差距很大，东部沿海地区的基础设施相对来说较为完善，因此近年来东部地区的全社会固定资产额占全国的比例都在 50% 左右①，其水平远高于中、西部地区，因此，外商更倾向于投资于东部地区。中国要想在中、西部地区吸引更多FDI，必须加大对中、西部地区的投资，加强其基础设施建设，为外商投资创造有利条件，使外商投资企业能够在中、西部地区形成集聚效应。

（二）制度因素

制度因素也是影响 FDI 区位选择的重要因素。鲁明泓（1997）的研究表明 FDI 倾向于投资优惠政策较多、经济自由度较高的国家。在中国，

---

① 数据根据《中国统计年鉴》（2002～2015 年）相关数据整理、计算得到。

由于产业布局政策在不同时期的侧重点不同，使不同地区对外资的开放时序和开放程度有所不同，先开放的地区，对其潜在区位优势的发挥有着重大的意义，这种自东向西梯度开放的政策对中国 FDI 的区域分布格局产生了深刻的影响。

改革开放初期，由于广东、福建拥有毗邻中国的香港、台湾地区这一地理优势，国家最先在这两个省份颁布优惠的产业政策，作为试点经济特区，吸引外商投资发展出口加工和对外贸易；1984 年，14 个沿海开放城市①的设立使长三角地区、环渤海地区吸引的外资大幅攀升；1986年，中央政府明确将中国划分为东、中、西三个经济区域，并针对不同的经济区域采取不同的发展战略，国家鼓励东部沿海地区先发展，以此带动内陆地区的发展；1992 年，中国建立了社会主义市场经济体制，随着一系列优惠政策的落实和上海浦东新区的开放，上海吸收 FDI 的规模也迅速扩大。这些产业布局政策的实施，拉大了中国区域经济的发展差距，20 世纪 90 年代中后期，中央政府先后制定了西部大开发、中部崛起和振兴东北老工业基地的发展战略，在中西部地区放宽了利用外资的条件，对外资提供优惠的税收政策，鼓励外资投资矿产资源较为丰富的中、西部地区。但由于外商投资的初始分布和东、中、西部地区投资环境的差距，中、西部离东部沿海地区还有很大的差距。

二 FDI 在中国的区位分布特征

从总量上看，中国吸收的 FDI 总额自 1991 年以来呈显著增长趋势，尤其是 1992 年中国实现了社会主义市场经济体制，FDI 的环比增长速度达到 144.0%。东、中、西部地区各个区域吸收 FDI 的水平有其不同的特点。

在绝对量上，东部地区仍是全国 FDI 流入最多的区域，中、西部地区流入的 FDI 总额与东部地区相比，其差距不仅没有缩小，而且有所加

---

① 14 个沿海开放城市包括大连、秦皇岛、天津、烟台、青岛、连云港、南通、上海、宁波、温州、福州、广州、湛江、北海。

大；在增长速度上，中、西部地区的环比增长速度要快于东部地区，中部地区除个别年份外每年以 20% 的速度增长，西部地区 2005 年以来增长速度达到了 30% 以上，东部地区比较稳定，为 15% 左右[①]。可见，尽管中、西部地区 FDI 的绝对量与东部地区悬殊较大，但是随着中国协调区域发展产业布局政策的实施，中国中、西部地区在吸引外资方面已得到了较快的发展。

从东、中、西部地区各个省份吸收的 FDI 存量来看，各区域内部也存在着 FDI 流入的不均衡性。东部地区的广东省是 20 年来 FDI 存量最多的省份，位居第二的是江苏省，两省 FDI 存量都超过了 2000 亿美元；中部地区除了山西和吉林外，各省 FDI 存量相对均衡；西部地区主要是四川、重庆、内蒙古、广西和陕西吸收 FDI，其他欠发达省份吸收的 FDI 很少。

从 FDI 的流向来看，FDI 已从最先开放的省份扩散到更多的沿海城市，从沿海城市扩散到了内陆省份。广东作为中国最先开放的试点经济区域，在 2003 年以前一直是东部地区乃至全国吸收 FDI 最多的省，但是近年来，其份额逐渐下降。沿海其他省份，如江苏、山东、辽宁、浙江，以及中、西部地区的湖北、湖南、四川的份额基本上处于逐年上升的趋势。可见，FDI 已从沿海开放城市扩散到内陆地区。

第三节　FDI 与中国产业布局安全

一　产业布局安全的界定

李孟刚（2006）基于产业经济学研究框架将产业安全分为产业组织安全、产业结构安全、产业布局安全和产业政策安全。其中，产业布局安全是指产业在一国或一地区空间范围内进行的，通过降低交易费用，促进知识、制度和技术的创新和扩散，实现产业和产品的更新换代来建立生产成本、产品差异化、区域营销以及信息费用等方面竞争优势以实

---

① 数据根据《中国统计年鉴》（2002～2015 年）相关数据整理、计算得到。

现产业结构优化、产业竞争力提升，并且有利于抵御外部经济侵袭的组合和空间分布（李孟刚，2006）。他认为，在开放的经济条件下，影响产业布局安全的因素较复杂，包括国际国内政治环境、市场环境的变化、政府的政策指向、科学技术的发展以及人力资源因素。

关于合理产业布局的标准，少数学者通过定性描述提出了安全产业布局的标准。已有的研究中可以将合理产业布局标准划分为两个方面：一是实现区域的协调发展；二是实现区域的高效发展，前者强调公平，后者强调效率。李孟刚（2010）很好地阐释了这一点，他认为安全的产业布局是可以实现产业和经济资源在空间上的有效配置的，以此来提高各个地区的经济增长速度以及资源开发利用率，实现各地区经济的协调发展；产业布局的目标从根本上可以分为效率目标和公平目标，效率目标追求整个国民经济较高的增长速度和良好的宏观效益，公平目标要求不断缩小区域间的经济水平和收入水平的差距。褚文胜（2007）主要从效率目标方面提出合理产业布局标准，他认为 FDI 的分布需要充分利用各个区域的优势资源，以此来实现资源的优化配置。车春鹏和高汝熹（2009）认为合理的产业布局不仅可以提高城市土地资源的配置效率，而且能够促进产业结构的升级。简新华、李雪（2009）提出了产业布局合理化的标志是适应区域分工的要求，发挥地域资源的比较优势，充分利用各地资源，提高各地区经济效益，缩小地区差距，实现各地区经济的持续协调发展。以上学者在一定程度上提出了判断合理产业布局的标准，对于研究 FDI 对中国产业布局安全的影响具有一定的指导意义。

二 FDI 对产业布局安全的影响机理

改革开放以来，中国外资的利用程度逐步加大，外资利用已经影响到了中国的产业安全（王维、高伟凯，2008），这样必将影响到作为产业安全重要组成部分的产业布局安全。研究 FDI 对中国产业布局安全的影响可以从一个侧面了解中国的产业安全状况，对于保障中国整体产业安全具有重要的作用。

目前，关于 FDI 和产业布局的相关理论都有了一定的学术成果，但是，最初将区位分析方法引入 FDI 理论的是英国瑞丁大学教授邓宁（J. H. Dunning）（毛新雅、王桂新，2005）。他于 1977 年在《贸易、经济活动的区位和跨国企业：一种折中方案的探索》一文中将区位理论的分析方法运用于外商投资行为，并形成了国际生产折衷理论，本章将以此理论作为研究基础。在论述具体的对 FDI 动机时，邓宁将其划分为四种类型：寻求市场（market-seeking）、寻求资源（resource-seeking）、寻求效率（efficiency-seeking）以及寻求现成资产（created-asset-seeking）（曹永峰，2010）。中国作为东道国，其东部、中部、西部利用其特有的市场、区位、效率、资产方面的优势吸引 FDI，形成了不同的 FDI 产业布局，FDI 的产业布局又在一定程度上影响着中国的整体产业布局安全。

　　从图 8-1 可以看出，目前，东部地区仍是 FDI 集中投资区域，FDI 对中、西部地区的投资在全国所占的比例较少，尽管中、西部地区的 FDI 在 2006 年之后略有增加，但增加幅度较为平缓。东部地区凭借其先行开放优势，拥有了完备的基础设施、便利的交通运输条件、优越的市场经营环境、高素质的人力资本以及较强的科学研究能力，相对于中、西部地区，其区位优势明显，因此，对 FDI 具有较强的吸引能力。中部地区近年来借助东部经济开发区的辐射作用，在国家中部崛起战略的指引下，凭借其特有的地区优势，借鉴东部地区在引进外资方面的经验教训，不断地改善其投资硬环境，吸引更多的 FDI 投向中部地区。西部地区在 2000 年实施了"西部大开发"战略，但由于多年处于经济发展"盲区"和文化"盲区"，其基础设施落后、交通不便、专业技术人才相对缺乏、市场机制不够完善，西部地区相对于东部和中部地区其吸引 FDI 在全国所占的比重最小，基本保持在 10% 左右。

　　由以上的分析可以看出，东部地区所拥有的区位优势在很大程度上吸引了大量的 FDI，FDI 的引入为东部地区的发展带来了新的生产技术和专业人才，进一步促进了东部地区的发展，不利于缩小东、中、西部的地区差距。从这一角度来看，目前 FDI 的产业布局状况影响了中国的产业布局安全。

第四节　基于细分行业的 FDI 与产业布局安全

为了进一步分析 FDI 对中国产业布局的影响，本节运用因子分析法具体阐释 FDI 在中国东、中、西部地区细分行业的分布情况，通过比较各个区域的优势资源与 FDI 在各区域细分行业的布局状况，分析目前 FDI 的产业布局是否充分利用了各区域的优势资源，是否能够实现合理产业布局的效率目标。

一　东、中、西部地区优势资源分析

（一）东部地区优势资源分析

东部地区是中国经济最发达的地区，其优越的地理位置、便利的交通设施、雄厚的技术实力、充裕的资本储备和完备的市场发展水平成为吸引 FDI 的优势条件，分析东部地区拥有的资源禀赋以及重点发展产业，对于正确引导 FDI 合理布局，保障中国产业布局安全有着重要的作用。

东部地区是中国最早开放的地区，也是引进外资最多的区域，改革开放以来，经过三十多年的发展，东部地区形成了以资金、技术密集型产业为导向的产业发展模式，相应的基础设施和市场经济环境也得到了充足的发展。东部地区沿海城市较多，拥有众多港口[①]，是中国的水路运输枢纽，东部地区正是利用这一交通运输优势，吸引了较多的 FDI。2014年，中国港口吞吐量 769557 万吨，是改革开放初期（1985 年为 31154 万吨）的 24.7 倍。同时，东部地区凭借其较先开放优势，其第三产业发展迅猛，2014 年，东部地区第三产业生产总值达 182839.48 亿元，占全国第三产业生产总值的 59.85%[②]。但是，相比中、西部地区，东部地区除了山东、辽宁、河北等省份外，其他都属于自然资源较为贫乏的地区，在有色

[①] 中国的主要港口都分布在东部沿海地区，包括大连、营口、秦皇岛、天津、烟台、青岛、日照、上海、连云港、舟山、汕头、广州、湛江、海口和八所。

[②] 数据根据 2015 年《中国统计年鉴》相关数据整理、计算得到。

金属、石油、天然气、煤炭等资源和能源储量方面所占的比重较低（杨洋，2005）。因此，东部地区要充分发挥市场条件和经济技术方面的优势，大力发展对资源依赖性比较小的知识、技术密集型产业，应该重点发展的产业为电子信息产业、新材料产业、可再生能源产业和金融业等（褚文胜，2007）。

（二）中部地区优势资源分析

中部地区地处中国的内陆腹地，不论在地理空间还是在经济发展上都是承东启西、连南贯北的枢纽地带。中部地区自然资源丰富，具有公路、铁路、水运等多重交通优势，工业经济基础良好，但目前只吸引了占不到全国 30% 的 FDI，因此，其引进外资的潜力还很巨大。

从资源禀赋来说，中部地区自然资源储量丰富。2014 年，中部地区水资源总量 6768.76 亿立方米，是东部地区的 1.27 倍；天然气储量 2163.74 亿立方米，是东部地区的 1.90 倍；煤炭储量 1176.47 亿吨，是东部地区的 6.95 倍；主要黑色金属矿产（铁矿、锰矿、铬矿、钒矿和原生钛铁矿）基础储量 3727.57 万吨，是同期东部地区的 1.33 倍[①]。由此可见，相比东部地区，西部地区的自然资源储量明显优于东部地区，这些资源为生产活动提供了原材料，对资源寻求型的外商投资企业有很大的吸引力。

从交通运输基础设施来说，中部地区也是中国的交通枢纽地区，2014 年，中国中部地区的铁路营业里程、内河航道里程和公路里程分别达 36579.59 公里、39496.87 公里和 1451869.00 公里，均承接了全国 30% 以上的运力[②]。

因此，中部地区应重点发展的产业包括汽车业、原材料等主导产业、能源产业、交通运输业和邮电通信业以及高新技术产业进行布局（褚文胜，2007）。

---

① 数据根据 2015 年《中国统计年鉴》相关数据整理、计算得到。
② 数据根据 2015 年《中国统计年鉴》相关数据整理、计算得到。

(三) 西部地区优势资源分析

西部地区是中国自然资源相对富集的区域，尤其以能源和矿产资源储量最为丰富，目前西部地区开发利用程度较低，因此，其在招商引资方面有很大的发展潜力。

西部地区地广人稀，其土地面积 681 万平方公里，占全国国土面积的 71%，人口 3.5 亿，仅占全国总人口的 28%[①]。在能源储量方面，2014 年西部地区水资源总量 15165.74 亿立方米，占全国水资源总量的 55.62%，其中，西藏水资源储量（4416.3 亿立方米）位列全国第一；石油储量 191988.70 万吨，占全国石油总储量的 55.92%；天然气储量 46151.90 亿立方米，占全国天然气总储量的 93.33%；煤炭储量 1054.20 亿吨，占全国煤炭总储量的 43.93%；在矿产资源储量方面，黑色金属矿产基础储量 38033.00 万吨，占全国总储量的 85.37%[②]。此外，西部地区还拥有丰富的旅游资源，陕西的历史文化遗产、云南的植物之乡以及新疆的天然牧场为西部地区的旅游业发展奠定了雄厚的基础。

从以上的分析可以看出，西部地区是中国未来能源、矿产及原材料的主要供给基地，随着西部大开发政策的实施，西部地区的基础设施以及市场经济环境正在逐步改善，这必将吸引更多的外资。西部地区应该重点发展绿色产业、能源产业、旅游业等优势产业进行布局。

二 基于细分行业的 FDI 值在中国东、中、西部地区的分布

《中国统计年鉴》中划分的细分行业的 FDI 值共 19 项，但由于大部分省份没有公共管理和社会组织这一细分行业的 FDI 值，因此，本节选取其中的 18 个细分行业的 FDI 值为原始变量，运用 SPSS 统计软件，对 27 个省份 2010 年 FDI 在细分行业中的聚集行业进行因子分析。18 个细分行业分别为农、林、牧、渔业，采矿业，制造业，电力、燃气及水的

---

① http://baike.baidu.com/view/54348.htm，最后访问日期，2016 年 6 月 26 日。
② 数据根据 2015 年《中国统计年鉴》相关数据整理、计算得到。

生产和供应，建筑业，交通运输、仓储和邮政业，信息传输、计算机服务和软件业，批发和零售业，住宿和餐饮业，金融业，房地产业，租赁和商务服务业，科学研究、技术服务和地质勘查业，水利、环境和公共设施管理业，居民服务和其他服务业，教育，卫生、社会保障和社会福利业，文化、体育和娱乐业，分别用变量 $X_1 - X_{18}$ 表示。FDI 在各省细分行业的原始数据来自各省 2015 年统计年鉴。

利用 SPSS 统计软件，首先对 18 个变量进行相关性分析，运用巴特莱特球度检验法（Bartlett Test of Sphericity），对变量间的相关关系进行检验，结果显示，统计量的卡方值为 512.415，对应的 sig 值为 0，小于显著性水平 α，零假设不成立，说明变量之间存在相关关系，适合做因子分析。

运用 SPSS 软件对变量进行因子分析，提取主因子，得到因子特征值、贡献率和累计贡献率，具体结果如表 8 - 1 所示。选取特征值大于 1 的因子作为主因子。由表 8 - 1 可以看出，前 6 个因子的特征值都大于 1，且累计贡献值达 82.899%，因此，选取前 6 个因子为主因子。

表 8 - 1　因子特征值、贡献率和累计贡献率

单位：%

变量	初始因子			初始主因子		旋转后主因子	
	初始特征值	贡献率	累计贡献率	贡献率	累计贡献率	贡献率	累计贡献率
X_1	6.361	35.338	35.338	35.338	35.338	19.462	19.462
X_2	2.215	12.304	47.642	12.304	47.642	19.456	38.917
X_3	1.942	10.788	58.429	10.788	58.429	14.774	53.692
X_4	1.654	9.192	67.621	9.192	67.621	11.335	65.027
X_5	1.510	8.391	76.012	8.391	76.012	9.944	74.971
X_6	1.238	6.877	82.889	6.877	82.889	7.919	82.889
X_7	0.944	5.245	88.134				
X_8	0.582	3.232	91.366				
X_9	0.479	2.660	94.027				
X_{10}	0.461	2.559	96.586				
X_{11}	0.238	1.322	97.908				
X_{12}	0.167	0.926	98.835				

续表

变量	初始因子			初始主因子		旋转后主因子	
	初始特征值	贡献率	累计贡献率	贡献率	累计贡献率	贡献率	累计贡献率
X_{13}	0.101	0.559	99.393				
X_{14}	0.073	0.405	99.798				
X_{15}	0.019	0.104	99.902				
X_{16}	0.013	0.070	99.971				
X_{17}	0.004	0.023	99.994				
X_{18}	0.001	0.006	100.000				

资料来源：根据 2015 年各省统计年鉴，运用 SPSS 软件分析得到。

为了能够使每个原始变量在尽可能少的因子之间有密切联系，更清楚地了解各个主因子的实际意义，本书对原始载荷矩阵进行旋转，得到旋转后的因子载荷矩阵，结果如表 8 - 2 所示。

表 8 - 2 旋转后的因子载荷

变量	F_1	F_2	F_3	F_4	F_5	F_6
X_{14}	0.918	0.129	-0.012	0.026	0.004	0.189
X_{18}	0.866	0.175	0.025	0.125	0.093	0.041
X_{13}	0.855	0.234	0.296	0.188	0.136	-0.025
X_{11}	0.731	0.377	0.421	0.251	0.175	-0.074
X_{10}	0.355	-0.138	0.311	-0.075	-0.109	-0.216
X_3	0.243	0.883	0.116	0.279	-0.038	0.101
X_1	0.135	0.729	0.017	-0.024	0.048	0.585
X_9	0.106	0.673	0.337	0.035	0.300	-0.054
X_8	0.052	0.665	0.564	0.278	0.051	-0.078
X_4	0.235	0.654	-0.287	-0.341	-0.143	-0.254
X_5	0.406	0.576	0.047	0.407	0.115	0.214
X_{12}	0.084	0.247	0.937	0.015	0.038	0.031
X_7	0.218	-0.010	0.924	0.051	0.126	-0.008
X_6	0.010	0.401	-0.055	0.864	0.047	-0.071
X_{15}	0.350	-0.107	0.143	0.847	-0.069	-0.063
X_2	0.011	-0.071	0.032	-0.063	0.924	-0.007

	F_1	F_2	F_3	F_4	F_5	F_6
X_{17}	0.161	0.182	0.097	0.071	0.841	− 0.039
X_{16}	0.071	− 0.009	− 0.030	− 0.077	− 0.071	0.923

资料来源：根据 2015 年各省统计年鉴，运用 SPSS 软件分析得到。

由表 8 - 2 可以看出，第一个主因子中 X_{10}、X_{11}、X_{13}、X_{14} 和 X_{18} 的载荷比较大，它反映了 FDI 在新增的对外开放行业较集中，如金融业，科学研究、技术服务和地质勘查业等；第二个主因子中 X_1、X_3、X_4、X_5、X_8 和 X_9 的载荷比较大，它反映了 FDI 在农业、传统工业、能源业和餐饮业等行业较集中；第三个主因子中 X_7 和 X_{12} 的载荷比较大，它反映了 FDI 在高技术行业较集中；第四个主因子中 X_6 和 X_{15} 的载荷比较大，它反映了 FDI 在基础设施建设和服务业中发挥的作用；第五个主因子中 X_2 和 X_{17} 的载荷比较大，它反映了 FDI 在自然资源利用以及社会事业方面的情况；第六个主因子 X_{16} 反映了 FDI 在教育行业的投入。

为了进一步分析 FDI 在各省份细分行业的聚集情况，本节运用因子分析法计算得到因子得分，在此基础上得到各城市的因子得分，具体结果如表 8 - 3 所示。

表 8 - 3　因子得分

地区		第一个主因子	排名	第二个主因子	排名	第三个主因子	排名	第四个主因子	排名	第五个主因子	排名	第六个主因子	排名
东部地区	北京	− 0.16	21	2.86	18	13.08	2	− 0.91	23	− 1.78	13	− 0.30	9
	天津	− 1.67	26	12.82	8	− 1.68	25	18.88	1	− 4.73	23	− 1.69	17
	河北	0.16	12	8.27	12	− 0.73	21	1.10	8	− 1.89	14	− 0.72	13
	辽宁	14.71	1	21.28	4	5.87	4	10.18	3	− 5.86	25	− 6.41	27
	上海	4.61	3	5.31	14	15.37	1	3.95	5	− 3.50	21	− 2.33	22
	江苏	− 2.07	27	58.26	1	2.25	6	11.46	2	− 13.36	27	− 2.03	19
	浙江	2.55	4	− 2.79	27	1.70	7	− 1.73	27	37.34	1	− 0.26	6
	福建	− 0.78	23	22.13	3	− 0.83	22	3.68	7	− 5.56	24	− 2.10	21
	山东	− 0.14	20	18.23	5	− 0.32	18	3.91	6	− 4.47	22	− 1.97	18
	广东	− 1.00	25	38.46	2	5.94	3	7.19	4	− 9.93	26	− 5.44	26

地区		第一个主因子	排名	第二个主因子	排名	第三个主因子	排名	第四个主因子	排名	第五个主因子	排名	第六个主因子	排名
中部地区	山西	0.45	9	1.29	21	-0.13	14	-0.67	22	-0.32	9	-0.77	14
	黑龙江	0.46	8	5.26	15	-0.33	19	-0.44	21	-1.32	11	-0.99	16
	安徽	0.39	10	10.76	10	-0.87	23	0.44	13	-2.39	17	-2.04	20
	江西	-0.65	22	10.79	9	-0.22	16	0.98	11	-2.43	18	1.77	1
	河南	0.77	5	13.30	6	-1.57	24	-1.22	25	-2.83	19	-2.61	24
	湖北	0.70	6	7.60	13	0.43	8	1.00	10	-1.93	15	-0.67	12
	湖南	-0.83	24	13.14	7	-1.69	26	-0.03	17	-3.36	20	-0.44	11
西部地区	重庆	5.82	2	4.31	16	3.95	5	-0.94	24	-2.05	16	-4.46	25
	贵州	0.01	17	0.48	22	0.12	10	0.01	16	-0.08	7	0.12	2
	云南	0.35	11	1.53	20	-0.40	20	1.07	9	0.20	3	-0.29	8
	陕西	0.62	7	2.99	17	0.38	9	-0.07	18	-0.57	10	-0.85	15
	甘肃	0.11	14	0.37	23	-0.17	15	-0.29	19	-0.13	8	-0.32	10
	青海	0.08	15	-0.17	26	-0.02	11	0.55	12	-0.05	6	0.01	5
	宁夏	-0.02	18	0.20	25	-0.02	11	0.03	15	-0.05	5	0.01	3
	新疆	-0.13	19	0.30	24	-0.05	13	0.25	14	0.29	2	0.01	4
	广西	0.03	16	1.80	19	-0.25	17	-0.32	20	0.03	4	-0.29	7
	内蒙古	0.14	13	8.44	11	-1.86	27	-1.50	26	-1.65	12	-2.44	23

资料来源：根据 2015 年各省统计年鉴，运用 SPSS 软件分析得到。

从表 8-3 可以看出，整体来说，目前，东部地区的 FDI 在第三个主因子和第四个主因子所反映的行业比较集中，中部地区的 FDI 在第一个主因子和第二个主因子所反映的行业比较集中，西部地区的 FDI 在第五个主因子和第六个主因子所反映的行业比较集中，在其他行业吸收的 FDI 比较均衡。

从各个省份 FDI 在细分行业的分布情况来说，FDI 在第一个主因子、第二个主因子、第三个主因子、第四个主因子、第五个主因子、第六个主因子所反映的行业排名第一的省份分别为辽宁、江苏、上海、天津、浙江和江西。

三　FDI 分布与各地区优势资源比较分析

根据上文中的因子分析输出结果，从东、中、西部地区各个区域整体来看，目前，FDI 在东部地区投资较多的细分行业包括信息传输、计算机和软件业等高技术产业，商务服务以及基础设施建设行业，这充分利用了东部地区经济发展较快、技术水平突出、市场环境良好的优势；在中部地区 FDI 投资较多的细分行业包括农业、传统工业、能源业，这与中部地区工业基础雄厚、能源相对富足的特点也有一定的关系；在西部地区 FDI 投资较多的细分行业为能源利用和社会事业等，这充分利用了中国西部地区能源和自然资源储备丰富的优势。

从 FDI 在各个省份主因子的得分来看，①第一个主因子上排名前 5 位的省份为辽宁、重庆、上海、浙江和河南。辽宁鼓励 FDI 的重点行业包括农业、制造业、旅游业；重庆鼓励 FDI 的重点行业包括高技术、新材料、新设备等能够增加产品国际竞争力的行业；上海鼓励 FDI 的重点行业包括制造业中的高技术产业、新材料、金融业、房地产业以及科学研究和综合技术服务等行业；浙江鼓励 FDI 的重点行业包括能源勘探、交通运输等行业；河南鼓励 FDI 的重点行业包括农业、纺织业、制造业及交通运输行业。通过比较分析目前 FDI 在各省份第一个主因子所反映的细分行业的分布状况和各省份鼓励外商投资的重点行业可以看出，在第一个主因子上得分排名前 5 位的地区中，重庆和上海 FDI 集中的行业恰好是两地的优势行业，因此，资源配置效率高。②第二个主因子上排名前 5 位的省份为江苏、广东、福建、辽宁和山东。江苏鼓励 FDI 的重点行业包括现代高效能源、装备制造业、电子信息产业、新材料和现代服务业；广东鼓励 FDI 的重点行业包括电子信息、电器机械、餐饮业和石油化工业；福建鼓励 FDI 的重点行业包括电子信息业、机械制造业和石油化工业；山东鼓励 FDI 的重点行业包括交通运输、化工医药和餐饮业。通过比较分析可以看出，FDI 在第二个主因子上投资较多的行业与第二个主因子上排名前 5 位的省份鼓励外商投资的行业相符，优势资源得到了较好的配置。③第三个主因子上排名前 5 位的省份为上海、北京、广东、辽宁和重庆。北京鼓励 FDI 的重点行业包括农业和工业中引进高技术的行业、商业和金融保险业。通过比较可以看出，上海、北京、广东和重庆在引进外资方面都充分利用了各省的优势资源。④第四个主因子上排名前 5 位的省份为天津、江苏、辽宁、广东和上海。天津鼓励 FDI 的重点行业包括电子信息产业、汽车工业、高新技术产业和现代服务业等。通过比较分析可以看出，这 5 个省份的 FDI 在交通运输和服务业等行业投资力度较大，为了更好地发挥资源优势，这 5 个省份需通过合理方式引导 FDI 流向更有优势的行业。⑤第五个主因子上排名前 5 位的省份为浙江、新疆、云南、广西和宁夏。新疆、云南、广西和宁夏鼓励 FDI 的重点行业包括农业、自然资源的合理开发和旅游业等行业，由此可见，目前 FDI 的分布合理利用了这些省份自然资源充沛的优势。⑥第六个主因子上排名前 5 位的省份为江西、贵州、宁夏、新疆和青海，这恰好弥补了西部地区教育资源相对比较缺乏的劣势①。

从以上基于细分行业的 FDI 分布情况的分析可以看出，FDI 目前在各省细分行业的分布情况基本充分利用了各省的优势资源，达到了资源的优势配置，在实现合理产业布局的效率目标方面贡献比较突出，为保障中国的产业布局安全发挥了重要的作用。

第五节　本章小结

本章对 FDI 在中国东、中、西部地区的产业布局状况主要从两方面来分析。一方面是基于地区差异的 FDI 在中国各个区域的布局。通过上文的分析可以看出，FDI 在中国东、中、西部地区的实际投资额差距很大，东部地区吸收的 FDI 占全国的比重近年来虽然有所下降，但仍保持较高比例，这样的产业布局不利于中国各区域之间的协调发展，影响中国的产业布局安全。另一方面是基于细分行业的 FDI 在中国不同区域的

---

① http://www.fdi.gov.cn/pub/FDI/chunnel/tztdTwo.jsp?shengfen = 20，最后访问日期，2016 年 6 月 26 日。

各个省份的分布，就 FDI 在各省份投资的重点细分行业来看，基本符合各省份鼓励 FDI 重点行业，发挥了各区域的资源优势，对于产业布局安全的效率目标实现较好，这从另一个侧面保障了中国的产业布局安全。

针对目前 FDI 在中国产业布局现状以及对于公平和效率目标的实现程度，分别对东部地区和中、西部地区的产业布局提出了以下建议。

（1）对于东部地区来说，首先，要调整利用外资的战略，实现经济的集约型增长。东部沿海地区是中国最早对外开放的区域，也是目前吸引 FDI 市场条件最为成熟的区域，但是，改革开放初期由于东部地区在吸引外资方面没有先例可循，存在着重数量轻质量等问题。随着中国经济的发展和国际竞争力的提升，中国更需要通过引进外资来学习其核心的科学技术以及先进的管理方法，而不是让外商投资企业将中国作为加工工厂，因此，东部地区要积极调整利用外资战略，重点把控引资的质量关，注重外资在中国产业布局的效益和结构，充分发挥东部地区优势，服从东部地区对于产业布局的规划，服从中国经济发展的总体战略目标，实现东部地区经济的集约型发展。其次，要加强产业政策的引导，保证外资分布的合理性。东部地区适合发展技术密集型和资本密集型产业（褚文胜，2007），因此，中国东部地区自身应加强产业政策的引导作用，在需要重点发展的细分行业制定相应的优惠措施，鼓励外商投资。通过以上的分析可以看出，东部地区在引资方面需要重点发展的细分行业包括高技术产业、高端制造业、信息通信、生物制药以及现代服务业等，通过引进外资，进一步转变中国经济增长方式、优化产业结构，保证外资分布的合理性。再次，要加大现代服务业的引资力度，发挥地区先行导向作用。服务业尤其是现代服务业是衡量一个国家国际竞争力和国际化水平的重要标准（何骏，2008），东部地区可以凭借其经济发展优势，鼓励现代服务业的招商引资，合理提高服务业的开放程度。在金融领域，可以积极引进外资银行、保险公司和证券公司；在交通运输方面，可以通过引进外资，发展第三方物流，形成适合中国经济发展的现代物流体系；在商务服务方面，利用外资的先进管理模式，为外资在东部地区的投资营造更好的环境。通过以上方式，加快东部地区现代服务业的发展，同时为中、西部地区提供发展现代服务业的经验，缩小东部地区和中、西部地区的差异。最后，要合理规划外资产业布局，带动中、西部地区的发展。东部地区依托技术优势，形成了 FDI 在技术密集型和资金密集型产业的聚集，导致传统产业的生存空间越来越小，比较利益越来越低（王燕玲、林峰，2005）。中、西部地区有着雄厚的工业基础，可以有条件、分层次、合理承接东部地区的传统产业转移，间接将外资引入中、西部地区，带动中、西部地区的发展。

（2）对于中、西部地区来说，首先，要加强政策倾斜力度，发挥中、西部地区潜力。FDI 在中国东、中、西部地区产业布局的不平衡性，在一定程度上造成了中国各个地区经济发展的不平衡性，这不利于中国的产业布局安全。从影响产业布局的因素分析中可以看到，除了市场因素、成本因素和集聚效应外，政策因素也是影响 FDI 区位选择的重要因素，因此，中国在制定外资政策时应着眼于调整 FDI 区域分布的差距，促进区域经济的协调发展，适当给予中西部地区在税收、信贷等方面的优惠政策，吸引外资到中、西部地区投资，充分发挥其市场潜力。同时，要简化审批程序，提高政府部门效率，使外商投资企业在中、西部地区的投资更加便捷化。其次，要发展地区优势产业，达到资源优化配置。中、西部地区要抓住机遇，充分发挥其自然资源丰富、矿产储备富足、劳动成本廉价的优势，合理引导外资流向中、西部地区鼓励外商投资的行业，达到资源的优化配置，实现产业布局安全中的效率目标。再次，要吸取发展经验，提高地区发展速度。中、西部地区要借鉴东部地区吸引外资的经验教训，少走弯路，提高地区的发展速度。东部地区是中国先行开放地区，目前在吸引 FDI 方面已经形成了较为成熟的引资法规、市场环境以及引资方向，中、西部地区要结合自身发展优势和特点并参考东部地区在吸引 FDI 过程中的经验，注重外资质量，限制或者禁止可能对中、西部地区资源造成损耗、环境造成破坏的外资进入，鼓励高技术产业投资，提高地区发展速度，逐步缩小与东部地区的差距。最后，要培养高级人才，储备人力资本。从影响 FDI 区位选择因素的分析中可以看到，外商投资企业更加注重投资地区劳动力素质，因此，中、西部地区要积极培养高素质人才，为引进外资奠定基础。一方面，中、西部地区可以加大教育投入力度，为劳动者提供优越的教育资源，提升劳动者的发展空间；另一方面，中、西部地区可以推动产、学、研一体化发展体系，在教育中培养人才，在企业中进一步提高人才素质，储备一批具有先进理念、动手能力强的高素质人才，吸引更多的外商投资中、西部地区。

参考文献

［1］ 白澎：《中国产业安全的实证研究》，《山西财经大学学报》2010 年第 32 卷第 8 期。

［2］ 卜伟、孙通通：《北京市吸引 FDI 经济影响因素的实证分析》，《中央财经大学学报》2007 年第 3 期。

［3］ 曹永峰：《西方对外直接投资理论综述》，《当代经济管理》2010 年第 3 期。

［4］ 车春鹏、高汝熹：《东京产业布局实证研究及对我国城市产业规划启示》，《青岛科技大学学报》（社会科学版）2009 年第 2 期。

［5］ 程惠芳：《国际直接投资于开放型内生经济增长》，《经济研究》2002 年第 10 期。

［6］ 褚文胜：《区域战略性产业结构布局的模型建立和指标体系设计——兼论我东中西部地区战略性产业结构布局》，《财政研究》2007 年第 11 期。

［7］ 何骏：《中国发展服务外包的动因、优势与重点》，《财经科学》2008 年第 5 期。

［8］ 何兴强、王利霞：《中国 FDI 区位分布的空间效应研究》，《经济研究》2008 年第 11 期。

［9］ 何雄浪、李国平、杨继瑞：《我国产业集聚原因的探讨——基于区域效应、集聚效应、空间成本的新视角》，《南开经济研究》2007 年第 6 期。

［10］ 简新华、李雪：《新编产业经济学》，高等教育出版社，2009。

［11］ 匡明：《非均衡发展时期我国产业布局政策及其成效》，《当代经济》2007 年第 9 期。

［12］ 李东阳、周学仁：《辽宁省引进 FDI 业绩指数与潜力指数研究》，《财经问题研究》2007 年第 11 期。

［13］ 李寒：《对城市产业布局问题的思考——以贵阳市为例》，《山西财经大学学报》2011 年第 33 卷第 3 期。

［14］ 李孟刚：《产业安全理论研究》，经济科学出版社，2006。

［15］李孟刚：《产业经济学》，高等教育出版社，2008。

［16］李元旭、黄竞晶：《异质性跨国企业的投资区位选择——基于制度环境适应和经验积累效应的动态博弈模型分析》，《中国工业经济》2014 年第 11 期。

［17］梁隆斌、伏润民：《我国东、中、西部地区可持续发展研究——基于产业结构和产业布局的视角》，《现代经济探讨》2008 年第 3 期。

［18］鲁明泓：《外国直接投资区域分布与中国投资环境评估》，《经济研究》1997 年第 12 期。

［19］吕朝凤、陈霄：《地方官员会影响 FDI 的区位选择吗——基于倍差法的实证研究》，《国际贸易问题》2015 年第 5 期。

［20］毛新雅、王桂新：《FDI 区位决策中的产业集聚因素——基于长江三角洲（16 城市）的实证研究》，《财经科学》2005 年第 5 期。

［21］彭文斌、李勇辉：《外商直接投资区位选择的产业聚集效应分析》，《产业经济研究》2007 年第 5 期。

［22］孙江永：《纺织业 FDI 在中国大陆地区选择影响因素的经验分析》，《南开经济研究》2008 年第 4 期。

［23］王维、高伟凯：《基于产业安全的我国外资利用思考》，《财贸经济》2008 年第 12 期。

［24］王文娟、杨长春：《外资对中国物流业直接投资区位选择分析》，《国际商务》（对外经济贸易大学学报）2016 年第 3 期。

［25］王燕玲、林峰：《西部地区应积极承接东部地区产业转移》，《经济问题探索》2005 年第 2 期。

［26］谢黎、宋一弘：《引资竞争、外商直接投资区位选择与居民经济福利》，《中国科技论坛》2015 年第 8 期。

［27］谢孟军、陈室谷：《集聚效应对外商直接投资区位选择影响研究——来自中国台湾地区对大陆地区投资的经验数据》，《软科学》2015 年第 1 期。

［28］徐进亮、卜伟：《江西省吸引 FDI 经济影响因素的实证分析》，《国际贸易问题》2007 年第 2 期。

［29］徐康宁、陈健：《跨国公司价值链的区位选择及其决定因素》，《经济研究》2008 年第 3 期。

［30］徐晓虹：《外商直接投资与中国区域经济发展的实证分析》，《国际贸易问题》2006 年第 9 期。

［31］颜银根：《FDI 区位选择：市场潜能、地理集聚与同源国效应》，《财贸经济》2014 年第 9 期。

［32］杨晓明、田澎、高园：《FDI 区位选择因素研究——对我国三大经济圈及中西部地

区的实证研究》，《财经研究》2005 年第 31 卷第 11 期。

［33］杨洋：《关于我国东部地区工业区位的实证分析》，《经济问题》2005 年第 6 期。

［34］尹忠明、胡剑波：《FDI 在我国的情况及对策探讨》，《经济问题》2009 年第 12 期。

［35］袁海霞：《FDI 与中国产业安全》，《经济与管理》2007 年第 21 卷第 10 期。

［36］张诚、赵奇伟：《中国服务业外商直接投资的区位选择因素分析》，《财经研究》2008 年第 34 卷第 12 期。

［37］张鲁青、桑百川：《我国东部、中西部及周边国家 FDI 区位优势比较》，《国际经济合作》2009 年第 12 期。

［38］张云飞：《东道国禀赋条件、制度安排与 FDI 区位选择》，《华东经济管理》2015 年第 1 期。

［39］朱英明：《长江三角洲地区外商投资企业空间集群与地区增长》，《中国工业经济》2002 年第 1 期。

［40］Chyau Tuan, Linda F. Y. NG, "FDI facilitated by agglomeration economies: evidence from manufacturing and servicesjoint ventures in China," *Journal of Asian Economics* 13 (2003).

［41］Howells J. R. L, "The Location of Research and Development: Some Observations and Evidence from Britain," *Regional Studies* 1 (1984).

［42］Wheeler D., A. MODY, "International investment location decisions: The Case ofU. S. firms," *Journalof International Economics*1 (1992).

第九章　FDI 对中国产业政策安全的影响

随着经济全球化快速发展，FDI 会改变投资国与东道国间的战略关系，使东道国产业政策发生变化，并可能引发产业政策安全问题。

第一节　中国产业政策安全的影响因素及面临的问题

一　开放市场中产业政策安全的影响因素

产业政策安全是指一国政府能够维持对本国产业发展决策的独立性、及时性和正确性（李孟刚，2010），并不是所有的产业政策都能够顺利、有效地实施并产生预期效果，产业政策本身也有优劣之分。因此，产业政策安全取决于产业政策目标的正确性和利用政策手段的有效性。具体来说，从产业政策的制定和产业政策的实施两个方面来说明开放市场中影响中国产业政策安全的因素。

（一）产业政策制定方面的影响因素

（1）产业政策是否符合客观规律。准确的定位是制定产业政策的基础，只有定位是正确的，政策才有可能是可行的。通常来讲，不同时期、不同背景下政策选取的目标也不同，但无论是何种时期、何种背景，政策调整的根据是随着其作用的对象全产业的变动而变动的，这是政策制定和实施的主体对客体产业活动的一种反映。所以产业政策的制定和调整必须从产业发展的现状出发，制定符合产业发展的客观规律和趋势的政策。

（2）政府对产业发展的决策能力。政府的决策能力主要体现于政府在解决产业发展问题过程中出现的各种问题时，措施是否得力，目标是否明确、计划是否周全。只有政府具有较强的决策能力，才能保障产业政策的安全。

（3）产业政策决策机制的有效性和制度安排。产业政策决策的主题是政府机构，其动机是影响产业政策是否合理、有效的重要因素。只有当政策制定主体从促进产业发展的立场出发，尊重产业经济活动的客观规律，制定出合理产业政策，产业政策才可能取得较好的效果，才能使其合理性持续有效。但产业政策制定主体的行为及其不同的偏好，往往会使实际制定的产业政策偏离这一标准，如政策制定者纯粹是从自身利益或完全凭自己的主观意志出发制定产业政策，产业政策失效就不可避免。

（二）产业政策执行方面的影响因素

（1）产业政策执行过程中的人为偏差。产业政策效应偏差是一个复杂的政策现象。产业政策效应偏差属人为偏差，在整个实施过程中因人为因素导致出现全面性的政策效应偏差就是一种非正常的政策现象。在权力分散，且又无有效防范机制的情况下，政策执行主体的行为有可能发生偏差，导致上有政策，下有对策的政策走样现象出现。

（2）产业政策目标的实现应具有时间效益。任何一项产业政策的实施总有一个时间过程，任何一项产业政策都有有效的时间段，即产业政策具有时效性。通常来讲，某一具体产业政策的实施要经历四个阶段：政策出台、政策完善、政策成熟和政策蜕化。显然，在政策出台阶段和政策蜕化阶段，政策效果差一些；在政策完善和政策成熟阶段，政策效果要好一些。因而，在判断政策的有效性时，既不能在最初阶段做出结论，也不能在蜕化阶段才定性，要充分考虑到政策本身的时间效益。

（3）产业政策的实施应衡量成本与收益，并考虑到政策外部负效应。政府实施产业政策要付出成本和代价，政府实施产业政策促进经济发展，最终要以成本相对较小、效率相对较高为前提条件。特别是有时候产业政策会产生负的外部效应，如果这些负效应较为明显，那么这项产业政策是不可行的。产业结构升级与结构性失业的冲突就是这方面最突出的例证，结构性失业如果超出了社会承受范围，即便是产业政策带动的产业结构升级再快，也必须有所顾及。因而，产业政策可行与否不仅要衡量成本收益，而且还要看政策的外部负效应有多大。

二 中国产业政策安全面临的问题

"产业政策"这一概念第一次在中国正式出现是在 1986 年的《中华人民共和国国民经济和社会发展的第七个五年计划》中，自"产业政策"的概念被引入中国经济理论和决策界以来，使用频率越来越高，在经济生活中发挥的作用也越来越大，对促进中国经济发展和产业升级起到了重要作用。然而，并不是政府所有的产业政策都起到了积极作用，也不是所有的产业政策都能够顺利执行或者实现预期效果。具体来说，当前中国产业政策安全主要面临以下几个问题。

（1）产业政策缺乏完善配套的实施手段。产业政策的制定提出了产业发展应该达到的目标，但是相应的执行措施和手段是产业政策能否发挥预期效果的关键。改革开放以来，实现产业政策的最常用的手段是行政手段，行政手段具有针对性强的特征，但是过于浓厚的行政计划色彩与市场经济的要求背道而驰（吕政等，1993）。在中国，在产业政策执行主体是地方政府，权力分散、地方保护主义盛行的背景下，存在着较为严重的"上有政策、下有对策"的现象。如由于地方政府的趋利性，一些产业政策明确限制的产业可能会在地方优惠政策和保护的条件下得到迅速发展。

（2）利用外资产业政策偏差。利用外资产业政策也是中国产业政策的重要组成部分，中国吸收外资政策的初衷在于有许多"短线"行业和产品急需发展，但建设资金短缺、技术落后，吸收外资能增加中国的建设资金并且能够利用较为先进的技术（江小涓，1993）。但是实践表明，中国利用外资实际情况和期望值并不一致，甚至会出现负效应。究其原因，主要在于三点：一是产业政策设计期望误差；二是产业政策执行走样；三是政策工具利益指向与投资者期望值的偏差（李孟刚，2010）。

（3）政府对产业政策干预性过强。产业政策最重要的作用是弥补市场调节功能的不足，并实现"赶超"，因此产业政策的制定和实施都要建立在市场经济的基础上。第二次世界大战以后日本的产业政策取得了巨大成功，就是因为它是建立在维护企业经营自主权和重视市场功能的发挥基础上的（苏东水、彭贺，2006）。产业政策的重点应该是民间不愿投资的新兴产业、高风险科技开发项目和一些投资额巨大的长期收益项目以及一些有前途的先导产业和支柱产业（江小涓，1996）。现实多数情况下，中国产业政策过重的行政色彩阻碍了产业政策的有效实施。以中国早期的钢铁工业为例，按产业政策要求，各地应根据本地的经济条件来布局和发展，但从市场经济的观点来看，资源的平衡不是靠自给自足来实现的，而是通过统一的市场流向效率更高的部门和地区，产业政策在一定程度上违背了市场规律（熊志军，1993）。

第二节　FDI 影响产业政策安全的定性分析

上文总结了产业安全政策评价标准，为了能够更具体地分析 FDI 对中国产业政策安全的各方面影响，本节对问题的分析具体到产业政策内容和中国国情。FDI 对产业政策安全的具体影响可以从五个方面考量，具体分析如图 9 - 1 所示。

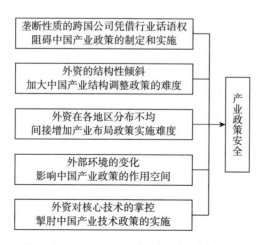

图 9 - 1　FDI 对产业政策安全的影响分析

接下来，就从上述这五个方面出发，具体分析 FDI 对中国产业政策安全造成的影响。

一 垄断性质的跨国公司阻碍中国产业政策的制定和实施

一方面，改革开放初期，中国存在企业规模小、企业数量多、规模经济较差的问题，当时产业政策重心也是放在组建企业集团和形成规模效益等方面，调控对象主要是国有企业。受国情所限，中国的企业集团发展借助的是中央政府的宏观调控和扶持，纯粹行政手段铸造的产业组织结构缺乏稳定性和生命力，使其成为明显带有契约性质的松散联合体，不是像工业发达国家那样真正意义上的兼并和合并（陈朝阳，1998）。这些企业集团名义上归属同一所有权实体，却没有形成合理的分工体系，是"有名无实"的大集团，严重影响了产业竞争力的提高，产业组织政策安全不能有效保障。

另一方面，在当今经济全球化条件下，外资大量地进入，在某些行业，发达国家的跨国公司也已经悄然在中国占据了很大的市场份额，并利用其市场优势地位，出现控制市场、限制竞争的倾向。虽然这些跨国集团一般不会与中国的大型国有企业形成竞争，但是对于中小企业和民营企业来说，跨国集团会对其产生强大的挤兑效应。具体来说，FDI 对于产业组织政策安全的最根本的影响是外资企业的进入改变了东道国产业组织的市场结构，甚至在某一行业形成垄断，垄断势力一旦形成，就会有较大的话语权，外资企业的行为将可能对东道国该产业组织行为产生影响，影响该行业相关产业政策的制定和有效实施。造成产业政策安全。因此，产业组织政策目标应从组建国内卡特尔和积极引进外资转向反垄断和提升国内企业竞争力，同时，调控对象应从国有企业转向民营企业和外资企业（柯士涛、夏玉华，2009）。

从控制力的角度看，20 世纪 90 年代以后，发达国家的跨国公司大量涌入中国，外资在某些行业或者市场上基本形成垄断势力。机械制造业市场方面，世界排名第一的美国卡特彼勒公司、日本的小松制作所、神户制钢所、日立建机、韩国现代、韩国大宇等一大批跨国公司相继设立中外合资企业；挖掘机市场方面，美、日、欧、韩与中国的合资企业占据重要的市场地位；装载机市场方面、筑养路机械市场等领域，跨国公司也纷纷谋求合资建厂，挤占市场份额；与此同时，进口工程机械也大幅度增长，抢占市场。外商投资企业利用其在资金、技术和管理等方面的优势，冲击中国市场，在某些行业形成的垄断引起跨国公司从纯经济力量到非经济力量的升级，形成经济势力，会对中国产业政策带来不利影响。因为"跨国公司对有关东道国的行业控制，毕竟显示了这些公司拥有相当大的经济和非经济力量；由于跨国公司所处的产品市场结构是寡占性的，它会导致过高的价格、超常的高收益和较大进入障碍，并由此将给东道国带来消极的影响"（尼尔·胡德、斯蒂芬·杨，1990）。

二 外资的结构性倾斜加大中国产业结构调整政策的难度

中国产业结构问题存在已久，主要表现在三次产业结构的失衡（第二产业比重过高，第一产业和第三产业比重低），改革开放以来，中国推行了各种产业结构调整和升级政策，收到了一定效果，但是产业结构失衡问题并未得到根本解决。"十二五"规划中，产业结构调整的总体思路仍旧是提高服务业所占比重，提高到 48% 左右，工业比重将会有降低，占到 45% 左右（宋圭武，2011）。

如今，中国对外开放程度不断提高，外资大量涌入，产业结构政策又面临新的问题。一是，外资的流入加剧产业结构间和行业间的失衡。一方面，外商投资在中国三次产业具有结构性倾斜，主要集中在第二、三产业尤其是工业部门，对第一产业投资规模很小。另一方面，在产业内部也存在着外资的结构性倾斜，外资对中国第一产业的直接投资主要集中于农业，第二产业集中于制造业，第三产业集中于房地产业和社会服务业（李孟刚，2010）。截至 2014 年，仅有 1.27% 的 FDI 流向第一产业，并且仍有下降趋势；大多数 FDI 投向了第二、三产业，其中，制造业和房地产业比重最高，分别为 33.40% 和 28.96%，并且后者仍然有进一步上升的趋势，2013～2014 年 FDI 行业结构如表 9-1 所示。

表 9 - 1 2013 ~ 2014 年 FDI 行业结构

单位：万美元，%

行业	2013 年	比重	2014 年	比重
农林牧渔业	180003	1.53	152227	1.27
采矿业	36495	0.31	56222	0.47
制造业	4555498	38.74	3993872	33.40
电力、燃气及水的生产和供应业	242910	2.07	220290	1.84
建筑业	121983	1.04	123949	1.04
交通运输、仓储和邮政业	421738	3.59	445559	3.73
信息传输、计算机服务和软件业	288056	2.45	275511	2.30
批发和零售业	1151099	9.79	946340	7.92
住宿和餐饮业	77181	0.66	65021	0.54
金融业	233046	1.98	418216	3.50
房地产业	2879807	24.49	3462611	28.96
租赁和商务服务业	1036158	8.81	1248588	10.44
科学研究、技术服务和地质勘查业	275026	2.34	325466	2.72
水利、环境和公共设施管理业	103586	0.88	57349	0.48
居民服务和其他服务业	65693	0.56	71813	0.60
教育	1822	0.02	2097	0.02
卫生、社会保障和社会福利业	6435	0.05	7757	0.06
文化、体育和娱乐业	82079	0.70	82338	0.69
公共管理和社会组织	5	0.00	930	0.01
总计	11758620	100.00	11956156	100.00

资料来源：《中国统计年鉴》（2014 ~ 2015）。

外商对中国投资的结构性倾斜，一是可能导致重复建设的问题，加大中国产业结构调整的难度。二是外资的引入可能减弱政府对某些产业的控制力，威胁产业结构政策安全。产业结构政策的宗旨是以技术进步不断促进产业结构的优化（苏东水，2005），中国政府通过引进资金和先进技术带动各产业的发展，实现产业升级和产业结构优化。但是，一般情况下，外资企业对其核心技术具有较强的控制力，而且在很多时候外资企业并不需要提供核心技术便能获得市场。长久下去，中国产业，尤其是支柱产业和战略产业面临着外资的威胁，可能失去政府对本国产业的控制力丧失主导权和话语权，威胁到中国的产业政策安全。

三　外资在各地区分布不均间接增加产业布局政策实施难度

新中国成立以来，中国区域经济的发展经历了平衡到不平衡，再到非均衡协调发展的过程（简建辉，2008）。产业政策也处于不断演化的过程中。如"一五"计划明确提出的是为了改变原来产业地区分布不合理状况，必须建立新的工业基地。以此为指导，中央政府通过向中西部直接投资兴建企业，使产业布局重点开始由沿海向内地转移。"二五"至"四五"时期，国家在产业布局上更加强调了均衡布局的指导思想，产业布局政策的重心开始大规模西移；"六五"以来，伴随经济体制改革和对外开放战略的实施，中国产业布局政策也发生重大改变，从强调均衡布局转向总体上实施非均衡布局战略。"六五"计划将全国分为沿海地区、内陆地区和少数民族地区，要求积极利用沿海地区现有经济基础，充分发挥它们的特点，带动内地经济进一步发展。"七五"期间又更加明确了产业布局的基本战略是加速东部沿海地带的发展，同时把能源、原材料建设的重点放到中部，并积极做好进一步开发西部地带的准备；到 2003 年，提出了新科学发展观，基本内涵就是"五个统筹"，包括统筹区域发展和统筹经济社会发展等。"十五"期间产业布局政策目标在于：遵循新科学发展观，加快建设全国统一市场，推进西部大开发、振兴东北老工业基地等（黄辉，2001）。

改革开放以来，旧的计划经济体制逐步被打破，新的市场经济体制尚未建立，各地区政府为了追求部门齐全的工业部门，造成重复建设问题，并且导致中央统一的产业政策（包括产业布局政策）难以有效实施。加入 WTO 在一定程度上加剧了低水平重复建设的危害，伴随着而来的大量的 FDI 也在一定程度上增加了中国产业布局调整的难度。

四　外部环境的变化影响中国产业政策的作用空间

随着中国加入 WTO，国际产业迅速像中国转移，国际资本也不断地流入中国，产业发展的外部环境发生了很大变化。由于国际贸易的深化以及国际投资机制的存在，外国市场和投资者可以进入中国，它们也成为当前形势下产业政策的先决条件。资本在国家之间流动的加快和 FDI 的迅速增长使中国产业的发展越来越取决于产业的国际竞争力，这种变化必然导致政府经济行为能力减弱，使产业政策的实行遭遇一系列困难（赵晓明、韩小威，2008）。目前，中国大部分产业政策是建立在控制力基础上，全球范围内的资源配置使产业发展超出国家行政力量所能控制的范围，即使产业政策能独立、正确地制定，由于无法阻止国际经济力量对中国产业发展的影响，产业政策很有可能无法正常执行，造成产业政策失效。

装备制造业是为国民经济各行业提供技术装备的战略性产业，是产业升级、技术进步的重要保障和国家综合实力的集中体现。作为制造业中居于核心主导地位的产业集合，装备制造业的发展存在着复杂的机制和受到多种因素的影响，其中政府的产业政策发挥着重要的作用（崔岩、仇继平，2010）。中国作为后发的发展中国家，政府正式担负着推动产业发展的重任。进入 21 世纪以来，中国发布了一系列相关产业政策来振兴装备制造业。如 2006 年国务院发布的《关于加快振兴装备制造业发展的若干意见》，2009 年发布的《装备制造业调整和振兴规划》等，对装备制造业发展目标、对象、政策措施等都提出了明确的意见；《装备制造业调整和振兴规划》提出了依托十大领域重点工程，振兴装备制造业，抓住九大产业重点项目，实施装备自主化，鼓励使用国产首台（套）装备等政策措施。此外，国家还通过东北老工业基地振兴等重要区域政策，促进装备制造业重点地区的产业发展。

虽然在国家的各项扶持政策下，装备制造业取得了重大成就，但是与一些先进国家相比，差距仍然很大，存在着以低端产品为主、附加值较低等问题。产业政策之所以存在是因为市场失灵现象的存在，市场对资源配置的作用得不到突显。装备制造业的市场失灵主要表现在以下几个方面。一是公共产品短缺。因为装备制造业是资本密集型和技术密集型行业。资本投入不足会导致一些专用设备得不到解决，资本和技术的缺乏都会制约装备制造业的研发水平。二是跨国公司进入中国装备制造业的外部效应。因为 FDI 的目的是盈利，并不会主动符合东道国的利益。美国凯雷集团、德国 FAG 公司以及卡特彼勒公司等均已迈出进军中国装备制造业的步伐。三是整个行业的信息不对称和不完全。这主要体现在与发达国家的对比上。发达国家掌握着全球范围内的包括资金和技术在内的各种行业内先进资源，很大程度上有制定行业标准的强势地位，这对于中国国内较为弱小的企业而言，绝对具有信息优势。正因为存在诸多发展困境，产业政策对于装备制造业必不可少，这些市场失灵现象也会在一定程度上影响产业政策作用的发挥。这里着重强调的是跨国公司的介入对产业政策发挥空间的影响。

技术能力和市场能力的低下导致中国的装备制造业的国际竞争基础较弱，较弱国际竞争基础又决定了其参与国际竞争的模式。目前，通过引进技术缩短与世界先进水平的差距是中国装备制造业参与全球竞争的重要手段（陈爱贞、陈明森，2009）。随着国际宏观经济环境的变化、中国装备制造业市场空间的扩大以及国际资本的加速流动等，外资装备制造企业陆续入华投资布局与发展。从设立在华销售代表处到开设分公司、投资建厂，外商采取了独资、合资、并购等多种方式参与国内装备制造业的发展大潮与市场竞争。卜伟、谢敏华、蔡慧芬（2011）基于产业控制力的角度对中国装备制造业产业外资控制情况进行了实证分析，结果发现外资对装备制造业控制力影响较大。在经济全球化背景下，国际产业转移和资本流动范围更为广泛，方式也更为多样，这也意味着影响中国装备制造业的发展因素超越了国界，政府对有关的产业资源的控制力有所下降，因此干预性较强的产业政策作用空间必然受到影响。

五　外资对核心技术的掌控掣肘中国产业技术政策的实施

技术创新是产业实现长远发展的根本推动力。改革开放初期，中国产业技术水平较为落后，企业的科研能力和技术开发能力较为薄弱，外延式扩张占据主要地位。1978 年改革开放后，在"科学技术是第一生产力"思想的指导下，政府才陆续出台一系列促进科学研究和技术创新的政策性文件。经过三十多年的发展，中国的产业技术水平及创新能力有很大提高，但是很多产业仍不同程度地存在重视产业规模的扩张忽视产业技术开发，重视机器设备的引进忽视技术本身引进等问题。与此同时，发达国家日益进入高科技化高知识化的发展轨道，技术研发和科学创新模式较为成熟。正是在这种情况下，掌握先进技术的外资企业有可乘之机，其大举进入又进一步掣肘中国产业技术政策的有效实施，影响中国产业政策安全。

第三节　FDI 影响产业政策安全的经济学模型

上一节从宏观层面阐述了 FDI 对中国产业政策安全的影响，下面利用一个经济学模型，从微观层面，以企业的角度判断一般情况下，FDI 对关税的影响。因为模型中假设企业的产品均销往第三国市场，所以征收关税或者出口补贴等出口政策便是该国的产业政策。因此利用该模型可以简要分析 FDI 对产业政策造成的影响。

Brander and Spencer（1985）在研究关税补贴时建立了一个第三国模型，它假设本国和外国分别有且仅有一家企业，二者生产同样的产品并在第三国市场上进行古诺竞争。刘重力和李慰（2011）对模型进行了一定的扩展。本文中模型设定如下。假设外国仅有企业 F，本国仅有企业 H，还有一家本国与外国合资的企业 J 且企业 J 的利润按 $\theta : 1-\theta$（$0 < \theta < 1$）的比例在本国与外国之间分配。三个企业的产品全部销往第三国市场并进行古诺竞争。[①] 同时假设，三个企业的生产函数相同，无固定成本，每单位产品可变成本为 c，第三国市场反需求曲线为线性函数，见公式 9.1：

$$p = a - b\ (q_h + q_f + q_j) \tag{9.1}$$

其中，a 和 b 为参数，且 a，$b > 0$；q_h，q_f，q_j 分别为企业本国企业 H、外国企业 F 与合资企业 J 的产量。本国政府完全了解上述的市

场结构，并以最大化本国福利为政策目标决定是否对国内企业的出口进行干预以及干预的强度，干预强度用 s 表示。当 $s > 0$ 时，政府对国内企业出口进行补贴，反之表示对企业的出口进行征税；当 $s = 0$ 时，政府不干预企业的出口。博弈从两个方面进行分析，即政府按照对外资实行国民待遇和非国民待遇的原则，分别制定最大化本国国民福利的政策 s。

一　国民待遇原则

本书中的国民待遇是指政府政策同等对待企业 J 与 H，即政府对本国企业 H 的补贴对合资企业 J 同样适用，若政府征收出口税，那么企业 J 也必须同样缴纳。各企业的利润函数可以用公式 9.2、公式 9.3 和公式 9.4 来表示：

$$\pi_f = (p - c) q_f \tag{9.2}$$

$$\pi_h = (p - c) q_h + s q_h \tag{9.3}$$

$$\pi_j = (p - c) q_j + s q_j \tag{9.4}$$

企业根据利润最大化决定产量，一阶条件如公式 9 - 5、公式 9 - 6 和公式 9 - 7：

$$\frac{\partial \pi_f}{\partial \pi_f} = p - c + q_f = 0 \tag{9.5}$$

$$\frac{\partial \pi_h}{\partial \pi_h} = p - c + q_h + s = 0 \tag{9.6}$$

$$\frac{\partial \pi_j}{\partial \pi_j} = p - c + q_j + s = 0 \tag{9.7}$$

因为上面 3 个二阶条件都为 $-2b$，且 $b > 0$，所以一阶条件的解就是利润最大化的解。然后将公式 9.1 分别代入公式 9.5、公式 9.6 和公式 9.7，联立求解得出均衡状态下各企业的产量、产品价格和利润，分别见公式 9.8、公式 9.9 和公式 9.10：

$$p = \frac{(a + 3c - 2s)}{4} \tag{9.8}$$

$$q_f = \frac{a - c - 2s}{4b}; \quad q_h = q_j = \frac{a - c + 2s}{4b} \tag{9.9}$$

$$\pi_f = \frac{(a - c - 2s)^2}{16b}; \quad \pi_h = \pi_j = \frac{(a - c + 2s)^2}{16b} \tag{9.10}$$

因为 J 是本国与外国合资企业，利润按照（θ：$1 - \theta$）在本国与外国之间进行分配，所以，本国福利 w 见公式 9.11：

$$w = \pi_h + \theta\pi_j - s(q_h + q_j) \tag{9.11}$$

根据福利最大化原则对公式 9.11 求导，一阶条件见公式 9.12：

$$\frac{dw}{ds} = \frac{d\pi_h}{ds} + \theta\frac{d\pi_j}{ds} - (q_h + q_j) - s\left(\frac{dq_h}{ds} + \frac{dq_j}{ds}\right) \tag{9.12}$$

因为二阶条件 $\frac{d^2 w}{ds^2} = \frac{\theta - 3}{2b} < 0$，所以一阶条件的解就是福利最大化的解。将公式 9.10 和公式 9.11 代入公式 9.13，可得本国福利最大化的解，见公式 9.13：

$$s = -\frac{(a - c)(1 - \theta)}{2(3 - \theta)} \tag{9.13}$$

对 θ 求导得到公式 9.14：

$$\frac{ds}{d\theta} = \frac{a - c}{(3 - \theta)^2} \tag{9.14}$$

从公式 9.13 和公式 9.14 可以得出结论，在本国存在合资企业且享受国民待遇的情况下，政府最优产业政策是对出口进行征税，从公式 9.14 中可以看出，随着合资企业中本国份额的减小，最优税收额应该增加。设想当 $\theta = 1$ 时，即合资企业完全为本国所有时，均衡状态下的 $s = 0$，政府对企业进行出口补贴；$\theta = 0$ 时，即当合资企业变为外资企业时，均衡时的 s 变为 $s = -\frac{a - c}{6}$，即政府对企业进行出口征税；在没有 FDI 进入的情况下，若政府想扶持某一产业、鼓励其出口，对其进行出口补贴即可，当 FDI 大量进入并控制本国某些企业时，政府的政策效用大打折扣，甚至采用完全相反的政策。在这种情况下，如果政府对企业由出口补贴变为出口征税，本土企业市场竞争力又比不上外资或者合资企业时，不利于本土企业的发展，对产业发展也较为不利，产业政策安全不能保证。

二　非国民待遇原则

如果本国政府有能力区别 H 和 J 的产品并对其进行差别待遇，即只对企业 H 进行补贴或征税。公式 9.4 和公式 9.12 将分别变为公式 9.15 和公式 9.16：

$$\pi_j = (p - c) \, q_j \tag{9.15}$$

$$w = \pi_h + \theta \pi_j - s q_h \tag{9.16}$$

除此以外的其他条件不变，按照分析国民待遇原则时的思路，可以解得此时的均衡状态，分别见公式 9.17、公式 9.18 和公式 9.19：

$$p = \frac{(a + 3c - 2s)}{4} \tag{9.17}$$

$$q_f = \frac{a - c - 2s}{4b}; \quad q_h = \frac{a - c + 3s}{4b}; \quad q_j = \frac{a - c - s}{4b} \tag{9.18}$$

$$\pi_f = \frac{(a - c - 2s)^2}{16b}; \quad \pi_h = \frac{(a - c + 3s)^2}{16b}; \quad \pi_j = \frac{(a - c + 2s)^2}{16b} \tag{9.19}$$

政府的决策依据仍然是本国福利最大化，对公式 9.16 求导数得到一阶条件，见公式 9.20：

$$\frac{dw}{ds} = \frac{d\pi_h}{ds} + \theta \frac{d\pi_j}{ds} - q_h - s \frac{dq_h}{ds} \tag{9.20}$$

将公式 9.18 和公式 9.19 代入公式 9.20，得到福利最大化的最优政策 s，见公式 9.21：

$$s = \frac{(a - c) \, (1 - \theta)}{3 - \theta} \tag{9.21}$$

公式 9.21 对 θ 求导得到公式 9.22：

$$\frac{ds}{d\theta} = -\frac{a - c}{2 \, (3 - \theta)^2} \tag{9.22}$$

从公式 9.21 和公式 9.22 中可以得出第二个结论，即当本国存在合资企业不存在国民待遇的情况下，政府最优的政策为出口补贴；随着合资企业中本国份额的减小最优补贴额应该增加。

比较这两个结论中本国政府最优出口政策可以发现，合资企业的出现将影响政府的最终政策以及其强度。

在第一个结论所给出的情况下，合资企业将本国的福利与外国的福利联系起来，实行出口补贴虽然可以增加本国企业 H 的利润，但政府要付出更多的补贴成本。由于政府不能区别对待企业，外国通过对企业 J 的利润分割间接享受了本国政府对企业的补贴。这种情况降低了政府通过出口补贴进行利润水平转移的动机，政府间的博弈强度明显减弱，出口政策由不存在合资企业时的出口补贴转变为出口征税。

在第二个结论所给出的情况下，本国政府进行利润水平转移的动机大大增强，因为此时合资企业的出现并没有有效地将两国利益联结起来。从本国政府的角度出发，尽管企业 J 位于本国，但是它并不享受本国的政策优惠且对本国福利的影响要小于企业 H。为使本国福利最大化，政府的政策应该更加倾向于扶持本国企业的发展，出口政策一方面要鼓励本国企业同外国企业竞争；另一方面还要鼓励本国企业同合资企业争夺市场。此时政府间的博弈强度会增加，本国政府有动机干预市场，通过积极的出口政策——出口补贴来增加本国的福利。

第四节　FDI 影响产业政策安全的实例——大豆产业

中国早在 2004 年就批准了转基因大豆的进口，孟都山、杜邦、先锋等拥有转基因技术的跨国农业巨头的转基因大豆品种源源不断地进入中国，并最终以豆油的形式占据中国豆油市场。由于价格低、出油率高等原因，转基因大豆的大举进入在一定程度上使国内大豆产业链趋于萎缩。虽然国内大豆产业的危机除了"转基因"的因素外，还有资源配置调整、自由贸易洗涤等原因，但从产业层面来讲，低价农产品的进口已经对中国大豆产业政策安全造成一些负面影响。

同样作为大豆原产国的巴西，根据巴西农业部数据，2014 年全年巴西大豆及大豆产品出口总额达到 314.03 亿美元，出口总量达到 6071 万吨[①]。但是，巴西的大豆出口一直被大型跨国粮食公司控制，当地政府也陆续出台过各种大豆产业政策，但是外资的强势控制导致其产业政策基本以失败告终，这对于走在冰刃上的中国大豆产业政策不得不说是前车之鉴。

因此，本节首先分析加入 WTO 后中国大豆产业的发展困境，并在此基础上分析 FDI 对中国大豆产业政策安全的影响，最后，再简要探讨巴西转基因大豆产业政策的失败以及对中国的启示。

一　加入 WTO 后中国大豆产业的发展困境

大豆是中国重要的农作物之一，也是中国最早实现贸易自由化的大宗农产品（喻翠玲，2007）。自从中国加入 WTO 后，中国大豆产业发生了较大的波动，甚至陷入了困境。主要表现在以下几个方面。

（一）外资大量进入并控制中国粮油加工企业

在粮油加工业中，外资并购中国大型大豆加工企业，控制实际加工能力超过 5000 万吨，占国内总量的 85%，国内食用油知名品牌很多已被外资控制。世界各大粮商如美国 ADM、嘉吉、邦吉、新加坡 WILMAR、托福、来宝等大公司陆续入股中国大豆压榨企业。2004～2005 年，国家发改委两次发布行业预警：国内大豆压榨企业开工率不足 40%。外资趁机加快并购中国大豆加工领军企业。中粮集团旗下 8 个油脂加工企业均成为外资企业。同时外资又兴建大型榨油企业。2006 年 4 月，仍在营业的 97 家企业中，外商参股的企业就有 64 家，控制了中国 85% 的实际加工量。2008 年国有大型压榨企业只剩 1 家（黑龙江九三公司）未被外资

---

① 数据源自中华人民共和国商务部，《2014 年巴西大豆出口量和出口额再创新高》，http://www.mofcom.gov.cn/article/i/jyjl/l/201502/20150200899468.shtml，最后访问日期，2016 年 6 月 26 日。

兼并。值得一提的是 2004 年 3 月，得知中国大豆采购代表团即将前往美国采购 250 万吨大豆，在国际炒家的哄抬之下，CBOT（芝加哥商品交易所）大豆期货价格从先前的约 220 美元/吨暴涨到 391 美元/吨；在中国大豆压榨企业签下约 495 美元/吨的高价进口合同离开美国之后，整个国际市场大豆价格随即暴跌，最高下跌了 125 美元/吨。最终造成参加采购团的各中国企业损失惨重。

当前，外资基本完成了在中国的战略布局。控制全球 90% 的大豆贸易的 ADM、邦基、嘉吉、路易达孚四大跨国公司，在控制了中国 60% 以上的实际压榨能力后，垄断了中国 80% 的进口大豆货源。

（二）国内大豆需求对进口大豆依存度过高

随着居民生活水平的提高，人们对植物油需求增加，近几年来食用及工业用大豆消费量呈现快速增长。但中国国内大豆的供给能力不能满足国内需求，大量进口成为解决大豆供给不足的主要手段，2002 ~ 2015 年中国国内大豆消费量、出口量和进口量的具体数据如表 9 - 2 和图 9 - 2 所示。

表 9 - 2　2002 ~ 2015 年中国国内大豆消费量、出口量和进口量

单位：万吨

年份	国内大豆消费量	国内大豆出口量	国内大豆进口量
2002	3567	26	2142
2003	3417	32	1699
2004	4142	30	2580
2005	4491	36	2831
2006	4361	43	2873
2007	4750	45	3781
2008	5100	40	4110
2009	6000	20	5035
2010	6500	20	5235
2011	6750	25	5500
2012	6750	25	5750

续表

年份	国内大豆消费量	国内大豆出口量	国内大豆进口量
2013	7537	21	6338
2014	8355	21	7140
2015	9390	13	8169

资料来源：根据国家统计局、中国产业信息网、中华粮网相关数据整理得到。

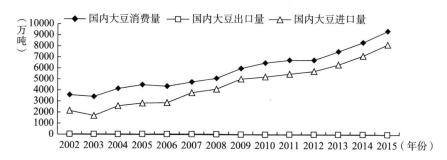

图 9-2　2002～2015 年中国国内大豆消费、出口和进口情况

资料来源：根据国家统计局、中国产业信息网、中华粮网相关数据整理得到。

首先，中国大豆需求量呈现逐年增长的态势，从 2002 年的 3567 万吨增加到 2015 年的 9390 万吨；其次，由于国产大豆产量无法满足日益增长的大豆需求，大豆进口量随之增加。从图中可以看出，国内大豆进口量呈现与大豆需求量一致的变化趋势，并且 2002 年至 2015 年十年间增长了 163%；最后，与大豆进口量相比，国内大豆出口量相差甚远，有总体下降的趋势，国内大豆外销形势极不乐观。

一般来说，需求的不断增长是可以拉动供给快速提升的，但这一规律却在中国大豆产业中"失灵"，需求不仅没有拉动中国大豆产业的长足发展，而且出现了下滑。究其原因，一方面是因为近年来大豆种植成本提高，价格波动过大，豆农种植积极性缺失导致大豆种植面积萎缩；另一方面是由于国家在大豆销售商的限价政策导致大豆加工企业成本过高，而且收购国产大豆程序烦琐、中间费用较高。例如收购国产大豆需要向国内银行贷款，收购每吨大豆的贷款需要支付利息 75 元。进口大豆可以利用国外信用在国外贷款，按照现有的国际标准，每吨进口大豆贷款只需支付不到 20 元的利息。收购农民大豆的运输、包装、设备等收储费用，每吨需要 75 元，而进口大豆只需 25 元。同时，企业收购国产大豆还面临税收难题，按国家税收政策规定，粮食加工企业收购农民的粮食进项税抵扣率由原来的 10% 提高到 13%。但粮商不被视为"农民"，收粮商的大豆又无法享受国家的税收优惠，还有偷税嫌疑。在沿海进口大豆增值税发票一船一张，非常方便（张光辉、崔瑞娟，2008）。

（三）对国内大豆市场定价权的主导地位丧失

在宏观层面，作为世界大豆第一大进口国，中国本应该对国际大豆价格具有相当大的影响力；但由于全球大豆出口市场过于集中，进口市场又过于分散，大豆国际价格更容易为大豆主产国所主导。由于中国大豆进口高度集中于美国、巴西和阿根廷，中国国内大豆市场价格往往以上述三国的市场价格为导向。在微观层面，国际大豆贸易长期通过大豆期货市场进行定价，CBOT 大豆期货价格已经成为全球大豆贸易定价过程中的权威价格。中国进口大豆亦长期依据 CBOT 大豆价格进行定价，国内大豆交易价格也跟着 CBOT 的期货价格走。虽然中国大连商品交易所（DCE）的大豆期货价格对国内大豆市场价格的影响越来越大，但仍没有改变 CBOT 的主导地位（王旆、王恩学、闫德华，2010）。

（四）临时储备政策扭曲大豆市场价格

为了扭转国内大豆价格，刺激农民的种植积极性，2007 年国务院决定建立健全大豆和食用植物油储备制度，培育油脂、油料期货市场，建立产销预警体系。[1] 自 2008 年起，中国连续 5 年通过中储粮系统在东北地区实施大豆临时收储政策，收购价格呈逐年上升态势：2008 年为 1.85 元/斤，2009 年为 1.87 元/斤，2010 年为 1.90 元/斤，2011 年为 2.00 元/斤，2012 年为 2.3 元/斤。[2] 价格逐年增长，而且政策性收购规模越

---

[1] 资料源自《国家将加大油料种植补贴，将推食用油储备制度》，http://finance.sina.com.cn/china/hgjj/20070920/22223999214.shtml，最后访问日期，2016 年 6 月 4 日。

[2] 资料源自《托市让市场失灵，中储粮定位尴尬》，http://finance.eastmoney.com/news/1354，20130605296171373.html，最后访问日期，2016 年 6 月 5 日。

来越大。临时收储政策虽然对农民销售大豆的收益有正面作用，但也破坏了大豆价格市场机制的发挥。因为目前大豆已经是完全开放的品种，中国大豆市场已经不再是独立的主体，中国的大豆国储会影响到全球大豆的价格。政府抬高收购价格使国内外大豆价格产生价差，会导致国外廉价大豆，特别是转基因大豆的大量涌入。事实上，补贴的是大豆出口国。

在这方面，美国实行的是反周期补贴制度（Counter - Cyclical Payments），即"基于收益的反周期支付"。反周期支付由目标价格和有效价格之差决定，每种农产品都设有目标价格，目标价格在农业法中明确规定 6 年不变；有效价格是把市场价格和贷款率二者之间的较高者再加上有效直接补贴率得到，当有效价格低于目标价格时，按二者之差进行反周期支付，当有效价格等于或大于目标价格时，不进行反周期支付。[①]这样农产品供应量不会发生变化，消除政府收储农产品的收购和储存费用，而且能够更准确地反映农产品市场情况。

二 FDI 对中国大豆产业政策安全的影响途径

（一）外资控制大豆产业链关键环节

中国农业产业化水平较低，外资容易凭借其雄厚的实力兼并国内龙头企业，控制农业生产链条的关键点。外资的不断深入不利于中国农业产业结构调整政策的实施，若外商大量进口某种农产品，并通过市场价格传到其他农产品，打压大部分农产品的国内市场价格，造成农民收入的下降，抵消了政府在政策上扶农惠农的努力，对农业和农村经济发展也会产生负面影响（吕勇斌，2009）。目前，ADM、邦基、嘉吉、路易达孚等四大粮商基本控制全球大豆贸易环节，他们通过仓储、物流来获取利润，通过套期保值规避大豆价格的系统性风险，国内厂商仅仅是全

[①] 资料源自农业部市场与经济信息司：《国外鲜活农产品营销模式及补贴政策》，http://www.moa.gov.cn/sjzz/scs/gzjb/201112/t20111212_2434008.htm，最后访问日期，2016 年 6 月 5 日。

球大豆产业链的一个环节，而且是很弱小的一个环节，不能形成强有力的话语权。

（二）外资垄断势力形成并掌控定价权

现状是，从原料到加工再到食用油市场，中国大豆产业已被跨国公司控制。[①] 外资大量进入后如果利用其市场和技术等优势形成垄断势力，便可以掌握定价权并获得超额垄断利润。随着外资粮企向中国大豆产业的进一步渗透，中国很有可能丧失国产非转基因大豆的议价权，有关产业调整的政策也便无法得到实施（高颖，2009）。自 2005 年中国临时储备收购政策启动以来，收购价格每年都要提高。东北主产区还建立了一个有效维护产业发展的市场价格，在应对国际市场冲击，保护豆农种植利益上发挥了积极作用；但是，具有垄断优势的跨国资本利用其定价权的优势，通过题材炒作、市场优势来打压市场，使大豆加工企业无法开工。[②] 因此，产业政策实施效果大打折扣。

（三）外资加工企业大量进口大豆阻碍相关政策的执行

近年来，中国大豆产业政策一直致力于对大豆种植的补贴和国储收购，由于外资大豆加工企业在中国市场中的绝对控制，其对国外大豆的收购在中国国内占大豆进口量的很大份额，这又使中国大豆产业政策不能强制外资企业购买国内大豆。一方面是国家以财政治理维护农化种植利益，另一方面却是进口大豆大行其道（郭清保、金森森，2010）。大豆的大量进口导致国储大豆无法顺利出库，产业政策执行受到阻碍。目前黑龙江种植大豆的综合补贴在 900 元/公顷左右，黑龙江大豆种植面积为 333.33 万 ~ 400.00 万公顷，仅此一项就需财政 30 多亿元。国产油料市场份额日益萎缩，政策调控面临前所未有的压力。

---

① 资料来源《我国大豆产业受控于外资，国内八成压榨企业停工》，http://finance.sina.com.cn/nongye/nygd/20120507/071811998870.shtml，最后访问日期：2016 年 6 月 6 日。

② 资料源自《外资控制中国大豆全产业链，国产大豆消费不足 3 成》，http://www.zjjnews.cn/sannong/32939_4.html，最后访问日期：2016 年 6 月 8 日。

　　总体来说，外资对大豆产业的各种干预一方面对国内大豆产业形成
抑制，另一方面给大豆的长期供给带来风险。国家虽然不断提高大豆等
农产品的最低收购价格，但是产业政策上的支持效应很大程度上会受低
价进口大豆影响不能完全发挥。此外，中国对大豆的关税保护政策空间非
常有限，大豆的关税水平只有 3%，而且不能使用特殊保障机制，大豆进
口本来就没有调控机制；由于低价进口农产品的冲击，中国的关税更是难
以发挥门槛保护作用。从这两个层面来说，外资在进入中国大豆市场或者
干预大豆市场运行的同时会对中国大豆产业政策安全造成一定影响。

　　综上，将 FDI 对中国大豆产业政策的影响进行归纳总结，FDI 对中
国大豆产业政策的影响机理具体如图 9 - 3 所示。

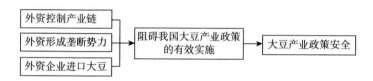

图 9 - 3　FDI 对中国大豆产业政策的影响机理

三　巴西转基因大豆产业政策失败及其对中国的启示

　　巴西是世界主要大豆出口国，2012 年度，巴西大豆出口产值已经达
300 亿美元。[①] 但是，巴西的大豆出口一直被大型跨国粮食公司控制。据
巴西农业联合会调查，巴西大豆出口的 84% 是被 ADM、邦吉、嘉吉和路
易达孚 4 家跨国粮商收购和出口的。[②] 大型跨国企业对巴西大豆产业的
控制还要追溯到 20 世纪末到 21 世纪初出现的针对是否种植转基因大豆
的讨论。巴西非转基因大豆的生产和科研处于世界领先水平，并且对转
基因大豆的生产和销售制定了严格的法律和法规（陈智文，2006）。
2003 年以前，巴西就有以立法的形式规定禁止种植和销售转基因大豆，

---

① 资料源自《巴西大豆近六成销往中国》，http://www.chinagrain.cn/dadou/2013/4/1/201341
9172963314.html，最后访问日期，2016 年 4 月 19 日。

② 资料源自《跨国粮商引发多国警惕，欲当全球"种子霸王"》，http://world.people.com.cn/GB/
12038676.html，最后访问日期，2016 年 4 月 20 日。

但是并未起到应有的效果。究其原因有二：一方面是由于政府的监控不力；另一方面是转基因大豆种植成本低，导致豆农即使违反禁令也要种植该种大豆，他们从邻国阿根廷走私转基因大豆的种子在当地种植。更关键的问题是这种大豆种子的专利权由美国跨国公司——孟都山公司持有。一旦转基因大豆在巴西达到一定的种植规模，豆农对转基因大豆种子产生依赖，该公司就向巴西豆农收取专利费，达到其商业目的。

因此，实际上来看，自 1997 年以来，巴西国内大豆种植户根本不顾禁令，转基因大豆的种植面积不断扩大。面对转基因大豆大面积种植的现实，政府再禁止转基因大豆的生产也是无力从心，该项产业政策流产。于是 2003 年卢拉政府颁发"113 号临时措施"正式认可转基因大豆种植，并允许上市进行合法交易；2005 年巴西政府正式将转基因大豆合法化，然而，作为巴西第二大大豆生产区的帕拉纳州下令禁止转基因大豆从帕拉纳瓜港出口。一些跨国大豆出口商联合起来将出口生意转移到桑托斯港，给帕拉纳州施加压力。2006 年，该州不得不解除禁令，宣布转基因大豆可以经过帕拉纳瓜港口装运。巴西转基因大豆政策变化如表 9－3 所示。

表 9－3　巴西转基因大豆政策变化

时间	2003 年以前	2003 年	2005 年
政策	立法禁止种植和销售转基因大豆	正式认可转基因大豆并允许上市	正式将转基因大豆合法化

资料来源：笔者整理。

根据垄断优势理论，跨国公司在全球进行产业链布局是因为其具有的垄断优势。农业跨国公司通过控制产业链中的关键环节以及专利优势来垄断整个农业产业链，如孟都山公司便抓住了转基因大豆产业链中育种这一关键环节。另外，跨国公司通过企业间联合强化竞争优势，以在合适的时候对东道国政府施压，当然，这一做法的前提还是这些跨国公司已经具有某方面的垄断优势。巴西的转基因大豆产业政策失败案例直接反映了跨国公司，即 FDI 对一国产业政策安全的影响。

中国是唯一没有转基因大豆种植的大豆主产国，但是由于对大豆需求的不断增长，中国已经成为世界上最大的转基因大豆进口国（张兵、李丹，2012）。如上所述，中国非转基因大豆已经在外资围剿下危机重重。如果转基因大豆在中国推广种植，像孟山都公司就可以利用其持有的知识产权危及中国粮食安全；如果仍靠进口大豆来维持，那么大豆进口对外依存度会越来越高，政府在有关大豆政策上的话语权会越来越小。无论哪种结果，外资都会对一些大豆产业政策的顺利实施造成间接阻挠。

第五节　本章小结

本章从 FDI 独资化趋势和产业政策安全评价的角度定性分析了 FDI 对中国产业政策安全的种种影响，并以大豆产业为例进行具体的分析。从这些分析可以发现，FDI 对中国产业政策安全产生不可忽视的影响，为了最大限度降低负面影响，提出了如下建议。

（1）充分利用 WTO 规则实施行之有效的产业政策。WTO 规则要求各成员国在公平、透明、非歧视性的原则下开展贸易行为。加入 WTO 组织后，中国产业政策实施的外部环境发生了明显变化。简单来说，受 WTO 规则的影响，中国产业政策环境的作用空间缩小。由于 WTO 规则约束的是政府行为，如果能利用好该规则，适时调整产业政策，就可使之得到更有效的发挥。一方面，产业政策应该以增强国内企业竞争力为出发点，为国内企业提供更好的包括技术、资金等方面的资源支持，为其创造提高劳动生产率的生存环境。并且根据国内外的经济环境的变化，对产业政策进行实时调整；另一方面，WTO 允许保护国内产业，因此在国内产业的利益遭到损害时，政府可以利用 WTO 协议里的相应条款保障国内企业的利益，比如补贴与反补贴规定、倾销规定以及关税与贸易总协定中保护国内产业的合法措施。

（2）加强中方企业对经济资源的掌控能力。由于伴随 FDI 规模的增大，其"独资化"趋势也越来越明显。对于合资企业，外方一般会倾向于不断收购本土企业的股份以达到其独资化目的。因此，中方应该有意识地掌握自己的固有资源，保持自己的绝对控股。对于跨国公司收购本土企业优质资产、独占本土品牌、利用核心技术打造势力的行为，中方应充分重视自己拥有的权利，把握原有的专利技术、营销渠道、商标品牌，可以的话这些资源都可以作为与外方谈判的资本。最重要的是把守自己的资源，坚决抵制跨国公司以强化市场垄断地位为目的的恶意并购。同时，在与外国企业合作或者合资时，要建立完善的学习机制，提高学习效应，并加强与外方的沟通以减少文化差异或者营销理念不同带来的不必要的损失。

（3）制定更为合理的引资政策。中国经济发展方式和经济政策在不断地发展和完善，引进外资还是偏重于审批管理，而不是运用市场手段进行更为合理的引导，导致利用外资效率低下。因此，要改变传统的引资政策，制定更为合理的外资政策，正确引导外资进入中国，促进中国经济发展和产业升级。归根结底，引进 FDI 是一种市场行为，引资招商的主体是企业，政府的作用更多的是引导和保障。具体来说，首先，要完善规制 FDI 和跨国并购的各种法律法规，规范跨国公司行为，逐步取消对外商设置的一些超国民待遇，并制定更具可操作性的产业政策；其次，FDI 的方式应该从以政策限制为主转变为市场化选择为主，公平地对待各种投资——包括外资和内资；再次，对于需要资本或者技术投入而本身发展又较为薄弱的产业部门，政府需要政策性地引导 FDI 进入，比如第一产业和第三产业；最后，要完善各种外资并购制度，包括资产评估制度、产权交易制度以及企业资本制度等，以规范市场制度，防止资产流失。

（4）处理好中央和地方政府的关系。在中国，中央政府是产业政策的制定者，地方政府和众多企业是执行者；地方政府同时也担当着区域产业政策制定者的角色。由于产业政策实施缺乏完善的协调机制，一些产业政策明确限制的产业可能会在地方优惠政策和保护的条件下得到迅速发展。要提高引进外资的质量和外资的使用效率，保证 FDI 在中央政府有效控制之下，需处理好中央和地方政府的关系。严格按照宪法和其他法律的规定，建立起中央政府和地方政府对外资使用的利益分享机制，明确二者权利分配关系和各自职能，防止中央或者地方分权过多的现象，同时建立二者双向监督机制。总之，要在维护中央政府权威和其对产业政策的总体掌控的基础上，充分调动地方政府引进外资和有效使用外资的积极性，确保产业政策的执行力，防止外资趁火打劫，保证产业政策的安全性。

（5）加大产业开放力度。外资在某些行业形成的控制与该行业的市场准入条件有关。一些产业允许国有企业和外资企业进入，但私营企业被排除在外，导致私营企业无法在这些产业与外资竞争（卜伟，2011）。因此，政府可以提高产业的开放力度，对于已经对外资开放产业的开放力度，加大开放力度，使私营资本同样可以进入；对于没有对外资开放但有意向开放的产业，要确保私营资本先外资一步进入。这样一来，一方面可以促进行业的竞争活力，另一方面可以有效地保护国内私营企业。当然，要想这些私营企业同外资形成竞争，必须加快完善国内企业治理结构、完成现代企业制度改造的工作；私营企业的融资问题首先需要得到解决，改变其当前的不利地位，使之成为可以和外资较量的中坚力量。

参考文献

［1］ 艾少伟、苗长虹：《中国汽车产业技术学习模式研究》，《经济地理》2011 年第 31 卷第 4 期。

［2］ 卜伟：《我国产业外资控制与对策研究》，《管理世界》2011 年第 5 期。

［3］ 卜伟：《我国产业外资控制与对策研究》，《管理世界》2011 年第 5 期。

［4］ 卜伟、谢敏华、蔡慧芬：《基于产业控制力分析的我国装备制造业产业安全问题研究》，《中央财经大学学报》2011 年第 3 期。

［5］ 陈爱贞、陈明森：《中国装备制造业加入全球竞争的传统模式与突破途径》，《亚太经济》2009 年第 5 期。

［6］ 陈朝阳：《论当前我国产业组织政策中市场行为目标的建议》，《福建论坛（经济社会版）》1998 年第 7 期。

［7］ 陈明、魏作磊：《中国服务业开放对产业结构升级的影响》，《经济学家》2016 年第 4 期。

［8］ 陈智文：《巴西转基因大豆政策的变化及对中国的启示》，《拉丁美洲研究》2006 年第 2 期。

[9] 崔新健:《FDI 微观理论,第 OL 模型》,《管理世界》2001 年第 3 期。

[10] 高伟、李晶:《地方政府引资竞争、FDI 流动与居民经济福利》,《华东经济管理》2015 年第 12 期。

[11] 高颖:《外贸粮企冲击下的中国大豆产业政策探讨》,《中国农业信息》2009 年第 7 期。

[12] 郭清保、金森森:《政策调整下的中国大豆产业发展》,《农业展望》2011 年第 3 期。

[13] 何维达、何昌:《当前中国三大产业安全的初步估算》,《中国工业经济》2002 年第 2 期。

[14] 黄辉:《从我国产业布局政策的演变看西部开发》,《西北工业大学学报(社会科学版)》2001 年第 4 期。

[15] 简建辉:《基于集聚经济的我国区域战略性产业布局的现状与政策建议》,《市场周刊(理论研究)》2008 年第 3 期。

[16] 江小娟:《论影响产业政策执行效果的若干因素及可能的改善途径》,《社会科学辑刊》1993 年第 5 期。

[17] 柯士涛、夏玉华:《经济全球化条件下中国产业组织政策的调整和重构》,《经济问题探索》2009 年第 4 期。

[18] 柯士涛、夏玉华:《经济全球化条件下中国产业组织政策的调整和重构》,《经济问题探索》2009 年第 4 期。

[19] 李孟刚:《产业安全理论研究(第二版)》,经济科学出版社,2010。

[20] 李永、刘鹃:《加入 WTO 后我国产业政策有效性的 CGE 分析》,《国际贸易问题》2004 年第 5 期。

[21] 刘重力、李慰:《开放经济下外国直接投资对产业政策的影响》,《现代财经(天津财经大学学报)》2011 年第 12 期。

[22] 吕勇斌:《外资并购与中国农业产业安全:效应与政策》,《农业经济问题》2009 年第 11 期。

[23] 吕勇斌:《外资并购与中国农业产业安全》,《农业经济问题》2009 年第 11 期。

[24] 吕政、鲍去病、熊志军、郑柏峪、刘力、王锦连、朱遂予、刘欢、江小娟:《市场经济条件下的产业政策问题》,《中国工业经济研究》1993 年第 5 期。

[25] 尼尔·胡德、斯蒂芬·杨叶刚译《跨国企业经济学》,经济科学出版社,1990。

[26] 宋圭武:《"十二五"产业结构调整之我见》,《中国发展观察》2011 年第 7 期。

[27] 苏东水、彭贺:《中国管理学》,复旦大学出版社,2006。

[28] 苏敬勤、李召敏:《案例研究方法的运用模式及其关键指标》,《管理学报》2011 年第 8 卷第 3 期。

［29］ 王旎、王恩学、闫德华：《开放战略下中国大豆产业的困境与对策》，《农业现代化研究》2010 年第 2 期。

［30］ 吴其胜：《国际商业利益与东道国生产商的外资政策偏好》，《世界经济与政治》2016 年第 5 期。

［31］ 谢慧、黄建忠：《服务业 FDI 政策的政治经济学分析——基于"社会市场经济"国家视角》，《国际经贸探索》2015 年第 2 期。

［32］ 熊志军：《问题与对策：钢铁企业走向市场的思考》，《经济研究参考》1993 年增 1 期。

［33］ 徐枫、李云龙：《基于 SCP 范式的我国光伏产业困境分析及政策建议》，《宏观经济研究》2012 年第 6 期。

［34］ 尹栾玉：《中国汽车产业政策的历史变迁及绩效分析》，《学习与探索》2010 年第 4 期。

［35］ 于立宏、郁义鸿：《光伏产业政策体系评估：多层次抑或多元化》，《改革》2012 年第 8 期。

［36］ 喻翠玲：《我国大豆市场价格整合分析》，《国际商务（对外经济贸易大学学报）》2007 年第 5 期。

［37］ 张光辉、崔瑞娟：《我国大豆产业安全状况分析及对策》，《华南农业大学学报（社会科学版）》2008 年第 2 期。

［38］ 张昱：《现阶段产业政策的实际情境与模式》，《改革》2012 年第 7 期。

［39］ 赵晓明、韩小威：《经济全球化对发展中国家产业政策运行空间的影响》，《当代经济研究》2008 年第 9 期。

［40］ 赵晓明、韩小威：《经济全球化对发展中国家产业政策运行空间的影响》，《当代经济研究》2008 年第 9 期。

［41］ 周振华：《我国产业政策效应偏差分析》，《经济研究》1990 年第 11 期。

［42］ 朱少洪、全毅：《产业政策有效实施的条件与我国产业政策实践》，《亚太经济》2002 年第 4 期。

［43］ Brander James A, Barbara J Spencer, "Export Subsidies And International Market Share Rivalry," *Journal of International Economics* 1 (1985).

后 记

书稿写作终告一段落，掩卷思量，饮水思源，在此谨表达自身的殷切期许与拳拳谢意。在著书过程中，深刻感觉"学无止境"。没有各位老师、同学的帮助，本书付梓可能要拖得更久，现一并致谢。

首先，感谢我的博士后合作导师、北京交通大学中国产业安全研究中心李孟刚教授。在认识李老师之前，我对产业安全领域一无所知，是李老师把我带上了产业安全研究之路。本书部分内容是在李老师的《产业安全理论研究》创新之一——按产业经济学理论框架，把产业安全分为产业组织安全、产业结构安全、产业布局安全和产业政策安全基础上的进一步探索。

其次，感谢中国博士后科学基金。本研究曾得到第 48 批博士后科学基金面上二等资助（"FDI 对中国产业安全影响的实证研究"，项目编号为 20100480193）和中国博士后科学基金第四批特别资助（"利用外资对我国产业安全的影响研究——基于产业经济学理论框架"，项目编号为 201104051）。

最后，感谢我的硕士研究生肖纯和于宁。她们为本书进行了大量的资料搜集和数据处理工作，为本书的顺利完成提供了基础和直接的帮助。

受资料和数据来源、写作时间以及水平所限，本书内容难免存在疏漏、错误之处，敬请各位同仁给予批评指正。同时，希望本书能够丰富、深化 FDI 对产业安全影响的研究内容，为相关政策的制定提供一定的参考。

卜 伟

2016 年 10 月

图书在版编目（CIP）数据

FDI 对中国产业安全的影响／卜伟等著. -- 北京：
社会科学文献出版社，2016.12
（北京交通大学北京产业安全与发展研究基地系列丛
书／李文兴主编）
ISBN 978 - 7 - 5201 - 0212 - 4

Ⅰ.①F… Ⅱ.①卜… Ⅲ.①外商直接投资 - 影响 -
产业 - 安全 - 研究 - 中国 Ⅳ.①F127.1

中国版本图书馆 CIP 数据核字（2017）第 003214 号

北京交通大学北京产业安全与发展研究基地系列丛书
FDI 对中国产业安全的影响

著　　者／卜　伟　谢　臻　等

出 版 人／谢寿光
项目统筹／周　丽　冯咏梅
责任编辑／王楠楠　王蓓遥

出　　版／社会科学文献出版社·经济与管理出版分社（010）59367226
　　　　　地址：北京市北三环中路甲 29 号院华龙大厦　邮编：100029
　　　　　网址：www.ssap.com.cn
发　　行／市场营销中心（010）59367081　59367018
印　　装／三河市尚艺印装有限公司

规　　格／开　本：787mm × 1092mm　1/16
　　　　　印　张：15.5　字　数：226 千字
版　　次／2016 年 12 月第 1 版　2016 年 12 月第 1 次印刷
书　　号／ISBN 978 - 7 - 5201 - 0212 - 4
定　　价／79.00 元

本书如有印装质量问题，请与读者服务中心（010 - 59367028）联系